Gisela Bulla

Die kluge Ratte

Porträt
eines Außenseiters

Wunderlich

Umschlag- und Einbandgestaltung Thomas Flexen
(Foto: Frank Schumann)
Zeichnungen im Text – sofern nicht anders angegeben –
von Magdalene Hanke-Basfeld
Redaktion Beate Laura Menzel
Layout Jan Enns

1. Auflage September 1986
Copyright © 1986 by Rowohlt Verlag GmbH,
Reinbek bei Hamburg
Alle Rechte vorbehalten
Satz aus der Sabon auf Linotron 202
Gesamtherstellung Clausen & Bosse, Leck
Printed in Germany
ISBN 3 8052 0424 8

Inhalt

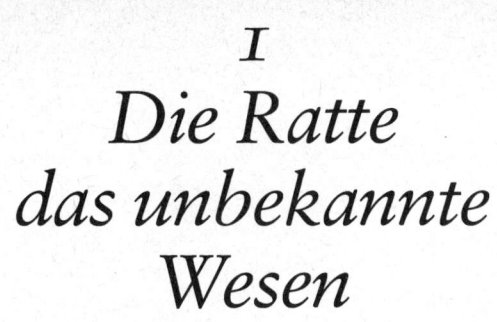

I

Die Ratte das unbekannte Wesen

Die Ratten

Im Keller rührn die Ratten sich. Abends hörst
Dus: ihre kleinen Pfiffe erklingen sanft.
Das Volk muß sich von Asseln nähren,
Oder von Spinnen und bleichen Würmern!

Gern eilt es drum bei Nacht in das Nebenhaus:
Dort lebt noch unbeschädigtes Dasein, hängt
Die Wurst am Haken und im Hofe
Schimmelt verlockend der Tonnenabfall.

Die glatt gekämmte Katze des Hauswarts stört
Sie nicht – die scheut die ruppigen Gäste, scheut
Den Biß in grau verfilzte Nacken:
Lieber doch liegt sie im warmen Körbchen!

Im Schlaf nur singt sie Jägergesänge, riecht
Das Blut, und träumt den prächtigen Mord, derweil
Die Schüssel mit der Milch schon auf sie
Wartet, der süßen, mit Weißbrotbrocken!

Faul schnarcht die zahm gewordene Tigerin.
Den Mond, der gelb, mit tückischem Katzenblick
Am schwarzen Himmel steht, ihn fürchten
Nimmer die Ratten: er jagt die Sterne!

Georg Britting

*E*twa zwanzigtausend zahme Ratten werden, vorwiegend von Kindern und Jugendlichen, in der Bundesrepublik Deutschland als Haustiere gehalten. Dennoch rangiert die Ratte in einer Hitparade der Lieblingstiere der Deutschen von 1985 an drittletzter Stelle. Nur Stechmücken und Küchenschaben finden noch weniger Anklang; Haifische, Kojoten, Klapperschlangen und Wespen, sie alle sind beliebter als Ratten.

Literatur zum Thema Ratte sucht man nahezu vergebens; über Spinnen und Schlangen, auch sie nicht gerade die erklärten Lieblinge der Deutschen, gibt es dagegen ausführliche und gut ausgestattete Bücher.

Andererseits weiß man jedoch über kaum ein anderes Tier soviel wie gerade über Ratten. Denn als Lieblingstiere der Experimentatoren wurden sie in zahllosen Laborversuchen rund um die Welt akribisch ausgetestet. Wir wissen, wie Kokain auf Ratten wirkt (sie bekommen Gehirnkrämpfe), daß sie ebenso wie Vögel und Insekten auf schwache Magnetfelder reagieren (mit gesteigerter Aktivität und geringerer Furchtsamkeit), daß Alkohol in hoher Dosierung Krebstumore in ihrem Enddarm hervorruft und Formaldehyd zu Nasentumoren führt.

Laufend getestet wird und wurde auch ihre Intelligenz. Und dabei ist Erstaunliches herausgekommen. Ein Tier, das seit Jahrhunderten überall gnadenlos verfolgt und vernichtet wird, muß schon über beachtliche Fähigkeiten verfügen, um die Erhaltung der Art, dieses Grundprinzip der Natur, zu gewährleisten.

Ratten können neu erworbenes *Wissen sogar vererben*, und zwar bereits an die nächste Generation. Hat ein Elternteil z. B. einen von anderen Ratten bereits als giftig identifizierten und mittels Losung als ungenießbar gekennzeichneten Köder gefunden, so vererbt er dieses Wissen direkt an Kinder und Kindeskinder. Man hat herausgefunden, daß junge Ratten, die weder den betreffenden Elternteil noch den gefährlichen Köder kennen, einen weiten Bogen um die vergiftete Nahrung machen, wenn sie irgendwann einmal darauf stoßen.

Man stelle sich vor, wir Menschen verfügten über ähnlich sensible, vererbbare Warnsysteme. Wie einfach wäre die Erziehung unserer Kinder.

Das Zweijährige schon wüßte, daß es sich am Elektroherd, der offenen Kerzenflamme schmerzhafte Verbrennungen zuziehen kann, und würde sich hüten, der Gefahrenquelle nahe zu kommen.

Selbstverständlich wissen Ratten auch ganz genau, daß laufend versucht wird, sie durch Gift auszurotten. Deshalb haben sie einen *Vorkoster*, der als erster ein unbekanntes Futter probiert, sicher nicht ohne zu wissen, daß es ein Todeskommando sein kann, dem er sich zur Verfügung stellt. Die anderen Tiere warten stunden-, ja tagelang auf eine Reaktion. Stirbt der Vorkoster, so rührt keine Ratte diesen oder einen ähnlichen Köder jemals mehr an.

Römische Kaiser, an erster Stelle die unbeliebten, tyrannischen, hielten sich gleichfalls Vorkoster. Es waren Sklaven, denen keine andere Wahl blieb. Freiwillige für diese undankbare Aufgabe zu finden, dürfte unter Menschen kaum möglich sein. Ratten jedoch opfern sich für das Wohl der anderen, ohne Zwang. Sie sind nicht nur klug, sie besitzen auch ein erstaunlich *hochentwickeltes soziales Bewußtsein*.

Auch in einem Märchen aus Brasilien «Wie die Beutelratte den Nachstellungen des Jaguars entging» wird die Klugheit der Ratte gerühmt:

Der Jaguar war anscheinend ein Feinschmecker, der Beutelratten als ganz besonderen Leckerbissen schätzte. Jedenfalls gab er sich große Mühe, eine zu erwischen. Zuerst säuberte er den Weg, den die Beutelratte benutzte, sorgfältig von Dornen und legte eine Falle aus. Aber die Beutelratte blieb auf der Hut und bat den Jaguar höflich voranzugehen. Dabei stieß er an die Falle – die Beutelratte war gewarnt und lief davon.

Im heißen Sommer lauerte der Jaguar der Beutelratte am Fluß auf. Geduldig wartete sie, bis eine Frau mit einem Topf voll Honig vorbeiging. Dreimal legte sie sich, mausetot, wie es schien, der Frau in den Weg. Beim drittenmal stutzte diese und dachte: «Hätte ich die beiden anderen mitgenommen, so hätte ich jetzt schon drei.» Sie stellte den Honigtopf ab und ging zurück, um die beiden anderen zu holen. Die Beutelratte wälzte sich erst in Honig, dann in grünen Blättern und eilte zum Fluß, um endlich ihren Durst zu stillen. Der Jaguar erkannte sie erst, als sie wieder aus dem Wasser kam, das die Blätter abgespült hatte. Aber er konnte sie nicht mehr erwischen.

Beim nächstenmal machte die Beutelratte ein Loch in den Stamm eines Gummibaums, rieb sich mit dem Saft ein und wälzte sich im trockenen Laub. Mißtrauisch musterte der Jaguar das seltsame Geschöpf: «Wer bist du?» – «Ich bin das Trockene-Blätter-Tier», antwortete die Beutelratte, und der Jaguar glaubte ihr, denn diesmal blieben die Blätter haften.

Als der Jaguar merkte, daß er die kluge Beutelratte nicht fangen konnte, stellte er sich tot. Alle Tiere zogen zu seiner Höhle und jubelten. Auch die Beutelratte kam, hielt sich aber weit im Hintergrund. «Hat er schon geniest?» fragte sie. «Nein», erwiderten die anderen Tiere, «noch nicht.» – «Mein Großvater hat dreimal geniest», erklärte die Beutelratte, «als er gestorben war.» Sofort nieste der angeblich Tote, genau dreimal. Die Beutelratte aber lachte, bis ihr die Tränen kamen. «Habt ihr schon jemals einen Toten niesen gehört?» fragte sie. Und bis heute ist es dem Jaguar nicht gelungen, sie zu erwischen. Denn die Beutelratte ist viel zu schlau für ihn.

Soweit das Märchen. Beutelratten (Didelphidae) sind nicht nur in Südamerika, sondern auch in Nordamerika und Australien zu Hause. Sie gehören zu den Beutelsäugern. Es gibt Vieraugenbeutelratten, Mauszwerg-

Die Vieraugenbeutelratte (Metachirops opossum) lebt auf Bäumen in Mittel- und Südamerika.

beutelratten, Yapoks (Schwimmbeutler) und viele andere mehr in dieser gattungs- und artenreichen Familie. Auch das nordamerikanische oder Virginische Opossum – seines Pelzes wegen gejagt und verfolgt – und der Beuteltiltis gehören dazu.

Den altweltlichen Ratten ähneln sie in ihrem langgestreckten Körperbau, in der Kopfform, den kurzen Beinen und dem langen, unbehaarten bzw. spärlich behaarten Schwanz, der oft, als Fettspeicher für schlechte Zeiten, an der Wurzel verdickt und/oder als Greifschwanz ausgebildet ist. Die Fellfarbe variiert zwischen allen Tönen von Grau, Beige und Braun, der Yapok ist sogar quergestreift.

Zu dem Namen Ratte kamen diese Beuteltiere auf Grund eben dieser Ähnlichkeit mit unseren europäischen Ratten. In der Zoologie werden auch unter den altweltlichen Tieren ganz verschiedene «Mäuseartige» unter dem Begriff Ratten zusammengefaßt. Ihr gemeinsames Kennzeichen: Sie sind größer als Mäuse, d. h., ihre Körper- plus Kopflänge beträgt mehr als 13 bis 15 Zentimeter insgesamt, ohne Schwanz.

Das muß man wissen, um nicht erstaunt zu sein über die Tatsache, daß es in aller Welt über 570 verschiedene Rattenarten gibt. Hier eine kleine

Auswahl: Bambusratten (Südasien), Baumwollratten (Nordamerika), Biberratten oder Nutrias (Südamerika), Bisamratten (Eurasien und Nordamerika), Buschratten (Nordamerika), Ferkelratten oder Baumratten (Mittelamerika), Hamsterratten (Mittelafrika), Häschenratten (Australien), Hausratten (Eurasien), Mähnenratten (Nordostafrika), Maulwurfratten (Amerika), Minasratten (Nordamerika), Muskat- oder Moschusratten (Nordamerika), Nilgrasratten (Ägypten), Pestratten (Südasien), Reisratten (Amerika und Galapagosinseln), Rohrratten (Afrika), Rüsselratten (Ostafrika), Sandratten (Ägypten), Taschenratten (Nordamerika), Waldratten (Nordamerika), Wanderratten (Eurasien, Nordamerika), Wühlratten (Europa), Wurzelratten (Südostasien und Ostafrika) und Wüstenratten (Nordamerika).

Nur Wasserratten gibt es nicht. Als Wasserratten werden hauptsächlich Bisamratten, Wühlratten (auch große Wühlmäuse genannt) und vor allem die Schermaus bezeichnet.

Die eigentlichen Ratten, also diejenigen, die Nagetiere (Rodentia) sind, gehören zu den Echten Mäusen (Murinae), einer Unterfamilie der Mäuse insgesamt (Muridae). Von denen unterscheidet sie nur ihre Körpergröße. Die Ratten werden nicht nur im eigentlichen Wortsinn *in den Untergrund* – Kellerlöcher und Kanalisation – abgedrängt, Domizile, die sie keineswegs aus eigener Entscheidungsfreiheit bevorzugen, sondern mit der gleichen Perfektion auch aus dem Bewußtsein eliminiert. Obwohl sie hochentwickelte Säugetiere sind, werden sie mit Ungeziefer assoziiert, worunter man im allgemeinen Motten, Küchenschaben, Läuse, Flöhe und ähnliche Insekten versteht. Als Schimpfwort steht ihr Name hoch im Kurs, man unterstellt ihnen Bösartigkeit, Heimtücke, sinnlosen Zerstörungsdrang und jede andere Art typisch menschlicher Gemeinheiten. Jemanden «wie eine Ratte zertreten» gilt als Heldentat, kann es sich doch nur um ein verkommenes Subjekt handeln, das keine Gnade verdient. «Die Rattenbrut ausräuchern» ist ein beliebter Terminus technicus in Kriminalromanen, allerdings eher minderer Qualität.

Da das Wort Maus in unserem Sprachgebrauch einen weit anheimelnderen Klang hat und als Kosename verbreitet ist, nicht nur im Diminutiv, ließe sich vielleicht bereits einiges an Vorurteilen gegen die Ratten abbauen, wenn man sie einfach in «große Maus» umtaufte. Denkbar wäre auch «Maximaus» oder «Mauseelefant». Tatsächlich sind Ratten ja nichts anderes als große Mäuse.

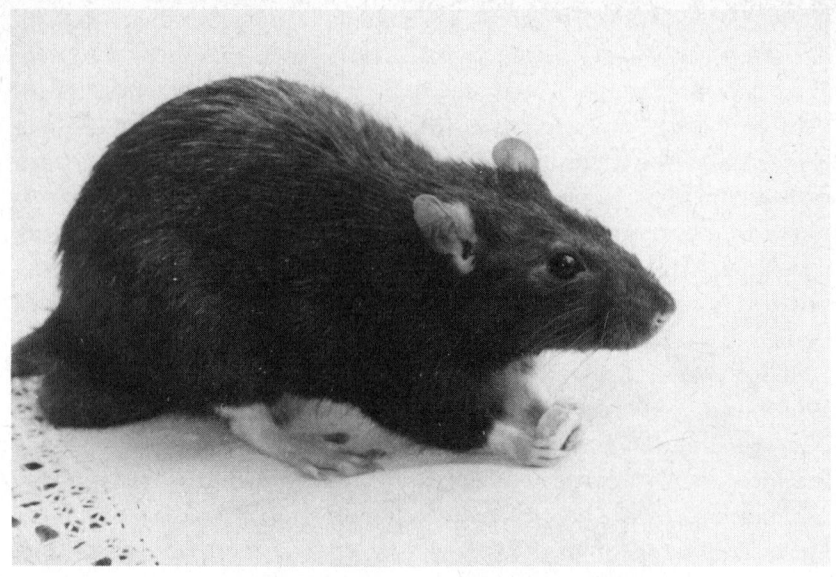

Schwer begreiflich, weil zutiefst irrational, ist die weitverbreitete Abscheu vor Ratten. Kann man ihnen heute noch nicht verzeihen, daß sie (was übrigens umstritten ist) einst die Pest in Europa verbreiteten? Und *zuerst* daran *selbst* starben – denn der eigentlich Schuldige, der Rattenfloh, infiziert per Biß zunächst einmal seinen Rattenwirt; erst wenn die Ratte gestorben ist und er so rasch keine andere findet in seinem Umkreis, weil viele bereits der Pest zum Opfer fielen, springt er, notgedrungen, auf Menschen über.

Größeres Unheil noch richtete zur gleichen Zeit der Mensch an; denken wir nur an die Hexenverfolgungen, die Ketzerjagden, den 30jährigen «Glaubenskrieg».

Daß Ratten im Schmutz wühlen müssen ist unsere Schuld. Von Haus aus sind es reinliche Tiere, die sich viel putzen, genau wie Katzen, und die in ihrer Behausung Schlafkammer und Nahrungsvorräte peinlich freihalten von Unrat. Ratten sind viel mehr auf Sauberkeit bedacht als die uns doch viel sympathischeren kleinen Mäuse. So wählen sie etwa im Gegensatz zu diesen stets ganz bestimmte Plätze als «Toilette».

Neiden wir ihnen die Nahrung? Fürchten wir im Ernst, die 15 bis

20 Gramm Futter am Tag, die eine Ratte benötigt, würden uns an den Rand des Hungertodes bringen? Und daß, obwohl unsere Wanderratten (die Hausratte, die sich in der Regel rein vegetarisch ernährt, ist in Deutschland nahezu ausgestorben) bekanntlich Allesfresser sind wie wir und das Schwein und deshalb von kleinen Resten unserer Nahrung hervorragend leben können?

Ernährungspolitisch stellt die Fütterung der großen Nutztiere wie Schwein und vor allem Rind die Welt vor weit schwerer zu lösende Aufgaben. Ein Milchrind braucht täglich soviel Getreide wie 15 Vegetarier, die im Schnitt mit 200 bis 250 Gramm auskommen plus Zukost wie Gemüse, Obst, Öl. Das Welthungerproblem wäre gelöst, würde die Menschheit aufhören, Fleisch zu essen. Sollten darüber hinaus die Regierungen der reichen Länder sich eines Tages entschließen, ihre Lebensmittelüberschüsse nicht mehr turnusmäßig zu vernichten, damit die Preise stabil hoch bleiben, sondern den Hungernden zukommen zu lassen, so würde das Leben auf dieser Erde auch in den sogenannten unterentwickelten Ländern rasch ein wenig menschlicher.

Aber das alles wird verdrängt. Man hat ja einen bequemen Sündenbock, der sich nicht wehren kann: die Ratte, dieses Scheusal. Und so bekämpft man unverdrossen, mit wechselnden Mitteln und unterschiedlich bescheidenem Erfolg, diesen unersättlichen Dinosaurier, der alles Getreide der Welt vertilgt, diesen wandelnden Bazillenträger, der ununterbrochen die Pest verbreitet, dieses schmutzige, böse, häßliche Untier.

Sehr bequem ist das negative Image der Ratte (vielleicht wird es deshalb so gehätschelt) für alle, die mit Tierversuchen ihr Geld verdienen. In fast jeder Veröffentlichung der Pharmaindustrie, in der auch dieses heikle Thema zur Sprache kommt, wird vorsorglich darauf hingewiesen, daß 85 bis 95 % aller Experimente ja «nur» mit Ratten und Mäusen vorgenommen würden. Dagegen kann doch nun wirklich kein Mensch etwas haben, liest man zwischen den Zeilen. Wirklich nicht?

Rattenfreunde werden in unserer Gesellschaft meist scheel angesehen. Ein Münchner Tierarzt lehnte es im Sommer vorigen Jahres, noch dazu an einem Samstag, ab, eine zahme Ratte zu behandeln, die sich den Schwanz verletzt hatte, und riet der jugendlichen Besitzerin: «Werfen Sie das Biest doch an die Wand.» Eine Tierärztin meinte gar: «Alle Rattenhalter sind pervers.»

Auch Wanderratten leben vorwiegend vegetarisch – doch einem so verlockenden Wurstzipfel können sie nicht widerstehen.

Die Zuneigung von Punker und Punkerin zu Ratten wird als Protestreaktion, Trotzgehabe, Aufsässigkeit abgetan, was dem prominentesten Rattenfreund Deutschlands, dem Dichter Günter Grass (60) wohl kaum jemand vorwerfen will. Und die Kinder? Die meisten Ratten werden von Kindern gehalten. Es wären weit mehr, wenn Mütter und Väter weniger autoritär und angewidert reagierten. Tierliebe gehört noch immer (im Gegensatz zur Ansicht mancher Experimentatoren wie z. B. Medizinprofessor Forth aus München) zur Ethik und wird in Schule und Elternhaus gefördert, wenigstens theoretisch. In der Praxis sieht es oft anders aus.

Wie soll so ein Kind Liebe zu andersartigen Geschöpfen lernen, die es kaum jemals zu sehen bekommt? Die Haltung von Haustieren ist in vielen Mietswohnungen verboten, bei Kleintieren wie Goldhamster, Meerschweinchen und Zwergkaninchen, die niemanden stören können, gelten oft Ausnahmeregelungen. Für zahme Ratten ist das allerdings nicht der Fall, denn Ratten sind nun mal eklig.

Die Reaktion vieler Tierfreunde auf meinen Plan, ein Buch über die Ratte zu schreiben, war bezeichnend. Sie waren irritiert, bemühten sich aber, ihr Entsetzen zu erklären: sie hätten ja gar nichts gegen Ratten, nur diese scheußlichen nackten Schwänze ... Ein äußeres Merkmal als Kriterium für eine – buchstäblich – vernichtende Abscheu?

Wenn ein Kind sich eine «süße» Ratte aus dem Schaufenster der Tierhandlung um die Ecke wünscht, dann bekommt es eine Puppe oder einen Baukasten oder einen Hamburger oder Dresche oder gar nichts. Und wenn es groß ist, hat es sich angepaßt und zum Rattenfeind gemausert wie du und ich.

2
Auf den Spuren der großen Maus

Rattenzeichnung aus
dem Jahre 1553

Mumifizierte Ratten wurden gelegentlich bei archäologischen Ausgrabungen in Ägypten gefunden. Es handelt sich dabei aber weder um Haus- noch um Wanderratten, sondern um die *freilebende Nilgrasratte* (arvicanthis niloticus), die in großen Scharen im Schilf der Flußufer lebte. Obwohl die Ägypter zahlreiche heilige Tiere verehrten und bestimmten Gottheiten ihres Pantheons zuordneten, besaß die Nilgrasratte, soweit wir wissen, keine kultische Bedeutung. Die Rattenmumien wurden gemeinsam mit anderen Erdtieren wie Schlangen und Eidechsen bestattet, möglicherweise als Opfer an den Erdgott Geb.

In der Zeit der fünften und sechsten Dynastie und des frühen Mittleren Reiches waren die freilebenden Nilgrasratten in Ägypten, soweit Tierknochenfunde es belegen, häufiger vertreten als alle anderen freilebenden Säugetiere. Später verschob das Verhältnis sich zugunsten der Sandratte oder Meriones. Professor Boessneck vom Paläoanatomischen Institut der Universität München identifizierte bei seinen 1982 veröffentlichten Untersuchungen 200 Knochen von mindestens zwölf verschiedenen Nilgrasratten aus dieser Zeit. Reste von Hausratten konnten nicht ausgemacht werden.

In der Fachliteratur wird vielfach Bezug genommen auf halbverdaute Hausrattenreste, die angeblich in den Mumien heiliger Raubvögel gefunden wurden, und zwar aus der Zeit nach Alexander dem Großen. Insgesamt handelt es sich um in fünf Raubvögelmägen entdeckte Rattenknochen. Professor Boessneck hatte Gelegenheit, zwei dieser seltenen Exemplare in Lyon einer eingehenden Prüfung zu unterziehen, und gelangte zu dem Ergebnis, daß es sich hier wiederum nur um Reste von Nilgrasratten handelt.

Der Paläontologe Professor Boessneck ist in der Lage, Hausrattenknochen von allen anderen rund 570 Rattenarten postum eindeutig zu unterscheiden, auf Grund geringster Abweichungen an Schädel, Gebiß und Knochengröße. Weit problematischer als die Identifizierung aber ist die Datierung derartiger Funde. Gelegentlich erlauben glückliche Fundumstände eindeutige Datierungen, so z. B. bei der Ausgrabung des in einer

Mauernische bestatteten Katers in Quseir (Kosēr) am Roten Meer. In einem römischen Gebäude aus dem ersten bis zweiten Jahrhundert nach Christi, eingehüllt in Woll- und Leinentücher aus der gleichen Zeit, fand man die Überreste eines extrem großen und schwergebauten jungen Hauskaters, mit beige-rötlich-gelblichem Fell.

Aus dem Mageninhalt sowie einigen Kotballen konnte Professor Boessneck die letzte Mahlzeit des Tieres eindeutig rekonstruieren: Der Kater hatte kurz vor seinem Tode mindestens fünf junge Hausratten (rattus rattus) ganz oder zumindest teilweise verzehrt. Die Beutetiere waren ca. 100 Gramm schwer, halbwüchsige Ratten also. Im Gegensatz zu ihrer Todesursache konnte die des Katers nicht mehr eruiert werden. Dies ist der bis heute älteste Hausrattennachweis in Ägypten.

Aus fast genau der gleichen Zeit stammte *der älteste Hausrattenfund in Mitteleuropa*. Bei der Ausgrabung eines römischen Brunnens aus dem zweiten Jahrhundert n. Chr. in dem Städtchen Ladenburg, nicht weit von Mannheim, wurde 1968 das Skelett einer Hausratte entdeckt.

Wenn nicht der Zufall seine Hand im Spiel hat, könnte man folgende Schlüsse aus diesen beiden räumlich so weit entfernten, zeitlich so eng beieinanderliegenden Funden ziehen: Im zweiten nachchristlichen Jahrhundert dehnten sich die Grenzen des römischen Imperiums im Osten bis an den Euphrat aus, Ägypten und weite Teile Nordafrikas waren fester Bestandteil des Weltreiches. Der römische Kaiser Antoninus Pius, der von 138 bis 161 n. Chr. regierte, empfing sogar Gesandtschaften aus dem fernen Indien.

Indien aber gilt fast übereinstimmend als Heimat der Hausratte, die schon immer in besonders enger Kommensalität (Ernährungsgemeinschaft) mit dem Menschen lebte. Der indische Ursprung der Hausratte ist in erster Linie damit belegt, daß alle in Europa, Ägypten und auf den Malediven angetroffenen Hausratten 38 Chromosomen wie die indische Hausratte besitzen. Die thailändischen Ratten dagegen haben 42 Chromosomen – wie die Wanderratte.

Hausratten wurden aller Wahrscheinlichkeit nach in Warenballen indischer Händler und auf den Trecks römischer Marketender sowohl nach Afrika als auch nach Europa eingeschleppt, und zwar, nach den gesicherten Funden von Quseir und Ladenburg, spätestens im ersten oder zweiten Jahrhundert n. Chr.

Demgegenüber steht, allerdings singulär, die Aussage von E. Tschernov, der in einer Untersuchung der Nagetiere im Pleistozän in Israel 1968 zu dem Schluß kam, die Hausratte sei in Israel seit rund 40000 Jahren durchgehend vertreten. Für den Handel zwischen Euphrat und Nil war die kanaanäische Hafenstadt Ugarit (Ras Schamara), gegenüber der Nordostspitze von Zypern gelegen, ein wichtiger Umschlagplatz von Beginn des zweiten Jahrtausends v. Chr. an. Ist die Hausratte vielleicht auf diesem Wege ins Land der Pharaonen gelangt? Aber wie kam sie, lange schon vor den Römern, von Indien nach Israel?

Vielleicht über Mesopotamien. Bei Ausgrabungen im Zweistromland, das seinerseits wieder zumindest lose Handelsbeziehungen zu Indien besaß, fand Professor Boessneck 1975 bis 1978 bei Ausgrabungen in Isin-Išān im heutigen Irak nicht weniger als 91 Knochen von Hausratten. Während sich jedoch die antiken Ruinen mühelos in altbabylonische Zeit, um die Mitte des zweiten Jahrtausends v. Chr., datieren lassen, ist das bei den Überbleibseln der Hausratten nicht möglich. Es ist nicht auszuschließen, daß zumindest einige – und eine einzige, exakt datierbare würde ja genügen – aus der gleichen Zeit stammen, es ist aber ebensogut möglich, daß alle erst sehr viel später nach Isin kamen. Bemerkenswert scheint aber doch, daß auch bei anderen Ausgrabungen in Mesopotamien stets Hausrattenreste zum Vorschein kamen.

Die Juden im alten Palästina kannten, wie die Griechen, kein besonderes Wort für Ratten. Sie bezeichneten alle (ihnen bekannten) sieben Mäusearten, darunter möglicherweise auch Ratten, als «Akbar». Im Alten Testament wird eine Seuche erwähnt, die durch das Auftreten von Beulen gekennzeichnet war und von «Mäusen» übertragen wurde. Handelt es sich um die erste historische Überlieferung der gefürchteten Beulenpest?

Im Jahre 1050 v. Chr. wurden, wie im Alten Testament 1, Samuel 2–6, berichtet, die Israeliten von den Philistern in der Schlacht von Aphek besiegt, die heilige Bundeslade fiel in die Hand der Feinde. Als die Philister sie aber im Tempel ihres Gottes Dagon aufgestellt hatten, jagte Jahwe «ihnen Schrecken ein, indem er sie mit Beulen heimsuchte».

Sieben Monate blieb die Bundeslade im Land der Philister. An jedem Ort, an den sie gebracht wurde, wütete der «Schwarze Tod». Verzweifelt einigten die fünf Fürsten der Philister sich schließlich darauf, ihren Feinden die Bundeslade zurückzugeben. Dem Tempel in Jerusalem stifteten sie die wohl ungewöhnlichsten Weihgeschenke, die er je erhielt. Ihre Priester und Wahrsager hatten ihnen nämlich den Rat gegeben: «Laßt also Abbilder eurer Beulen und eurer Mäuse, die das Land verheeren, herstellen und erweist so dem Gott Israels Ehre.» Und so geschah es. Fünf Mäuse und fünf Beulen aus purem Gold waren die Versöhnungsgabe der Philister an Jahwe.

Die Griechen erwähnten die Ratte nie. Es gab nicht einmal einen Namen für sie. Aber unter dem Wort μῦς (Maus), was ursprünglich Räuber heißt, faßten sie alle möglichen mäuseartigen Nagetiere zusammen, und wir wissen heute oft nicht mehr, welche «Maus» im einzelnen gemeint war. Noch der große schwedische Naturforscher Carl v. Linné (Linneaeus), 1707 bis 1778, gab der Hausratte den Namen mus rattus. Mus ist das lateinische Wort für Maus. Bei Linné heißt die Hausratte also Mausratte, erst später bürgerte sich statt dessen der Begriff rattus rattus, «Ratten-ratte» oder Hausratte, ein.
Der Grieche Amyntas, Bematist (Wegweiser) im Heer Alexander des Gro-ßen, beschrieb die von ihm am Kaspischen Meer beobachtete «Kaspische Maus»:

«In gewissen Epochen taucht in den Ländern am kaspischen Meer eine Unmasse Mäuse auf, so daß man sich ihrer gar nicht erwehren kann. Über die stärksten Ströme, die mit reißenden Fluten dahinlaufen, schwimmen sie furchtlos hinweg, indem sie sich mit den Zähnen in den Schwänzen der vorausschwimmenden festbeißen und so die stärkste Kette und sicherste Überfahrt erzielen. Nach der Landung strömen sie auf die Äcker, weiden die Wiesen ab, klettern an den Bäumen hinauf und verspeisen die Früchte. Sie fällen auch die Zweige und sind imstande, sogar diese zu fressen. Um sich nun gegen den Angriff der Mäuse und die drohende Hungersnot zu wehren, schonen die Kaspier die Raubvögel (γαμψώνυχες). Diese kommen in ganzen Wolken herbeigeflogen, packen die Mäuse und entführen sie in die Höhe, und auf diese eigentümliche und sehr natürliche Weise schaffen sie den Kaspiern Rettung vor dem Verhungern.»

Kein Zweifel, die Kaspische Maus muß eine Ratte gewesen sein, darin sind sich die Forscher einig. Während in der Regel dabei an die Hausratte gedacht wird, ist aber auch schon diskutiert worden, ob es nicht vielleicht sogar Wanderratten waren, die Amyntas gesichtet hat. Dagegen spricht, daß Hausratten sich auf Bäumen sehr viel eher zu Hause fühlen als Wanderratten, die lieber auf und unter der Erde leben. Die Wanderratte stammt übrigens aus Ostasien (China). Amyntas hätte es jedenfalls wohl kaum der Mühe wert gefunden, die Ratte zu erwähnen, wenn sie ihm aus seiner Heimat bereits bekannt gewesen wäre.

Das Buch des Amyntas ging verloren, aber der römische Sophist Aelianus überlieferte diese Stelle in seinem Buch «De natura animalium» (Über die Natur der Tiere), das in der zweiten Hälfte des zweiten Jahrhunderts n. Chr. entstand. Er scheint nicht auf den Gedanken gekommen zu sein, daß es sich um die – unter welchem Namen auch immer geführte – Hausratte handeln könnte, die inzwischen immerhin schon bis Ladenburg bei Mannheim vorgedrungen war, also in Rom schwerlich völlig unbekannt geblieben sein dürfte.

Funde aus dem Mittelmeerraum, die diese Vermutung verifizieren könnten, fehlen allerdings bis heute. Dafür ist uns ein anderer Aspekt der Rattenfrage – das häufige Auftreten der Pest sowohl in Griechenland als auch in Rom – um so besser bekannt.

«Die hauptsächlichen und angestammten Wirte des Pesterregers, *Yersinia pestis*, sind die Nagetiere. Sie halten die Krankheit während der für den Menschen pestfreien Zeiträume am Leben. Sie sind es auch, die den Erreger durch ihre zum Teil synanthrope Lebensweise bis in die unmittelbare Umgebung des Menschen tragen. Die eigentliche Gefahr bilden dabei die Ratten; wenn sie der Pestepizootie zum Opfer fallen, können die auf ihnen hausenden Flöhe – hier ist vor allem die Art *Xenopsylla cheopis* zu nennen – leicht auf den Menschen übergehen und ihn infizieren. Neben dieser Infektkette Ratte → Rattenfloh → Mensch kommt aber auch einem zweiten Infektionsmodus eine wichtige Rolle zu: der interhumanen Übertragung. Sie erfolgt im Fall der primären Pestpneumonie durch Tröpfcheninfektion; bei der Bubonen- oder Beulenpest findet sie dagegen durch die Ektoparasiten des Menschen – vor allem durch den Menschenfloh, *Pulex irritans* – statt.

Diese «menschengetragene Pest» (STICKER) kann durch infizierte Personen auch in rattenfreie Gebiete eingeschleppt werden. Für Europa muß sie nach Ansicht zahlreicher Autoren von besonderer Bedeutung gewesen sein; denn einerseits ist der als Überträger so wichtige Rattenfloh *Xenopsylla cheopis* eine Flohart nur warmer Klimate, und andererseits weisen auch häufig überlieferte Erwähnungen von mehreren Pestfällen innerhalb gleicher Häuser und Familien auf interhumane Übertragung hin.»

Diesem Zitat von Günther E. Thüry muß, um die Sache noch weiter zu komplizieren, hinzugefügt werden, daß auch kleine Mäuse als Überträger der Pest genannt werden, und vor allem, daß vollkommen offen ist, was man in der Antike unter dem Wort Pest verstanden hat. Am ehesten scheint es ein Sammelbegriff für verheerende Seuchen aller Art gewesen zu sein. Das schließt natürlich keineswegs aus, daß tatsächlich auch die vom Rattenfloh übertragene Beulenpest bereits aufgetreten sein kann.

Flöhe jedenfalls waren als zwar lästige, aber harmlose Plagegeister in der Antike bekannt, dafür finden sich in der Literatur Hinweise genug. So spricht Plinius der Ältere, der im Jahre 79 n. Chr. beim Untergang von Pompeji den Tod fand, in seinem Mammutwerk «Naturalis historia» (Naturkunde) von den «sommerlichen Tieren der Gasthöfe, die durch ihre flinken Sprünge lästig fallen». Und der griechische Geograph und Historiker Strabon (um 64 v. bis 19 n. Chr.) berichtet sogar, daß die große Anzahl von myes (Mäusen) auf der iberischen Halbinsel, aber nicht nur dort, zu häufigen Ausbrüchen von Seuchen geführt hat.

Nirgends in der antiken Literatur aber findet sich ein Hinweis darauf, daß die «Mäuse» *vor dem Auftreten der Pest* – was immer man darunter verstanden haben mag – in Scharen aus ihren Schlupfwinkeln gekommen wären, um zu sterben, wie der französische Schriftsteller Albert Camus (1913–1960) es in seinem Roman «Die Pest» ebenso eindrucksvoll wie wahrheitsgetreu schildert. Denn die Ratten erkranken zuerst, wenn der vom Pesterreger (Yersinia pestis) befallene Rattenfloh (Xenopsylla cheopis) sie, ihre eigentlichen Wirte, sticht.

Die Übertragung auf den Menschen erfolgt, vom Rattenfloh aus gesehen, lediglich als Notlösung. Von einer toten, erkalteten Ratte kann er nicht leben, und wenn die anderen Ratten im Umkreis auch schon krank oder gestorben sind, geht er, ungern und ersatzweise, auf einen anderen Wirt über. Dieser ist – wie die Ratte und im Gegensatz etwa zur Katze – gleichfalls nicht resistent gegen Yersinia pestis.

«Pontische Mäuse» nannte der byzantinische Mönch Theodoros Prodromos die Ratten im 12. nachchristlichen Jahrhundert. Diesen Namen führen sie noch heute bei Griechen, Westtürken, Venezianern und Friaulesen. Pontische Mäuse werden auch schon bei Aristoteles, Plinius und Aelianus erwähnt, aber weder der Grieche noch die beiden Römer scheinen damit unsere Ratten gemeint zu haben. Aristoteles und Plinius lobten ihr schönes weißes Fell und berichteten, sie wären Wiederkäuer (?) und hielten Winterschlaf. Aelianus spricht ihnen gar Frömmigkeit zu.

Der Archäologe Otto Keller erklärte 1908 in seinem Buch «Die antike Tierwelt», im Alterum seien selbst Maulwürfe, Wiesel, Spitzmäuse und Eichhörnchen gelegentlich als «Mäuse» bezeichnet worden, und fügt hinzu: «Ich zweifle nicht daran, daß man schon lange vor Theodoros im ganzen oströmischen Reich einschließlich das Exarchat Ravenna die Ratten gekannt und pontische Mäuse genannt hat. Aber der Zeitpunkt ihrer Einwanderung läßt sich absolut nicht feststellen.»

Immerhin, um rund 1000 Jahre können wir nach dem Fund von Ladenburg den Einzug der Ratten inzwischen vordatieren. Es ist allerdings mehr als nur wahrscheinlich, daß die Hausratte schon seit geraumer Zeit in Athen und Rom ansässig war, bevor sie über die Alpen in die Gegend von Mannheim gelangte. Nur – beweisen läßt es sich hier und heute leider nicht.

3
Es gibt zwei
Sorten Ratten

Die Wanderratten

Es gibt zwei Sorten Ratten:
Die hungrigen und satten.
Die satten bleiben vergnügt zu Haus,
Die hungrigen aber wandern aus.

Sie wandern viel tausend Meilen,
Ganz ohne Rasten und Weilen,
Gradaus in ihrem grimmigen Lauf,
Nicht Wind noch Wetter hält sie auf.

Sie klimmen wohl über die Höhen,
Sie schwimmen wohl durch die Seen;
Gar manche ersäuft oder bricht das Genick,
Die lebenden lassen die toten zurück.

(…)

Heinrich Heine

Kennst du Paramys?» fragte mich die Ratte auf meiner Schulter mit einem fast zärtlichen Unterton.

Wirklich, es lag so etwas wie Zärtlichkeit in dieser Frage, und weil das so war, kam sofort Bewegung in meinen Geist. Paramys gehörte zur Paläontologie. Paramys war die Stammutter oder der Stammvater aller Nagetiere! So hatte ich jedenfalls gelernt, so behauptete diese Wissenschaft, und Paramys hatte im Paleozän gelebt. Und noch etwas behauptete diese Wissenschaft: Sie behauptete, daß Paramys und die Primaten von den Insektenfressern abzuleiten seien, jenen frühen Säugetieren aus der jüngsten Kreidezeit. Das aber hieß nichts anderes, als daß Ratte und Mensch vor siebzig Millionen Jahren überhaupt noch nicht getrennt waren! Vor siebzig Millionen Jahren flitzten wir zwei noch als leibhaftige Geschwister um die Säulenbeine der letzten Dinosaurier!

Solche Erinnerungen stellten sich ein unter dem Geflüster vor meinem Ohr. Und die Erinnerungen verhakten sich im Schoße vergangener Zeiten, und ich hatte die Augen und das Gehirn von Paramys. Ich schaute hinauf in den Raum, in den Dunst, die Wolken, die verhangene Sonne. Molkicht war das Licht und Schwüle unter dem Himmel. Flugechsen strichen über Felsenklippen, und sie säten schon die Sehnsucht nach Flügeln, säten große, glänzende Vogelträume in mich, Träume, die ich nie wieder verlor durch all die vielen Millionen Jahre!

Die Kerze flackerte, und meine zärtliche Schwester schlang ihren schmiegsamen Schwanz um meinen Hals und gab mir mit ihrem Schnäuzchen einen feuchten Tip an die Wange. Und nun brach meine Phantasie gänzlich ein in die Welt von gestern. Ich sah die Erde in einem ganz anderen Kleid. Nein, sie trug gar kein Kleid, sie trug nur einen Schurz, weil sie nichts zu verbergen hatte außer dem göttlichen Geheiß. Nur die Sicht auf den Samen Gottes ließ sie nicht zu. Alles andere lag den Dingen und Sinnen bloß. Nichts war verrottet an ihr, nichts faul, nichts verdorben. Sie war unverbraucht, wild und schön, und kein Reisender von heute hätte sie wieder erkannt.» *

Paramys, 60 Millionen Jahre alter Stammvater der Nagetiere (Rodentia), zu denen die Ratte gehört, und der Herrentiere (Primaten), zu denen der Mensch gehört, war ein maus- bis rattengroßes, vorwiegend von Insekten lebendes Tier (Insectivora) mit langem Schwanz. Zur Ordnung der Nagetiere zählen als Familien: Hörnchen (z. B. Eich- und Flughörnchen), Biber, Schläfer (z. B. Garten- und Siebenschläfer), Echte Mäuse (z. B. Waldmaus, Brandmaus, Hausmaus, Hausratte und Wanderratte), Hamster, Wühlmäuse, Blindmäuse, Altwelt-Stachelschweine und Ferkelratten.

Gemeinsame Merkmale der Echten Mäuse (Muridae) sind eine große Lücke zwischen Schneide- und Backenzähnen bei fehlendem Eckzahn. Die Zahnformel sieht in Europa immer wie folgt aus: $\frac{1003}{1003}$. Die Schneidezähne oder Nagezähne besitzen keine Wurzeln, wachsen aber ständig nach. Deshalb *müssen* auch Ratten ihre Zähne ständig abschleifen, damit sie nicht «auswachsen», also Überlänge erreichen oder sogar in den gegenüberliegenden Kiefer einwachsen und damit eine normale Nahrungsaufnahme unmöglich machen. Die unteren Schneidezähne sind wesentlich länger als die oberen, aber viel weniger gebogen. Bricht ein Schneidezahn ab, so wächst er in kurzer Zeit wieder nach.

Alle Echten Mäuse sind maus- bis rattengroß und besitzen einen langen, mit Schuppenringen versehenen Schwanz, der zwischen zwei Drittel bis vier Drittel der Gesamtlänge von Körper und Kopf ausmacht. Die Ohren, Augen und Hinterfüße sind verhältnismäßig groß.

Echte Mäuse halten keinen Winterschlaf und stammen samt und sonders aus der Alten Welt, in die neue wurden sie durch den Menschen eingeschleppt. Sie sind in der Lage, sich vielfältig zu ernähren, bevorzugen jedoch Samen und Früchte.

Hausratten (rattus rattus) sind schlank und zierlich, *Wanderratten* (rattus norvegius) plumper und robuster gebaut. Der *Schwanz* einer erwachsenen Hausratte ist stets länger als Kopf und Rumpf zusammen, ist einfarbig grau und besitzt 220 bis 290 Schuppenringe. Bei erwachsenen Wanderratten dagegen ist der Schwanz stets kürzer als Körper plus Kopf, zweifarbig, und zwar an der Oberseite graubraun, an der Unterseite heller, und besitzt nur 163 bis 205 Schuppenringe.

* Braun, Reinhold, s. Literaturverzeichnis S. 220

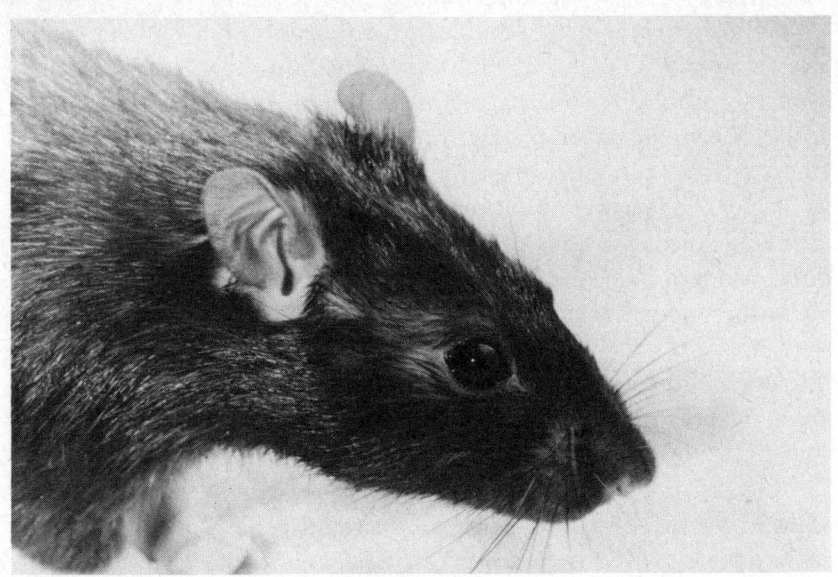

Der *Kopf* der Hausratte läuft zum Schnäuzchen hin spitzer zu, der der Wanderratte stumpfer. Die Hausratte hat große Augen und große dünnhäutige, fast nackte Ohren. Die Augen der Wanderratte sind etwas kleiner, ihre Ohren rund, klein und kurz behaart. Die Oberseite der Hinterfüße ist bei der Hausratte dunkel, bei der Wanderratte hell.

Nach der *Fellfarbe* unterscheidet man bei der Hausratte drei Typen. Die normale rattus-Farbe ist schwarz bis dunkel schiefergrau. Beim frugivorus-Typ ist das Rückenfell graubraun, das Bauchfell weiß gefärbt, beim alexandrinus-Typ ist das Rückenfell gleichfalls graubraun, das Bauchfell hell- bis mittelgrau. Auffällig sind bei der Hausratte die langen Leithaare, die dem Tier zur Orientierung dienen.

Die Wanderratte besitzt ein rotbraunes, graubraunes oder schwärzliches Rückenfell, das Bauchfell ist weißlich bis grau gefärbt, wobei die einzelnen Bauchhaare an der Basis lichtgrau und an der Spitze weiß sind. Als Mutationen kommen gelegentlich schwarze Wanderratten mit oder ohne weißem Brustfleck vor, der in einem schmalen Streifen am Bauch ausmünden kann. Bei diesen Tieren ist der Rücken sattschwarz oder braunschwarz gefärbt, der Bauch dunkel schiefergrau oder braungrau. Von

«Silberung» spricht man bei einer Mutationsform mit breiten weißen Streifen an den Körperseiten im sonst schwarzen Fell. Seltener treten in der Natur gescheckte oder cremefarbene Mutationen sowie weiße Albinos (die bevorzugten Laborratten) auf.

Haus- und Wanderratten haben an *Händen und Füßen je fünf Zehen*, wobei der Daumen nur noch rudimentär ausgebildet ist. Ratten benutzen die Hände nicht nur zum Laufen – wovon die Schwielen Zeugnis ablegen –, sondern auch zum Greifen von Nahrung, zum Fangen von Fischen und insbesondere zur Körperpflege; sie putzen sich ebenso ausgiebig wie Katzen.

Alle Ratten können springen, galoppieren, klettern (die Hausratte besser als die Wanderratte), «Männchen machen» (zur Sicherung) und schwimmen.

Die *Lebenserwartung* einer freilebenden Hausratte beträgt im Durchschnitt zwei bis vier Jahre, in Gefangenschaft, je nach den Umständen, etwas mehr. Ob freilebend oder in Gefangenschaft, Wanderratten werden in der Regel zwischen drei und vier Jahre alt, allerdings sterben auffällig viele schon im zweiten Lebensjahr.

Ratten hören nie auf zu wachsen, genauer gesagt, solange ihre Schneidezähne wachsen, wächst auch das Tier selbst noch. Ein Endpunkt für das Wachstum der Nagezähne wurde aber bisher nicht festgestellt. Deshalb ist es kein Kriterium für die Jugendlichkeit von Ratten, wenn sie noch wachsen.

Ratten sind Nesthocker, das heißt, sie kommen nackt und blind auf die Welt. Junge Hausratten öffnen die Augen zwischen dem vierzehnten und sechzehnten Tag nach der Geburt, junge Wanderratten zwischen dem dreizehnten und sechzehnten Tag. Die Körperhaare der Hausratten fangen am dritten Tag an zu wachsen. Sobald die jungen Rättlein sehen können, fangen sie an, das Nest zu verlassen und die nähere Umgebung zu erkunden.

Bei Wanderratten beginnt das Wachstum der Körperhaare erst am zehnten Lebenstag. Ihr vollständiges Haarkleid besitzen Hausratten und Wanderratten im Alter von drei Wochen, bereits eine Woche später setzt der erste Haarwechsel ein. Bei Wanderratten ist das erste Jugendfell mit fünf Wochen voll ausgebildet, der erste Haarwechsel erfolgt mit sechs Wochen.

Das Fell der Wanderratte hellt sich bei zunehmendem Alter immer mehr auf, von braungrauem Rücken und dunkelgrauem Bauch verläuft die Entwicklung zu fuchsrotem Rücken und weißlich aufgehelltem Bauch im ersten sogenannten Alterskleid. Später verliert das Fell wieder an Leuchtkraft und wird allmählich braunschwarz.

Hausrattenmütter säugen ihre Jungen im Normalfall bis zum Alter von achtundzwanzig bis zweiunddreißig Tagen, wobei die Jungen inzwischen natürlich schon angefangen haben, sich allmählich an feste Nahrung zu gewöhnen. Wenn, was in Gefangenschaft möglich ist, der nächste Wurf bereits einundzwanzig bis dreiundzwanzig Tage nach dem vorhergegangenen erfolgt, werden die älteren Kinder sofort nach der zweiten Niederkunft abgewöhnt. Wanderratten dagegen können ihre Kinder noch bis zum Alter von vierzig Tagen säugen; auch danach folgen die Jungen bei der Nahrungssuche noch einige Zeit ihren Müttern.

Die *Tragzeit* beträgt bei Hausratten im Schnitt einundzwanzig bis dreiundzwanzig, bei Wanderratten vierundzwanzig Tage. Die Hausrattenweibchen sind mit drei bis dreieinhalb Monaten geschlechtsreif, die Wanderrattenweibchen mit drei (selten) bis vier Monaten. Bei freilebenden Hausratten rechnet man mit vier bis fünf Würfen in einem Rattenleben, in Gefangenschaft kommen sie auf sechs bis acht Würfe. Im Schnitt bringen sie jedesmal fünf bis sieben Junge zur Welt. Im Hochsommer und im Win-

ter geht die Geburtenrate bis auf Null zurück, die weitaus meisten Jungen kommen im Frühling (März und April) sowie im Spätsommer (September) zur Welt. Die Menopause setzt bei Hausrattenweibchen im Alter von ca. eineinhalb Jahren ein.

Sehr großen Schwankungen unterliegen die Würfe von freilebenden Wanderratten. In der Regel bringen sie pro Wurf fünf bis sieben Junge zur Welt. Laborratten können zwischen ein und fünfzehn Jungen pro Wurf gebären. Da auch bei Wanderratten die Menopause schon im Alter von fünfzehn bis achtzehn Monaten eintritt, kommen auf das Rattenweibchen im gesamten Leben maximal sechs bis höchstens acht Würfe. Vier Geburten im Jahr sind normal, da jahreszeitliche Schwankungen auch bei freilebenden Tieren nur eine geringe Rolle spielen. Eine Wanderrattenmutter kann in ihrem Leben etwa vierzig Jungen das Leben schenken.

Ein hochinteressantes Phänomen zeichnet Rattenweibchen, und zwar beider Arten, vor den meisten anderen Säugetieren aus: Sie besitzen die erstaunliche Fähigkeit, Embryonen noch im Mutterleib zurückzubilden. Es ist häufig festgestellt worden, daß in einem früheren Schwangerschaftsstadium eine größere Anzahl von Föten im Mutterleib lebten, als dann tatsächlich bei der Geburt Junge austraten. Um diese natürliche Geburtenregelung ohne Pillen, Spiralen und Abtreibungen, die allem Anschein nach zielgerecht gesteuert wird, und zwar in Relation zu dem vorhandenen Lebensraum, können wir die Rättinnen, die im übrigen sehr gute und liebevolle Mütter sind, nur beneiden.

Laborratten, die seit circa 1890 gezüchtet werden, *stammen immer von Wanderratten ab*, wobei man von Albinos und wilden Wanderratten ausging. Auch die zahmen gescheckten oder einfarbigen Schmuseratten sind Nachkömmlinge von Wanderratten. Im Verhältnis zu ihren freilebenden Artgenossen hat sich das Hirnvolumen der zahmen Tiere um durchschnittlich circa acht Prozent verringert. Die Rättin von Günter Grass, die weiße Mäuse schlicht als doof apostrophiert, hat auch von ihren gezüchteten Artgenossen keine hohe Meinung: «Sie sind zwar auch nicht die Klügsten, aber immerhin zuverlässig.»

Die landläufige Annahme, Hausratten seien reine Pflanzenköstler, während Wanderratten, wie Mensch und Schwein, zu den Allesfressern gehören, hält modernen Untersuchungen nicht ganz stand. Richtig ist dagegen, daß beide Rattenarten Pflanzennahrung bevorzugen, aber Zusatzkost tierischer Herkunft nicht verschmähen.

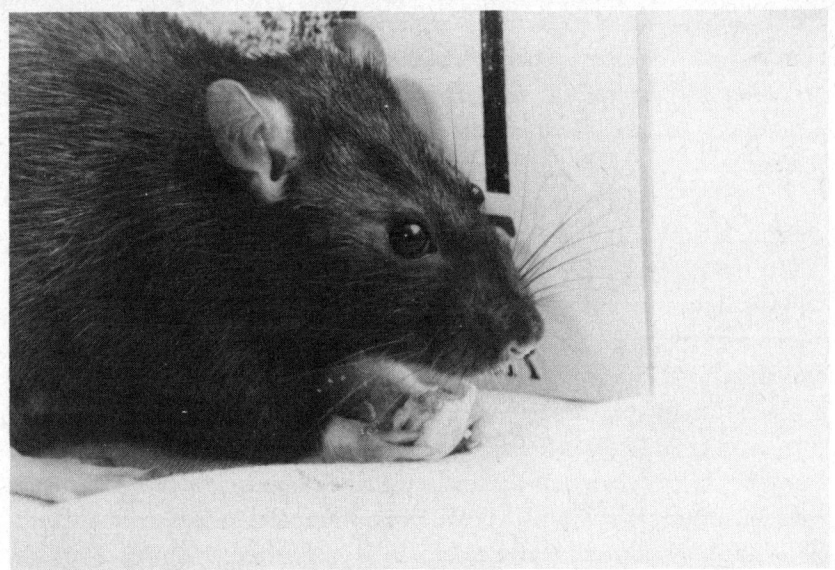

1970 untersuchten H. Kahmann und M. Cagiar den Mageninhalt von im Ödland des Mittelmeergebietes freilebenden Hausratten. Er bestand zu über 90 % aus frischen und trockenen Früchten wie Eicheln, Edelkastanien und den Früchten des Erdbeerbaumes, Sämereien, grünen Pflanzenteilen und saftiger Rinde. Etwas weniger als 10 % der aufgenommenen Nahrung stammte von verspeisten Käfern, Heuschrecken, Ameisen, Süßwasserkrabben und Schmetterlingspuppen.

1950 hatte K. Becker ähnliche Untersuchungen am Mageninhalt von viertausend Wanderratten angestellt. Das Ergebnis: 39 % bestand aus Körnerfutter und Sämereien. 34 % aus Früchten, Gemüse und Gräsern und nur 10 % aus Fleisch und Fisch.

Hausratten und Wanderratten ernähren sich also überwiegend vegetarisch, Nahrungsmittel tierischer Herkunft dienen lediglich als «Zukost» – eine Ernährungsweise, wie sie von modernen Ernährungswissenschaftlern auch uns von allen möglichen Zivilisationsleiden befallenen Menschen zunehmend empfohlen wird.

Natürlich richtet sich die Nahrungsauswahl nach dem Angebot. So können auch Hausratten, die vermeintlichen Vegetarier, sich, wenn es nötig ist, weitgehend auf Fischnahrung umstellen. Läßt man ihnen aber freie

37

Wahl, so bevorzugen sie eindeutig Mohrrüben. Ihr Leibgericht Nummer zwei ist Getreideschrot. Leben sie in einer Obst- oder Gemüseplantage, so bedienen sie sich selbstverständlich mit den entsprechenden Früchten, gleichgültig, ob es sich um Apfelsinen oder Tomaten handelt, um Paprikaschoten, Granatäpfel oder Feigen. Wanderratten beteiligen sich illegal an Obst- und Walnußernten, klettern auf reife Sonnenblumen und holen sich die süßen Kerne. Entsprechend ihrer Spezialisierung auf ein bestimmtes Nahrungsangebot erhielten zum Beispiel die Reisratte, die Bambusratte und die Baumwollratte ihre Namen. Zu Räubern werden sie, wenn der Hunger sie plagt. Dann überfallen sie Küken und Jungkaninchen, Vögel und Vogelnester, jagen Feldmäuse, Gras- und Seefrösche. Selbstverständlich verschmähen sie auch Insekten nicht.

Am Taro, einem Nebenfluß des Po, wurden sie von G. Gandolfi und V. Parisi beim Verzehr von Süßwassermuscheln beobachtet. Im Gegensatz zur Hausratte ist die Wanderratte besonders erpicht auf kohlenhydratreiche Nahrung und zieht Haferflocken in jeder Form allen anderen Speisen vor.

In *Notsituationen* sind Haus- wie auch Wanderratte in der Lage, sich mit äußerst ungewöhnlichem und unergiebigem «Futter» wie Leder, Seife, Papier, Textilien, Holz für eine gewisse Zeit am Leben zu erhalten. Und selbstverständlich können sie alles verzehren, was auch der Mensch ißt.

Im Gegensatz zu Hausratten kann die Wanderratte auch mit ihren Händen Futter aus dem Wasser «fischen oder seihen». In verzweifelten Notzeiten kommt es vereinzelt unter Wanderratten zu Kannibalismus: Jungtiere und kranke Artgenossen werden getötet und verspeist.

Eine erwachsene Wanderratte mittleren Typus ist rund 220 Gramm schwer und benötigt eine Tagesration von rund zweiundzwanzig Gramm Körnerfutter. Die kleineren Hausratten kommen mit einer Nahrungsmenge von fünfzehn bis zwanzig Gramm pro Tag aus. Während Wanderratten täglich zwischen siebzehn und fünfunddreißig Milliliter Wasser aufnehmen, sind Hausratten sogenannte Wassersparer, das heißt, sie können notfalls ihren Wasserbedarf aus dem in Pflanzenteilen eingelagerten Wasser decken.

4
Verwirrspiele im Labyrinth

Rasenlabyrinth aus Wing, Rutland,
in der Nähe eines alten Hügelgrabes (Durchmesser 12 Meter)

Als «Landkarten» der Unterwelt, Symbole des Todes, deutete der 1973 verstorbene Religionswissenschaftler Karl Kerenyi Labyrinthe und Spiralen. Schon in der Frühzeit der menschlichen Geschichte wurden labyrinthische Gravierungen auf Steinen gefunden, und zwar vorwiegend in Grabkammern.

In der *Verhaltensforschung* gehören Labyrinthe zum Lieblingsinventar der Wissenschaftler, besonders, wenn es sich um Lernversuche, und ganz besonders, wenn es sich um Ratten handelt. Nicht nur der irre Dr. Ratte von William Kotzwinkle (vgl. Kapitel 9) verlor dort seinen Verstand.

Man baut Hochlabyrinthe, bei denen die Tiere sich ihren Weg auf schmalen Stegen suchen müssen, und Tieflabyrinthe mit offenen oder geschlossenen Gängen in den verschiedensten Formen und Schwierigkeitsgraden. Da Ratten in der Natur ausgedehnte Erdbauten mit unübersichtlichen

Der Ernst der Wissenschaft

Gangsystemen graben, besitzen sie eine spezielle Eignung dafür, sich in einem Irrgarten zu orientieren.

Deshalb ist nicht das geringste dagegen einzuwenden, wenn ein Rattenbesitzer für seine zahme(n) Hausratte(n) einen Irrgarten baut und ihnen als Spielplatz zur Verfügung stellt. Wobei allerdings zu berücksichtigen wäre, daß sie den Schutz der Dunkelheit lieben und sich deshalb in den überdachten Tierlabyrinthen wohler fühlen als auf den Balancestangen von Hochlabyrinthen.

Aber den Ethologen geht es nicht darum, den Ratten optimale Spiel- und Unterhaltungsmöglichkeiten zu bieten (obgleich man sie dabei vermutlich am besten beobachten, ihre natürlichen Verhaltensmuster am genauesten erkennen könnte). Ihr Ziel ist vielmehr, die Intelligenz der Tiere zu erforschen und ihre Fähigkeit, bestimmte Aufgaben zu lösen, tabellarisch zu erfassen.

Wieweit vermag die Labyrinth-Methode diesem Ziel gerecht zu werden? Wenn man in einem komplizierten Irrgarten das Futter möglichst gut versteckt und dann feststellt, daß alle Ratten der Versuchsreihe in der Lage sind, es zu finden, kann das allenfalls noch als Bestätigung ihrer Fähigkeit beim Auffinden von Futter in schwierigen Situationen interpretiert werden. Wenn die eine Ratte es schneller schafft als die andere, ist sie eben schlauer – oder auch nur hungriger – als die anderen. Diese Methode der reinen Belohnung ist ja noch akzeptabel. Wenn sie auch nicht viel bringt an wesentlichen Erkenntnissen, so richtet sie doch wenigstens auch keinen Schaden an.

Aber was soll man von folgendem Versuch halten: Die Ratte kommt ans Ziel und findet dort zwei Klappen, Hebel oder ähnliches vor. Drückt sie links, bekommt sie Futter, sprich Belohnung, drückt sie rechts, erhält sie einen mehr oder minder schweren, aber immer schmerzhaften elektrischen Schlag. In diesem Zusammenhang von «Strafe» zu sprechen ist unsinnig, denn der Begriff Bestrafung indiziert ein vorhergegangenes Vergehen, um es vorsichtig auszudrücken. Die kleine Ratte aber in ihrem einsamen Labyrinth hat nichts verbrochen, sie hat sich lediglich geirrt. Schließlich ist sie keine Hellseherin.

Aber der Versuch ist noch nicht beendet. Wenn die Ratte alles verstanden hat und ganz richtig links drückt, um ans Futter zu kommen, wird die Versuchsanordnung variiert. Nun gibt's links den Schlag, rechts das Futter. Und hat sie auch das «gelernt», so kann man immer noch den Rhyth-

42

mus wechseln: 1. links Futter, 2. links Schlag, 3. links Schlag, 4. links Futter und rechts umgekehrt oder ganz anders – bis das Tier wahnsinnig geworden ist. Oder vorher aufgibt und die zuletzt eingeübte Folge stur beibehält, egal, was mit ihr passiert.

Ein aufschlußreicher und sinnvoller Versuch? Derartige Versuche werden rund um die Welt gemacht, immer wieder. Und sie werden immer wieder genehmigt, denn jeder Mathematiker kann bestätigen, daß es bei dieser Versuchsanordnung unendlich viele Variationsmöglichkeiten gibt, und für die Genehmigung genügt der Nachweis, daß nicht haargenau das gleiche Experiment schon irgendwo gelaufen ist, wobei fraglich ist, ob das überhaupt je geprüft wird.

Mit der angeblich zu testenden Intelligenz der Ratten hat das Ganze nicht das geringste zu tun.

Vielmehr scheinen derartige «Versuche» mit dem Spieltrieb des Forschenden zu tun zu haben, vielleicht auch mit einer tief innen sitzenden Freude an seiner so sichtbar demonstrierten Überlegenheit. Denn *er* weiß ja, was gleich passieren wird, die dumme Ratte da unten aber nicht.

Immer wieder werden auch Versuche gemacht, die sich mit dem Sexualverhalten von Ratten beschäftigen. So meldete der *New Scientist* kürzlich unter dem Titel «Fröhliche Wissenschaft»:

«... Währenddessen hat ein anderes Team in den USA festgestellt, daß sich die Augen von Rattenweibchen während der Begattung weiten. Nicht genug damit, daß man Videoaufnahmen der weiblichen Ratten machte, während echte Männchen sie besprangen, es stellte sich (Forschergeist!) natürlich auch die Frage der ‹*Differenz zwischen vaginaler und extravaginaler Stimulation*›. Sowohl das Einführen eines geeichten Glasstabes in die Vagina der Ratte als auch sanfter Druck auf die Flanken zwischen Handballen und Fingern führten zu den erweiterten Augen. Den größten Effekt hatte die Kombination von beiden.»

Auch Rattenmännchen werden sexuell stimuliert. Man steckt die Tiere in eine oben und unten offene Glasröhre, so daß nur der Unterkörper, die Beine und der Schwanz hervorschauen. Und dann mastubiert man sie per Hand, zwischen Daumen und Zeigefinger, und zeichnet akribisch auf, wann die Erektion eintritt, wann die Ejakulation und wie oft man das

Ganze wiederholen kann und in welchen Zeitabständen. Dann fertigt man mit Hilfe der Daten Graphiken an.

Auch diese erstaunlichen Forschungen finanziert – der Steuerzahler. Solche Fingerübungen werden nicht nur mit Ratten veranstaltet, sondern selbstverständlich auch mit allen möglichen anderen Versuchstieren, denn auch das Sexualverhalten von Katzen, Kaninchen, Affen, Hunden ist ja von allerhöchstem Interesse.

Bei anderen Versuchen machte man die sensationelle (!) Entdeckung, daß erwachsene Rattenmännchen, die an permanenter Unterernährung litten, sexuell weniger aktiv waren als normal ernährte Tiere.

In einem freilebenden Rattenrudel sind alle Tiere miteinander verwandt, und *es herrscht Polygamie.* Das brünstige Weibchen «erhört» jedes interessierte Männchen in den ca. sechs Stunden ihrer Bereitschaft zur Kopulation. Da jede Einzelbegegnung nur Sekunden dauert, kann sie unter Umständen mehrere hundert Bewerber beglücken. Dabei halten die älteren Männchen sich eher zurück und überlassen den jüngeren die Initiative.

Innerhalb des Baus liegt das Nest für Mutter und Junge an der geschütztesten Stelle. Die Aufzucht und Pflege der Jungen wird gemeinschaftlich durchgeführt, das heißt, jedes säugende Rattenweibchen kümmert sich nicht nur um seine eigenen Kinder, sondern auch um die der anderen. Wenn ein säugendes Weibchen auf der Nahrungssuche verunglückt, bleiben seine Jungen nicht hilflos zurück: Die anderen Rattenmütter ziehen sie mit auf.

Das Nest wird bei Gefahr von allen Ratten verteidigt. Übrigens scheint der Nestbau zu den artspezifischen Tätigkeiten zu gehören, die Rattenweibchen erst lernen oder von erfahrenen älteren Weibchen abschauen müssen. Wenn unerfahrene junge Weibchen, die isoliert aufgezogen wurden, plötzlich Papierstreifen oder anderes für den Nestbau geeignetes Material bekommen, wissen sie nicht viel damit anzufangen und spielen lediglich damit herum.

Die Jungtiere beginnen im Alter von 22 Tagen den Bau zu verlassen, um ihre Umgebung zu erkunden. «Ihr auffälligstes Verhaltensmerkmal sind die wirklich reizenden Spiele, die sie nun zeigen; so balgen sie sich und flüchten voreinander», schreibt Fritz Dieterlen in «Grzimeks Tierleben», und fährt fort: «Die Spielfähigkeit ist im Erbgut festgelegt und scheint nur bei wenigen Arten aus der Familie der Mäuse vorzukommen.»

Die *Größe der einzelnen Rudel* von Wanderratten ist ganz verschieden. So gut wie immer bildet ein einziges Paar den Anfang eines Clans, gelegentlich kommt es aber auch bei besonders großen Rudeln von über 200 Tieren zum Anschluß nichtverwandter Ratten. Das eigentliche Revier eines Rattenrudels, in dem selbstverständlich der Rattenbau liegt, wird gegen fremde Artgenossen in der Regel energisch verteidigt, im Gegensatz zu dem über das Revier hinausreichenden Aktionsraum, der lediglich der Nahrungssuche dient. Dieser Aktionsraum kann unter Umständen mehrere Kilometer umfassen.

Wenn eine Nahrungsquelle im Aktionsraum die Ratten sehr weit von ihrem Bau fortführt, so verzehren sie das Futter meist an Ort und Stelle, das heißt dort, wo sie es vorfinden. Aber das ist eher die Ausnahme: Im Normalfall schleppen sie alles, was den Eindruck erweckt, genießbar zu sein, zunächst in ihren Bau, um dort das Gefundene in Ruhe zu sortieren. Beileibe nicht alles hält einer kritischen Prüfung stand. Was nicht aussortiert oder sofort verzehrt wird, landet in dem (den) Vorratslager(n), das (die) zu jedem Rattenbau gehören. Außerdem gibt es dort Schlafkammern und verzweigte Gänge, von denen einige blind enden. In diese flüchten die Tiere sich bei Gefahr, wenn es ihnen nicht mehr gelingt, einen der Ausgänge zu erreichen. Jeder Bau besitzt mehrere Ein- und Ausgänge, die überdies häufig verlegt werden. In einem Rattenbau geht es zu wie in einer modernen Großstadt in der Schönwetterperiode: Es wird ständig gebaut, umgebaut, ausgebessert.

Innerhalb der Großfamilie vertragen alle Tiere sich ausgezeichnet. Futterneid scheinen sie ebensowenig zu kennen wie Eifersucht. Ratten besitzen ein ausgeprägtes Bedürfnis nach Körperkontakt. Deshalb «unterkriechen» die jüngeren Tiere gern und häufig die älteren, dabei kann es gelegentlich zu harmlosen Reibereien kommen, wenn beispielsweise eine ältere Ratte dadurch beim Futtern gestört wird. Aber diese kleinen Meinungsverschiedenheiten oder Mißverständnisse führen nie zu echten Kämpfen. Die ältere Ratte schiebt lediglich mit der Breitseite die andere fort, allenfalls kann es mal ein paar Ohrfeigen oder Fußtritte setzen. Ist dagegen ein älteres Tier zu Zärtlichkeiten aufgelegt, so «überkriecht» es die Jüngeren. Ratten sind Kontakttiere; ohne Artgenossen – oder ohne Ausgleich durch ausgiebigen Körperkontakt zu einem Menschen oder einem anderen Tier – fühlen sie sich todunglücklich.

In Experimenten ging man diesem «unbegreiflichen» Phänomen natürlich nach. Und stellte fest, daß junge Ratten, die von der Geburt an 30 Tage lang in Einzelhaft gehalten wurden, ohne jeden Kontakt und jede Anregung, eine um 6,4 % leichtere Großhirnrinde besaßen als ihre glücklicheren Artgenossen, die mit ihren Geschwistern gemeinsam – also unter relativ natürlichen Bedingungen – aufwuchsen und Spielzeug zur Verfügung gestellt bekamen. Auch das Gehirn selber blieb bei den armen «Kaspar Hauser-Ratten» unterentwickelt, die Verzweigung der einzelnen Hirnzellen, der Dendriten, sowie die Anzahl der Nervenkontakte, der Synapsen, war deutlich geringer.

Durch die Fachliteratur geistern Gruselmärchen über das blutrünstige Bekämpfen von Ratten, die in einen fremden Rattenclan eindringen. Angeblich stürzen die Revierinhaber sich auf die unbekannten Tiere, die sie am Geruch erkennen – jede Rattenfamilie hat ihren eigenen, unverwechselbaren Geruch – und massakrieren sie buchstäblich. Diese Geschichte paßt so recht zu dem tiefsitzenden Vorurteil gegen Ratten.

In Wirklichkeit spielt sich folgendes ab: Der Fremdling wird bedroht und mit bloßen Scheinangriffen attackiert, die völlig unblutig verlaufen. Ziel des Manövers ist es, ihn zum schleunigen Rückzug zu bewegen oder zur Unterwerfung. Erst wenn er dazu auch nach etwa einer Stunde nicht bereit ist, werden die Angriffe ernst.

Erfahrene Ratten in der freien Natur wissen, wie sie sich zu verhalten haben. Entweder verlassen sie sofort den Bau, woran niemand sie hindert, oder sie stoßen – für unsere Ohren nicht wahrnehmbar – Ultraschallschreie zwischen 20 und 25 Kilohertz aus, als Zeichen ihrer absoluten Unterwerfung. Und dann geschieht ihnen nicht das geringste, man nimmt sie in den Clan auf.

Nun ist aber der «Demutsschrei» etwas, was Ratten erst lernen müssen, ähnlich wie den Nestbau. Wenn aber bei Versuchen im Labor fremde Tiere in einen Rattenkäfig gesetzt wurden, aus dem sie nicht fliehen konnten, und ihnen der rettende Ultraschallschrei unbekannt war, mußten sie zwangsläufig sterben. Das geschah in der Regel nicht einmal an irgendwelchen Verletzungen, sondern am Schock. Sie wurden nicht nur durch Scheinangriffe bedroht, sondern die ansässigen Ratten «beschimpften» sie ihrerseits in Ultraschall.

Den Eindringlingen gegenüber kommt es nur dann zu blutigen Angriffen, wenn das oben geschilderte Ritual durchgespielt wurde und der Fremdling sich gegen den oder die Angreifer zur Wehr setzt. Verhält eine Ratte sich in dieser Situation völlig bewegungslos, so bleibt es bei Scheinangriffen, die aber auf längere Sicht immer auch zum Tode des Eindringlings führen, und zwar lediglich auf Grund von Schock oder Erschöpfung.

Vitus B. Dröscher erklärte schon 1968 in seinem Buch «Die freundliche Bestie»: «Das Rätsel um den Rattentod wurde erst im Laufe des Jahres 1967 gelöst. Im Londoner King's College entdeckte der Zoologe Dr. Gillian Sewell (160) die Ultraschallsprache der Ratten: Der Aggressor schreit sein Opfer mit einer Serie für uns unhörbarer Impulse von je nur 30 bis 60 Millisekunden Dauer an, während der zur ‹Salzsäule› Erstarrte in einer Art von Röcheln Ultraschallaute von 700 Millisekunden Länge mitzirpen läßt. Vermutlich wirkt der intensive Angriffsultraschall im wahrsten Sinne des Wortes nervtötend auf den Fremdling.»

Man hat auch einzelne Tiere aus ihrer Familie entfernt und ein paar Tage isoliert. Danach hatten sie offenbar den typischen Eigengeruch des Clans verloren, zu dem sie gehörten. Wurden sie dann zu den anderen zurückgesetzt, so reagierten sie mit völliger Verständnislosigkeit auf die ihnen massiv entgegengebrachte Abneigung ihrer Verwandten und Freunde. Wenn ein Forscher sich dann nicht nur darauf beschränkte zuzuschauen, wie sie umkamen, sondern sie rechtzeitig herausnahm, hatten die Tiere in der Zwischenzeit aus ihrer bösen Erfahrung gelernt. Wenn das Experiment dann eine Woche später wiederholt wurde, verhielten sie sich richtig, so daß ihnen nichts geschah und sie wieder in den Familienverband eingegliedert wurden.

Ratten besitzen eine ausgeprägte Beißhemmung gegenüber Artgenossen. Selbst bei ernsthaften Kämpfen zwischen zwei Rattenmännchen kommt es fast nie zu Bißverletzungen. Die Gegner sitzen anfangs hochaufgerichtet voreinander. Der Kampf beginnt damit, daß sie mit den Vorderpfoten aufeinander eintrommeln, dann versuchen sie, sich gegenseitig umzuwerfen. Liegen sie am Boden, im Clinch, wird der Streit mit Fußtritten unterstützt. Steht der Sieger fest, so bedroht der den Unterlegenen noch eine Weile durch Zähnewetzen und Fiepen, bevor er sich abwendet.

Die Hemmung, ein anderes Tier in die empfindliche Bauchregion zu beißen, ist so groß, daß selbst noch so teuflisch konstruierte Versuche das Tabu nicht durchbrechen konnten. Man hat Ratten gefesselt und bewegungsunfähig in Käfigen auf dem Rücken fixiert und dann eine andere, frei bewegliche Ratte, die durch Stromstöße künstlich zu höchster Ag-

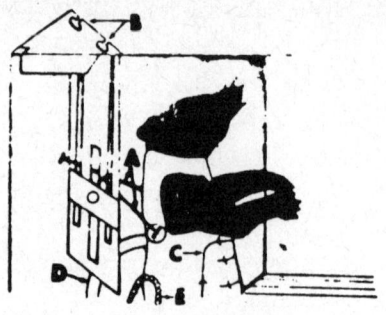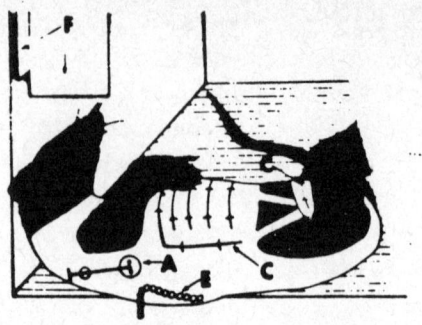

Links: durch einen Panzer im Stehen gebändigte Ratte; rechts: die Ratte im Liegen; die Drähte des Panzers (C) werden mit dem Elektrofußrost verkabelt (D). Metallelektroden versetzen der angreifenden Ratte Stromstöße an den Vorderpfoten, wenn sie auf dem Kopf der angegriffenen Ratte steht.

gression stimuliert wurde, auf das Opfer losgelassen. Das einzige Ergebnis waren gelegentliche Bisse in die Pfoten, nie aber in den Bauch des Opfers.

Unter natürlichen Bedingungen ist die Aggression einer Ratte dann am größten, wenn sie sich ausweglos in die Enge getrieben fühlt. In einer solchen Lage greift die Ratte immer an, obwohl sie keine Chance hat, springt selbst einen großen Hund oder einen Menschen an. Säugende Rattenmütter, die ihre Jungen verteidigen, reagieren ebenfalls hochgradig aggressiv. Ob die Tiere sich doch noch eine winzige Chance ausrechnen oder ob sie nach dem Motto «lieber ein Ende mit Schrecken» handeln, bleibt ihr Geheimnis. Bei diesem Frontalangriff stoßen die Wanderratten einen gellenden Kriegsschrei aus.

Auch Überbevölkerung oder Raummangel rufen Aggressionen hervor. Wird ein Rudel zu groß und das gemeinsame Revier zu klein, so wandern Gruppen von Tieren ab, um sich anderswo ein neues Revier zu suchen. Die Weibchen stellen unter derartig ungemütlichen Lebensbedingungen vorübergehend ihre Fruchtbarkeit ein.

Wird dieser Zustand künstlich im Labor herbeigeführt, so löst sich die bisher so gut funktionierende Gesellschaftsordnung der Großfamilie auf. Die einzelnen Mitglieder verhalten sich plötzlich egoistisch, feindselig und chaotisch. Sie schnappen sich gegenseitig das Futter weg, auch wenn es in reichlichem Maße vorhanden ist, streiten sich um nichts, vergewaltigen die Weibchen. Diese wiederum hören auf, Nester zu bauen und sich

48

um ihre Jungen zu kümmern. Jeder wird zum Feind des anderen. Nach dem Wiener Aggressionsforscher Friedrich Hacker, gehört Raumnot zu einem der wesentlichen Faktoren, die Aggression auslösen, auch bei Menschen und bei anderen Tieren.

Ein anderer dieser Faktoren ist *Schmerz*. Auch das hat man, versteht sich, in zahllosen Versuchen mit Ratten durchprobiert. Dabei ergab sich folgendes: Wenn eine Ratte in ihrem Käfig schmerzhafte elektrische Schläge verabfolgt bekommt, versucht sie zu fliehen oder erstarrt. Sitzen aber mehrere Tiere im Käfig, so greifen sie sich gegenseitig an. Allerdings kann sich die durch Schmerzzufügung entstandene Aggression auch gegen leblose Objekte richten. Das ist leicht vorstellbar, denn auch ein Kind, das sich am Stuhlbein stößt, fängt an, auf den Stuhl einzuschlagen. Mischt sich gar ein Geschwisterchen ein, so bekommt es todsicher auch etwas ab.

In der sogenannten Skinner-Box müssen Ratten eine bestimmte Aktion «lernen», um Futter oder Wasser zu bekommen, zum Beispiel das Herabdrücken eines Hebels. Hat die Ratte das begriffen, wird das Experiment «verfeinert». Nun darf sie den Hebel erst dann betätigen, wenn vorher eine Lampe aufleuchtet. Sonst erhält sie kein Futter oder Wasser, sondern einen schmerzhaften elektrischen Schlag. Auf diese Weise erreicht man mit Sicherheit eines: Man macht aus gesunden Tieren in kürzester Zeit frustrierte, unglückliche, verängstigte Geschöpfe, die für ihr bißchen Nahrung, das sie zum Überleben brauchen, Torturen auf sich nehmen müssen, die in keinem Verhältnis zu dem angeblichen Zweck solcher «Lern»versuche stehen.

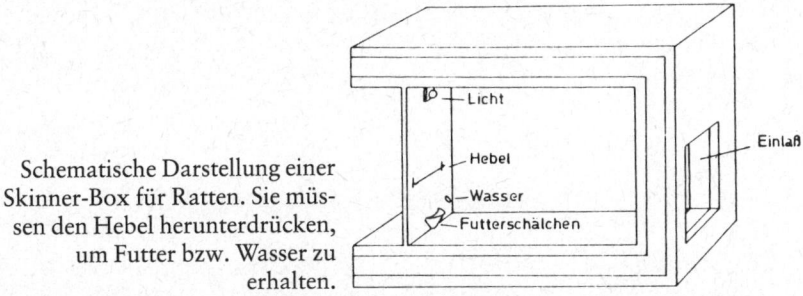

Schematische Darstellung einer Skinner-Box für Ratten. Sie müssen den Hebel herunterdrücken, um Futter bzw. Wasser zu erhalten.

Daß Ratten, in der Natur hochintelligente Säugetiere, die es verstehen, sich unter widrigsten Umständen zu behaupten, bei absolut unsinnigen Versuchen nicht selten in Streik treten, ist eine Tatsache, die für sie spricht, nicht aber für die Wissenschaftler, deren «Spielmaterial» sie darstellen.

In Amerika wurden weiße Laborratten darauf trainiert, einen Luftsprung zu machen, um an eines von zwei nebeneinanderliegenden Fensterchen zu gelangen, die mit verschieden gemusterten Karten verdeckt waren. Hinter einem wartete Futter, das andere war geschlossen, so daß die Ratte abprallte und zurückfiel in ein aufgespanntes Netz. Nach einer gewissen Zeit hatte die Ratte gelernt, daß ihr Futter immer links zu finden war. Und dann änderte der Professor – wie auch anders – die Versuchsanordnung. Das Futter befand sich jetzt rechts, wenn auch hinter der gleichen Karte wie zu Beginn. Natürlich dauert es eine Weile, bis die Ratte sich umgewöhnt hat.

Dann wurde die «futtergebende» Karte wieder versetzt und wieder und wieder. Bei einer Mißerfolgsquote von durchschnittlich 50 % wurde es den Ratten buchstäblich zu dumm. Sie sprangen stur entweder rechts oder links gegen das Fenster, auch wenn der findige Wissenschaftler auf die bevorzugte Seite über längere Zeit grundsätzlich nie mehr Futter legte.

Wissen muß man außerdem, daß Ratten erstens nur sehr ungern springen (vermutlich waren sie sehr hungrig) und zweitens trotzdem häufig nur mit Nachhilfe dazu zu bewegen waren. Zu diesem Zweck blies man sie mit einem Luftstrom an, erst schwach, dann in Stufen stärker werdend. Und das ist, so weiß man, für Ratten ganz außerordentlich unangenehm. Man konnte sie also in einem Versuch gleich dreifach quälen: Mit Hunger, mit dem Zwang zu springen, mit dem Anblasen.

Die Verhaltensforschung geht oft seltsame Wege. Deshalb darf es niemanden verwundern, wenn das Salem-Hilfswerk für Tiere, Natur und Umwelt in seinem Informationsheft 1/1986 folgende Einschätzung veröffentlichte:

«Verhaltensforschung» – grausam!

Die Methodik der Verhaltensforschung am Tier, die von vielen Wissenschaftlern angewandt wird, besteht paradoxerweise nicht darin, das tierische Verhalten zu studieren. Was die Forscher offenbar interessiert, ist das verzerrte, das pathologische Verhalten: entweder das, was von der großartigen Ganzheit eines funktionierenden Organismus übrigbleibt, nachdem chirugische oder andere

Verstümmelungen* am Tier vorgenommen wurden, oder Reflexbewegungen, die durch irgendeine der unzähligen Reize, Strafen oder Belohnungen, die sich der Forscher ausdenkt, *aus dem Tier herausgequält wurden.*

Wahnsinn, was der Mensch dem Tier antut

Die Instrumente für diese Umwandlung sind das Medikament, das Messer und die Elektrode. Hinzu kommen der Käfig mit seinem Zubehör: Zweikammerbox (shuttle box), Manipulationstasten, Futterkugelautomaten und Anlagen mit Stimulationssignalen, ferner die Bändigungsvorrichtungen.

Das Tier soll Angst und Schmerz zeigen

Die in diesem Kapitel beschriebenen Versuche entfallen auf drei verschiedene Kategorien. Bei der ersten Kategorie handelt es sich um Studien über Aggressionen, die beim Tier durch Angst oder Schmerz hervorgerufen werden, Reaktionen, die gewöhnlich durch Stromstöße ausgelöst werden. Das Tier darf seine Aggressionen ausleben, entweder indem es ein anderes Tier angreift oder indem es verbeißt, was ihm gerade unter die Zähne kommt.

Folterung

Die zweite Kategorie umfaßt Deprivationsversuche, bei denen dem Tier einer der Sinne physisch – oft chirurgisch – zerstört wird oder bei denen es von einem Teil der für sein Überleben nötigen Umwelt isoliert wird.

Gefangen

Die dritte Kategorie umfaßt Stressversuche, wobei das Tier wiederum Angst und Schmerzen erleiden muß, aber an der Flucht gehindert wird, was zu seinem psychischen und manchmal physischen Zerfall führt.

Unnötig zu sagen, daß solche Versuche zumeist sinnlos sind, weil die Tiere in ihrer natürlichen Umgebung sich anders verhalten.

Am 12. Mai 1984 konnte man Einzelheiten über den Umgang der Ratten mit Alkohol erfahren:

* So kommt immer mal wieder jemand auf die Idee, jungen Mäusen und Ratten die Hände zu verstümmeln oder zu amputieren, nur um zu sehen, wie die Tiere es dann wohl anstellen, sich zu putzen…

Auch Ratten bekommen einen Kater

Nur jede vierte abstinent

Von unserem Korrespondenten Emil Bölte

Washington – Alkohol im Haus zu haben ist nicht nur eine ständige Versuchung für Menschen. Ratten ergeht es nicht anders. Sie befinden sich in ständiger Gefahr und teilen sich schon bald auf in Alkoholiker, Abstinenzler und solche, die nur aus Gesellschaft mithalten. Dies hat sich bei der Erarbeitung einer Studie von Gaylord Ellison an der University of California in Los Angeles herausgestellt.

Ein Forschungsteam beobachtete sieben Jahre lang acht Wohngemeinschaften von jeweils 27 Ratten. Jede vierte Ratte blieb abstinent und widerstand der Versuchung, den Alkohol zu kosten. Zehn Prozent der Ratten wurden Alkoholiker. Der Rest trank «moderat, in vergnüglicher Stimmung». Die Zahlen seien denen «in menschlicher Umgebung nahe», befand Ellison bei der Berichterstattung über das ausgedehnte Experiment.

Die Bar, an der sich die Ratten laben konnten, bestand aus drei Spritzvorrichtungen für Wasser und drei Fontänen mit Alkohol, der nach Anis schmeckte. Rundherum gab es Abteilungen zum Schlafen, Essen, für Gesellschaftsspiele und zum intensiven Meinungsaustausch.

Erstaunt waren die wissenschaftlichen Spione, als sie feststellten, daß ihre Ratten jeden Abend zwei Stunden vor der Fütterung zu trinken begannen. Dies ist auch eine Gewohnheit amerikanischer Menschen. Man spricht von der «Cocktailstunde» oder der «happy hour». Unmittelbar vor dem Schlafengehen nahmen einige Ratten noch einen tiefen Schluck an der Alkoholfontäne. Das kam dem kalifornischen Professor gleichfalls bekannt vor.

Einigermaßen erstaunt war Ellison, als er zusehen mußte, wie die Ratten alle drei oder vier Tage zusammenkamen und mehr Alkohol zu sich nahmen als gewöhnlich. Dieser Ausschweifung folgten Perioden, in denen viel Wasser getrunken wurde, was auf «Katerstimmung» zurückgeführt werden konnte.

Nicht gut angesehen

Alkoholiker unter den Ratten waren gesellschaftlich nicht gut angesehen, entwickelten Leberschäden und hatten Schwierigkeiten, den Weg zu den verschiedenen Örtlichkeiten der Rattenunterkunft zu finden. Offenbar eine Folge nachlassender Gehirntätigkeit. Solche Ratten schliefen schlechter als die enthaltsamen Mitglieder der Gemeinschaft. Sie flegelten sich im Zustand der Nüchternheit faul herum.

Weitreichende Schlüsse sind aus den Studienergebnissen bislang nicht gezogen worden, wenn man vom Vergleich zum Menschen absieht. Professor Ellison denkt noch darüber nach, auf welche Weise die Erkenntnisse am besten genutzt werden sollten.

Verblüffend ist, daß Ratten sich überhaupt für den freizügig fließenden Schnaps interessierten, wahrscheinlich lieben sie Anis. Die großen Mäuse besitzen nämlich einen hochdifferenzierten Geschmacksinn, der es ihnen ermöglicht, bereits zwei Millionstel eines Gifts im Futter aufzuspüren. Andererseits gehören gerade Ratten, wie auch der Mensch, zu den typischen nichtspezialisierten und deshalb besonders anpassungsfähigen Tieren. Aber gewitzt durch schlechte Erfahrungen sind sie vorsichtig geworden gegenüber verlockend placierten Ködern.

Und hier ein letztes Beispiel für den Umgang der Verhaltensforscher mit dem Tier Ratte:

Bei Vitus B. Dröscher * lesen wir

«‹Das Experiment mit der Hoffnung› nannte der Mainzer Professor Rudolf Bilz seine Versuche mit wilden, frisch eingefangenen Wanderratten. Wenn er solch ein Tier in einen großen Wasserkessel warf, an dessen Wänden es nicht hochklettern konnte, starb es nach etwa fünfzehn Minuten irrsinnigen Umherstrampelns den Stresstod.

Normalerweise kann die Ratte bis zu achtzig Stunden lang ununterbrochen schwimmen, ohne zu ertrinken. Folglich hat sie nicht die körperliche Anstrengung des Schwimmens umgebracht, sondern allein die Todesangst, aus dieser ausweglosen Situation nie wieder herauszukommen.

Anderntags wurde dasselbe Experiment mit einer anderen Ratte wiederholt. Nur wurde zu diesem Tier bereits nach fünf Minuten eine Holzstange ins Becken gelehnt, an der es heraus und in ein weiches Nest hineinklettern konnte.

Wirft man dieselbe Ratte etwas später wieder ins Wasser, aber ohne ihr die rettende Holzstange zu reichen, denkt sie gar nicht mehr daran, den Stresstod zu sterben. Sie paddelt und paddelt wie ein Langstreckenschwimmer an die achtzig Stunden lang umher, voller Hoffnung, daß irgendwann doch wieder so eine hilfreiche Stange ihm als Deus ex machina zur Rettung werden könnte.»

* Siehe Literaturverzeichnis S. 220

Das Ergebnis dieser Versuche: Stress wird durch Hoffnung auf Hilfe vermindert, durch das Gefühl der Hoffnungslosigkeit verstärkt.

Man erschrickt bis ins Herz, wenn man in populären Sachbüchern im beiläufigen Plauderton derartige Horrorszenen liest.

Achtzig Stunden schwimmen bis zur letzten, totalen Erschöpfung, immer in der Hoffnung, daß ein Mensch, der schon einmal Rettung brachte, endlich das grauenvolle Spiel beenden und Erbarmen zeigen möge – und dann in dieser verzweifelten Hoffnung getäuscht zu werden und von neugierigen Blicken beobachtet elend ersaufen zu müssen ... was hat sie denn verbrochen, die kleine Ratte? Und was nützt das alles dem Menschen zu wissen, ob die Ratte acht oder achtzig Stunden «durchhält»? Der «Sinn» des Versuchs war doch schon spätestens nach ein bis zwei Stunden klar, wozu also diese bösartige, sadistische Langzeit-Tortur?

Übrigens sind auch mit Katzen und anderen Tieren schon sehr häufig ähnliche Versuche gemacht worden – und immer bis zum bitteren Ende. Wer sich einen wissenschaftlichen Forscher als einen eher trockenen, wenig phantasiebegabten Typ vorstellt, irrt. Im Erfinden bestialischer Foltermethoden für Tiere erweist er sich sogar als erschreckend phantasiereich, in ihrer Planung und Durchführung als unerbittlich konsequent.

Wir haben seit geraumer Zeit die Todesstrafe abgeschafft und unterziehen auf Staatskosten, auf unsere Kosten also, Gewaltverbrecher langwierigen psychiatrischen Untersuchungen. Wann werden wir endlich lernen, Tiere, deren einzige Schuld darin besteht, nicht als Mensch auf die Welt gekommen zu sein, ebenfalls mit Güte, Toleranz und Respekt – Respekt vor dem Leben – zu begegnen, daß wir zwar reproduzieren, aber nicht schaffen können?

Wie verbringen freilebende Ratten nun wirklich ihren Tag? *Ein ganz wesentlicher Antrieb ist ihre Wißbegier.* Wenn die Futterbeschaffung, etwa auf einer Müllhalde, relativ gesichert ist, verbringen die Tiere deshalb rund 80 % ihrer Zeit damit, in ihrem Revier herumzulaufen, alles in Augenschein zu nehmen, alles zu beschnuppern. Den Rest ihrer Zeit nutzen sie für sorgfältige Fellpflege, bis jedes einzelne Haar so richtig schön glänzt, und zum Abschleifen ihrer Zähne. Zwischendurch bleibt noch Spielraum für den Austausch von Zärtlichkeiten.

«Die Ratten verlassen das sinkende Schiff» – über dieses sprichwörtlich gewordene Phänomen werden Wundermärchen berichtet. Am wahrscheinlichsten ist die Erklärung von Vitus B. Dröscher, daß Ratten, die in den untersten Räumen des Schiffes, der für Menschen nahezu unzugänglichen Bilge, hausen, es am frühesten spüren, wenn durch Leckstellen Wasser eindringt. Ihre Nester werden überspült, und das ist ein Alarmsignal. Während der Flucht stoßen die Tiere Warnrufe aus, denen auch diejenigen Ratten, die sich in Vorratsräumen eingerichtet haben, unverzüglich Folge leisten.

Bei unmittelbar drohender Gefahr wie zum Beispiel Erdbeben, kommt es zum Massenexodus von Ratten. Aber dabei handelt es sich keineswegs um Rattenvölker oder gar -armeen, sondern um viele Großfamilien oder Rudel, die das bedrohte Gebiet gleichzeitig verlassen. Diese Fluchtgemeinschaften lösen sich rasch wieder auf, wenn die Gefahr vorüber ist. Längere Wanderungen von riesigen Rattenverbänden gehören in den Bereich der Legende, ebenso wie die angeblichen Kriege zwischen Ratten-«völkern» nebst Ratten«generalen» und -«königen».

Die großen Mäuse sind ausgesprochen friedfertige Tiere mit einem stark ausgeprägten Familiensinn, der selbst Urgroßmütter, Tanten sechsten Grades und Ururenkel umfaßt. Artgenossen, die nicht zum Clan gehören, werden lediglich bedroht und verjagt, aber nicht ernstlich angegriffen. Das gilt übrigens auch für Hausratten. Nur so ist es zu erklären, daß beide, Haus- und Wanderratte, friedlich unter einem Dach leben können, wobei die größeren und stärkeren Wanderratten die Hausratten lediglich auf das Bodengeschoß verdrängen, da sie selber lieber zu ebener Erde und in Kellern leben.

5
Ratten machen Geschichte

nänie auf ein paar nager

selbst meine freunde
verwenden ihren namen als schimpfwort
diese lausigen ratten:

die unterwühler
die fundamente-zerfresser
die sich durchbeißen müssen
das subversive gesindel
das vernünftig von bord geht
bevor der kahn absäuft

ach ihr lausigen ratten
von der pest auf die straße geschickt
auf zierlichen pfoten
um da als erste zu sterben
mit blut aus der schnauze
& todesschweiß-nassem fell

ich wünschte ich könnte euch retten
vor krankheit vor köder
& vor dem falschen vergleich

Yaak Karsunke

Aber in den folgenden Tagen verschlimmerte sich die Lage. Die Zahl der eingesammelten Nagetiere nahm ständig zu, und die Ernte war jeden Morgen reicher. Vom vierten Tag an kamen die Ratten in Gruppen heraus und starben. Aus den Verschlägen, den Untergeschossen, den Kellern, den Kloaken stiegen sie in langen, wankenden Reihen hervor, taumelten im Licht, drehten sich um sich selber und verendeten in der Nähe der Menschen. Nachts hörte man in den Gängen und den engen Gassen deutlich ihren leisen Todesschrei. Am Morgen fand man sie in den Straßengräben der Vorstädte ausgestreckt, ein bißchen Blut auf der spitzen Schnauze, die einen aufgedunsen und faulig, die andern steif, mit gesträubten Schnauzhaaren. In der Stadt selber traf man sie in kleinen Haufen auf dem Flur oder in den Höfen. Manchmal starben sie auch einzeln in den Vorräumen der Verwaltungsgebäude, in den Schulhöfen, manchmal auf der Terrasse der Cafés. Unsere entsetzten Mitbürger entdeckten sie an den belebtesten Orten der Stadt. Der Waffenplatz, die Boulevards, die Aussichtsstraße dem Meer entlang waren ab und zu verunziert. Bei Morgengrauen wurde die Stadt von den toten Tieren gesäubert, im Lauf des Tages kamen sie langsam wieder, zahlreicher und zahlreicher. Manch ein nächtlicher Spaziergänger spürte unter seinem Fuß plötzlich die weiche Masse einer eben verendeten Ratte. Es war, als wolle die Erde, auf der unsere Häuser standen, sich selber von der Last ihrer Säfte befreien, so daß die Eiterbeulen, die sie bisher innerlich geplagt hatten, nun aufbrachen. Man stelle sich das Entsetzen in unserer kleinen Stadt vor, die bis jetzt so ruhig gelebt hatte und nun in wenigen Tagen völlig aufgewühlt wurde, einem gesunden Menschen gleich, dessen dickes Blut plötzlich in Aufruhr gerät!

Die Sache ging so weit, daß die Agentur Ransdoc (Informationen, Nachweise, Auskünfte auf allen Gebieten) in ihrer Rundfunksendung ‹Unentgeltliche Nachrichten› bekannt gab, daß am 25. April allein 6231 Ratten eingesammelt und verbrannt worden waren. Diese Zahl gab dem täglichen Schauspiel, das die Stadt vor Augen hatte, einen klaren Sinn und vermehrte die Verwirrung. Bis jetzt hatte man sich über einen etwas widerwärtigen Zwischenfall beklagt. Nun merkte man, daß das Geschehen, dessen ganze Tragweite noch nicht abzusehen war und dessen Ursprung unerklärlich blieb, etwas Bedrohliches hatte. Nur der alte, asthmatische Spanier rieb sich weiter die Hände und wiederholte mit kindlicher Freude: ‹Sie kommen, sie kommen!›»

Dieser Ausschnitt aus dem berühmten Roman «Die Pest» von Albert Camus schildert lebendig und exakt, was einer durch Rattenflöhe übertragenen Pestepidemie vorausgeht – nämlich das Massensterben der aus ihren Verstecken hervorgekommenen Ratten. Ähnliche Szenen scheinen sich aber nur selten vor den verheerenden Ausbrüchen der Beulenpest im Europa des 14. bis 18. Jahrhunderts abgespielt zu haben. Da kaum zu vermuten ist, die Bevölkerung der betroffenen Städte und Landstriche hätte ein derart auffälliges Verhalten der sonst eher scheuen Tiere nicht registriert oder einfach übersehen, bleibt die Antwort auf die Frage, ob die Pest tatsächlich von den Ratten nach Europa eingeschleppt wurde, bis heute umstritten. Denn *die Beulenpest ist genauso von Mensch zu Mensch übertragbar*, durch Kontakt- oder Tröpfcheninfektion. Der Rattenfloh gedeiht überdies nur in warmen Klimazonen, hat also in unseren Breiten höchstens in den seltenen warmen Sommern eine Überlebenschance.
Schlachten, Feldzüge und Kriege wurden, so lehrt uns die Geschichtsschreibung, sehr häufig nicht durch die bessere Strategie und Taktik, die jeweils moderneren Waffen, den besser gesicherten Nachschub und andere Feldvorteile entschieden, schon gar nicht durch den größeren Mut und die stärkere Begeisterung der Soldaten, sondern durch Seuchen. Engstes Zusammenleben auf begrenztem Raum unter unzureichenden hygienischen und sanitären Bedingungen, wozu in erster Linie der Mangel an Wasser gehört, kurz, die normale Situation in einem Feldlager und im Feld, schaffen ein geradezu ideales Klima für das Gedeihen von Ungeziefer und die raschest mögliche Ausbreitung verheerender Epidemien.
Einen kaum weniger günstigen Nährboden stellen übervölkerte Städte dar, insbesondere die Slumgebiete. Je enger der ständige Kontakt von Mensch zu Mensch, von Mensch zu Ungeziefer ist, desto größer ist die Lebenschance von Yersilia pestis und Rickettsiae prowaceki, den Erregern von Flecktyphus, der gleichfalls von Ratten und direkt zwischen Menschen übertragen werden kann.

Frühe Epidemien, möglicherweise Beulenpest oder Flecktyphus:

1050 v. Chr.	«Pest» im Land der Philister
480 v. Chr.	«Pest» im Heer des persischen Großkönigs Xerxes
430/29 v. Chr.	«Pest» in Athen, die Perikles zu Fall brachte, noch bevor er selbst ihr 429 zum Opfer fiel.
414 u. 396 v. Chr.	«Pest» in Syrakus
378 v. Chr.	«Pest» in Rom
68 n. Chr.	«Pest» in Rom (täglich starben 10000 Menschen)
125 n. Chr.	«Pest» in Rom
164 bis 180 n. Chr.	«Pest» in Rom (das prominenteste Opfer war der römische Kaiser Marc Aurel † 180)
187 n. Chr.	«Pest» in Ägypten, Syrien und Griechenland
189 n. Chr.	«Pest» im römischen Imperium
250 bis 265 n. Chr.	«Pest» im römischen Imperium
336 n. Chr.	«Pest» in Syrien
381 n. Chr.	«Pest» in Antiochia
410 n. Chr.	«Pest» in Rom
425 n. Chr.	«Pest» im Hunnenheer vor Konstantinopel
430 n. Chr.	«Pest» in Britannien
434 n. Chr.	«Pest» in Italien
444 n. Chr.	«Pest» in Britannien
531 n. Chr.	«Pest» in Byzanz
540 n. Chr.	«Pest» in Ägypten und Palästina
542 n. Chr.	«Pest» in Byzanz
543 n. Chr.	«Pest» im gesamten römischen Reich, vor allem betroffen: Italien (bis 590). Diese Epidemie trug ganz entscheidend zum Untergang des oströmischen Reiches unter Kaiser Justinian (483–565) bei.
746 bis 749 n. Chr.	«Pest» in Byzanz

774 und 863 n. Chr.	«Pest» in Schottland
1008 n. Chr.	«Pest» in Wales
1068 n. Chr.	«Pest» in Britannien
1078 n. Chr.	«Pest» in Byzanz
1094/1095 n. Chr.:	«Pest» in London
1095 n. Chr.	«Pest» in Irland
1097 n. Chr.	«Pest» in Palästina und in Ägypten. Diese Epidemie rieb die Kreuzfahrer des ersten Kreuzzuges (1096 bis 1099) nahezu auf. Von 300000 Mann kehrten knapp 20000 in ihre Heimat zurück.
1106 n. Chr.	«Pest» in England
1111 n. Chr.	«Pest» in London
1123/1124 n. Chr.	«Pest» in Frankreich und Deutschland (zum erstenmal)
1147 bis 1149	«Pest» in Kleinasien. Dort scheiterte bereits der zweite Kreuzzug, zu dem der französische König Ludwig VII., der Heilige, aufgerufen hatte. Von einer halben Million Kreuzfahrer kehrte nur ein Bruchteil zurück.
1172, 1204, 1262 u. 1271	«Pest» in Irland
1175 und 1235	«Pest» in England
1333 bis 1337	Beulenpest in China (über 13 Mill. Tote).

Vier Jahrhunderte lang, von 1340 bis 1740, beherrschte der «Schwarze Tod» Europa von Smolensk bis Irland, von Italien bis an die deutsche Nordseeküste. Kreuzfahrer und Handelsschiffe hatten – die letzteren zumindest seit 1291, als die Genueser Flotte die marokkanischen Streitkräfte besiegt und die Straße von Gibraltar für die christliche Seefahrt geöffnet hatte – aus dem Orient die schwarze Hausratte (rattus rattus) nach Europa gebracht, und natürlich Scharen von bereits an der Beulenpest erkrankten Menschen, von denen viele schon auf der Rückreise starben. So gelangte die entsetzliche Seuche, das «Schwert Gottes», nach Europa, wo ihr mindestens 25 Millionen Menschen, rund ein Drittel der Gesamtbevölkerung, zum Opfer fiel.

Die wichtigsten Stationen:

1348	Rom. Eine halbe Million Pilger waren zum Hl. Jahr in die Ewige Stadt gekommen, nur 10 % überlebten.
1361/62 und 1367	England und Frankreich
1370	Irland
1386	Smolensk. In der russischen Stadt blieben nur fünf Personen am Leben.
1407	England, insbesondere London (hier starben neun von zehn Menschen an der Pest).
1466	Irland
1470	Dublin
1471	Oxford
1498	Deutschland (das schwerste Pestjahr in der deutschen Geschichte)
1499/1500	London
1503	London
1576	Venedig (der berühmte Maler Tizian starb an der Pest).
1600	Rußland
1601–1603	Irland
1603/04	England
1611	Konstantinopel
1625	England
1632	Frankreich
1656	Italien
1665	London. Hier nannte man die Pest die Plage der Armen, denn in den Slums forderte sie die meisten Opfer. 70000 von 460000 Einwohnern starben.
1672	Neapel und Lyon
1711	Österreich und Deutschland
1720	Marseille und die Provence. In der französischen Hafenstadt wurden 40000 von 90000 Einwohnern von der Pest dahingerafft.

| 1740 | Messina (dies war das letzte Aufflackern der Pest auf westeuropäischem Boden) |

Nach 1740 trat die Beulenpest im europäischen Raum, von vereinzelten Fällen abgesehen, nur noch in Rußland und Südosteuropa in Erscheinung, dort allerdings epidemieartig.

«Die beste Erklärung für das Verschwinden der Pestepidemien aus den westlichen Ländern ist die wachsende Domestizierung der Ratten», schrieb der Mediziner Joachim Zinsser 1953. «Pestepidemien bei Menschen gehen gewöhnlich weitverbreitete Seuchen unter den Ratten voraus, und bei den Zuständen des Wohnwesens, der Nahrungsmittellagerung, des Kellerbaus und ähnlichem, die sich allmählich in den zivilisierten Ländern entwickelt haben, wandern die Ratten nicht mehr wie früher durch Städte und Dörfer. Die Befreiung von vielen Krankheiten kann von der stärkeren Domestizierung der Ratten, die befriedigt zu Hause bleiben, direkt abhängen. Als Folge davon bleiben die Pestherde auf einzelne Familien und Kolonien unter ihnen beschränkt.»

Vorwiegend wurden jetzt nichteuropäische Länder vom Schwarzen Tod heimgesucht, und zwar sowohl in Asien und Australien als auch in Afrika und Nordamerika:

1760	Syrien
1770	Polen, Rußland und der Balkan (Ende dieser Pestepidemie: 1820)
1773	Bassora in Persien
1792	Ägypten und China. (Der chinesische Dichter Shih Tao-nam schrieb, kurz bevor er an der Seuche starb: «Wenige Tage nur nach dem Rattensterben fielen die Menschen wie brüchige Mauern.»)
1799	Afrika
1850	Kwangyung in China. Chinesische Truppen sollten hier eine Revolte der Mohammedaner niederschlagen. Augenzeugen berichteten, daß Millionen kranker Ratten ihre Schlupflöcher verließen und tanzten, bevor sie starben.

1889	Einzelfälle in Triest, Hamburg, Glasgow, Marseille und Neapel
1894	Kanton (100 000 Todesopfer)
1896	Hongkong (100 000 Todesfälle)
1898	Turkistan
1900/01	Australien
1900	San Francisco. (Die ersten Pestfälle auf amerikanischem Boden. Von 105 Erkrankten starben 102.)
1901	Hongkong
1901/02	Ägypten
1903	Niuchwang in China
1903–1907	Indien (3 Millionen Tote)
1907	Seattle, Washington (205 Fälle wurden registriert, davon erlagen nur 88 der Seuche.)
1909	Tuantsiu in China
1910/11	Mandschurei
1910–1913	China und Indien
1914	New Orleans, Louisiana
1912–1923	China und Indien
1924	Los Angeles (41 Erkrankungen, 36 Todesfälle)
1930	Tunesien
1933	Mandschurei
1935	Uganda
1940	China

Von 1948 bis 1960 traten Pestfälle in vielen Gebieten der Erde auf, von 1963 bis 1983 wütete die Pest in Vietnam, zahlreiche Einzelfälle kamen zur gleichen Zeit allerorts vor. 1973 bis 1983 wurden weltweit über 100 000 Erkrankungen bekannt, was bedeutet, daß es insgesamt wohl etwa 300 000 Fälle gegeben hat. Erfahrungsgemäß wird nur eine von drei akuten Pestinfektionen gemeldet.

Die größten Reservoire wilder Hausratten befinden sich, unkontrollierbar, in Kirgisien, wie bereits erwähnt, und östlich von San Francisco. Nun wird die Pest aber nicht einzig und allein von Ratten (vorwiegend rattus

rattus, der bei uns so gut wie ausgestorbenen schwarzgrauen Hausratte) übertragen, sondern von nicht weniger als 230 Tierarten, von denen die meisten zu den Nagern gehören. Manche können den Menschen *direkt* infizieren, andere auf dem Umweg über die Ratte, wenn ein bereits infizierter Floh auf diese überspringt. Eine Epidemie kann schon dann ausbrechen, wenn nur ein Prozent einer Hausratten-Population angesteckt wurde.

Zu den möglichen Überträgern gehören unter vielen anderen: Präriehunde, Hamster, Mäuse, Erdhörnchen, Baumwollratten, Kaninchen, Hasen und Kojoten. Übrigens können auch Hunde und Katzen, die infizierte Ratten oder andere Nagetiere gefangen haben, gelegentlich die Pest übertragen. Außerdem erfolgt die Ansteckung sehr oft direkt von Mensch zu Mensch.

Das alles mag als Erklärung dafür dienen, daß während der großen Pestjahre in Europa nur relativ selten ein dem Ausbruch der Epidemie vorangegangenes Rattensterben beobachtet wurde. Wo dies dennoch der Fall war, betrachtete man die Ratten als *Opfer* der Seuche, was sie ja tatsächlich *auch* waren, nicht aber als Überträger. Unter diesen Verdacht gerieten andere Sündenböcke: «Hexen» und Katzen, vergiftetes Wasser, böse Erddämpfe, Hunde, Giftwolken, Erdbeben und sogar Kometen. Oder man schob Minderheiten und Außenseitern die Schuld in die Schuhe: Juden, Zigeunern, Krüppeln, Bettlern und Ausländern ganz allgemein. Zahllose dieser Unglücklichen starben unter der Folter oder in den Flammen der rasch errichteten Scheiterhaufen. Der Floh, der ja, wenn man in diesem Zusammenhang überhaupt das Wort Schuld verwenden kann, weit eher «Schuld» an der Pest trägt als die Ratte, die doch ihr erstes Opfer ist, wurde, zumindest in Europa, nie mit der Seuche in Zusammenhang gebracht, solange sie als «Gottes Schwert» regierte.

Auch Echter Flecktyphus gehört zu den Seuchen, die von Ratten via Rattenlaus und Rattenfloh auf Menschen übertragen werden können, und zwar der sogenannte *mäuseartige Typus*. Der *menschliche oder endemische* Typus dagegen wird direkt von Kopf- und Körperläusen der Menschen übertragen. Seine eigentlichen Krankheitserreger sind winzige bazillusartige Organismen (Rickettsiae prowaceki), die parasitär von diesen Insekten leben. Laus und Floh erkranken gleichfalls. Während die infizierte Laus immer stirbt, erholt der Floh sich wieder und stößt den Parasiten ab. In Gegenden und zu Zeiten, wo die meisten Menschen Läuse haben, kommt es schnell zu einer Epidemie.

Bei dem endemischen Typus des Flecktyphus wird der Erreger, ohne Rattenwirt, per Laus direkt von Mensch zu Mensch weitergereicht. Der *mäuseartige Typus* ist vor allem in Amerika und Mexiko verbreitet, der *endemische* vorwiegend in Südost- und Osteuropa.

Die erste mit großer Wahrscheinlichkeit als Flecktyphus identifizierte Gruppenerkrankung trat im August und September des Jahres 1083 im Kloster La Cava in der Nähe von Salerno auf. Sie forderte zahlreiche Todesopfer.

Rund 400 Jahre später wurde der Flecktyphus – welcher Typus ist unbekannt – von spanischen Truppen, die in Zypern gemeinsam mit den Venezianern gegen die Türken gekämpft hatten, 1489/90 nach Spanien eingeschleppt. 3000 Spanier waren auf der Mittelmeerinsel im Kampf gefallen, 17000 starben an der Seuche.

1557 trat in Spanien wieder eine Flecktyphus-Epidemie auf, sie wütete bis 1570. Große Teile Spaniens wurden entvölkert. Der Flecktyphus wurde von Spanien aus auch nach Mexiko eingeschleppt.

Flecktyphus entschied auch die Belagerung Neapels durch die französischen Truppen im August 1528. Nur 4000 von 25000 Soldaten sollen das tödliche Fieber überlebt haben. Die neue Krankheit machte Weltgeschichte: Franz I., König von Frankreich, verlor sein Heer und die Chance der Vorherrschaft in Europa. Sein Rivale, Karl V. aus dem Hause Habsburg, wurde 1530 in Bologna zum Kaiser gekrönt.

Vielleicht hatte Karl V. allen Grund, den Ratten – falls sie es waren, die den Flecktyhphus im französischen Heer verbreiteten – dankbar zu sein. Was niemand mit Sicherheit sagen kann, ob nicht Gott sich unter bestimmten Umständen auch der Ratten, der Läuse und Flöhe bedient, um seinen Willen – der ja, so heißt es im Vaterunser, geschehen soll – Nachdruck zu verleihen. Vielleicht sind Ratten und andere «Mäuseartige», deren sinnvolle Funktion im Biotop Erde wir nur schwer oder gar nicht zu erkennen vermögen, gerade zu diesem Zweck erschaffen worden.

Ähnliche Vorstellungen und Überlegungen mögen die heute 77 Jahre alte Schwester Emmanuelle Cinquin leiten, die für den Friedensnobelpreis 1986 vorgeschlagen wurde. Als «Muter der Müllmenschen» bekannt geworden, gründete sie zwei Hilfsprogramme für die Ärmsten der Armen in Ägypten.

Elf Jahre lang lebte die französische Ordensfrau im Slum von Ezbeth el Nakhl in Kairo – in einem Bretterverschlag, zwei mal drei Meter groß, in engstem Kontakt mit Ratten. Ekel vor Gottes Geschöpfen ist Schwester Emmanuelle fremd. «Die Ratten sind meine Freunde», erklärte sie.

6
Die Ratte
in Sage
und Mythos

7 mal 7 ist neunundvierzig,
Rattenschwanz allein verwirrt sich.

Aus: Das Einmaleins in Reimen und Bildern
(Münchener Bilderbogen)

In der hinduistischen Mythologie gilt die Ratte als Reittier des Gottes Ganesha, was natürlich symbolisch zu verstehen ist. Ganesha, der Gott mit dem Elefantenkopf, bis auf den heutigen Tag in Indien außerordentlich populär, ist der Sohn Shivas und seiner Gemahlin Devi, der Höchsten Göttin.

Der massige Ganesha wird als «Herr und Besieger der Hindernisse» verehrt, der Hindernisse auf dem Weg zur Erlösung. Wie der Elefant sich einen Pfad durch den Dschungel bricht, so bahnt Ganesha einen Pfad für die Gläubigen. Auch die Ratte – eher sein Attribut als sein Reittier im Wortsinn – kommt unbeirrbar und allen Hindernissen zum Trotz stets dahin, wo sie will. Ganesha wird von gläubigen Hindus stets um Hilfe gebeten, bevor sie irgend etwas Neues in Angriff nehmen.

Wie der vor allem auch in Tibet verehrte *Kubera*, König der Genien und Herr aller Quellen des Reichtums – kostbarer Metalle und Steine – verspricht Ganesha seinen Gläubigen irdischen Wohlstand und überschüttet sie, gelegentlich wenigstens, mit Juwelen, Perlen und Korallen.

Interessant ist, daß auch der tibetanische Kubera fast immer zusammen mit einer Ratte dargestellt wird. Während ihm als Reittier, realistischer als im Fall Ganeshas, ein Löwe mit goldener Mähne dient, trägt er die Ratte auf seiner Hand. Ihre Aufgabe besteht darin, das Wunschjuwel auszuspeien, das den Gläubigen Reichtum verleiht. Denn Kubera wacht über die fünf größten Schätze der Erde: Gold, Silber, Edelsteine, Getreide und die Heiligen Bücher.

«Ich freute mich auf die Ratten, auf die Ekeltiere, die ich liebte, weil sie schön in ihrer Art, ihrem Dasein und ihrem Wirken waren und zu Unrecht verfemt. Es waren kompromißlose Tiere. Tiere, die eine Art Weltgericht in sich trugen, in denen sich Licht und Dunkel zum phosphoreszierenden Glanz nahender Katastrophen vermählten.»

Diese Sätze stammen aus dem indischen Tagebuch «AHIMSA» von Reinhold Braun, das 1984 erschien. Der Autor, auf den Spuren der Jainas, befand sich auf dem Weg nach Deshnoke in der Provinz Rajasthan. 3 Millionen Anhänger zählt heute noch die Lehre Mahaviras, die älter ist als der Buddhismus und deren oberstes Gebot AHIMSA heißt, die Schonung aller lebendigen Wesen.

Die Heiligen der Jainas banden sich Tücher um Mund und Nase, wenn sie ins Freie gingen, um nicht versehentlich ein Insekt einzuatmen und zu töten. Mit Palm- oder Blattwedeln «fegten» sie die Wege vor ihren Füßen, damit sie nicht versehentlich einen Wurm, eine Schnecke oder einen Käfer verletzten.

In einem solchen Klima verlieren auch Ratten das Odium des Außenseiters, des Parias. Im Tempel von Deshnoke, dem Heiligtum der Durga, einer kriegerischen Muttergöttin, die als Befreierin von den Dämonen verehrt wird, leben ca. 20000 heilige Ratten. Wer eine der Kabas (Kinder), wie die Einheimischen sie zärtlich nennen, verletzt oder gar tötet, verliert sein gutes Karma und setzt sich damit schlimmstem Unheil aus.

Im 14. oder 16. Jahrhundert n. Chr. brach in der Provinz Rajasthan eine früchterliche Fieberepidemie aus, der vor allem Kinder zum Opfer fielen. In ihrer Verzweiflung flehten die Mütter Karniji an, eine Frau, der man Kontakte zu den Göttern nachsagte und die später heiliggesprochen wurde. Karniji wandte sich an Yama, den Gott des Todes, und bat ihn, die toten Kinder wieder zum Leben zu erwecken. Diesen Wunsch konnte Yama ihr nicht erfüllen, aber er versprach, die Seele jedes toten Kindes werde weiterleben – in einer Ratte.

Deshalb werden die Kabas von Deshnoke wie Kinder verwöhnt. Man serviert ihnen Reis in silbernen Schüsseln, frische Milch und Wasser in kunstvoll geformten Tontöpfchen. Kein Wunder, daß die Tiere zutraulich, zahm und furchtlos sind. Nach der Mahlzeit klettern sie auf ihren Betreuern herum und suchen sich ein Schlafplätzchen auf dem Schoß oder der Schulter aus. Makellos sind sie und schön, mit glänzendem Fell, klaren Äuglein und züngelnden Schwänzen.

1927 erlebte der Rattentempel von Deshnoke seine triumphale Bewährungsprobe. Die Pest wütete in der Provinz Rajasthan – verschont blieben nur die Gläubigen, die ausgerechnet bei den heiligen Ratten Zuflucht gesucht hatten, den Überträgern der Pest. Glaube, der Berge versetzt? Kurioser Zufall?

Im Rattentempel von Deshnoke in der Provinz Rajasthan / Indien.

«Ich schlug die Augen auf und sah den Tempel der Ratten, den Tempel der Unschuld. Es war der Tempel der Wissenschaft für mich geworden. Karani Devis Tempel funkelte in seiner unvergleichbaren Magie. Ratten en masse schwirrten um seine Mauern. Jede Ratte war die Inkarnation eines bahnbrechenden Mediziners, eines bahnbrechenden Technikers. Ich geriet in Trance und ging in Trance auf die Mauern und die Ratten zu. Ich leugne nicht diesen Zustand. Es war ein Zustand von Absurdität, sofern er mit den Augen alltäglicher Gewohnheit betrachtet wird. Ich kann hier eigentlich nicht weiterschreiben. Ich sollte hier nur Linien, huschende, sich haschende Wellenlinien über die Seiten ziehen, immer fort, immer weiter mit leichtem, lockerem Handgelenk, weil die Bewegung allein dominierte, ihr Fluß, ihr Gewoge, ihr Gleiten und Strömen, das alles war nichts anderes als Geschmeidigkeit, als mit aller Leichtigkeit betriebenes Muskelspiel, als weiches, organisches Richtungsstreben. Doch ich *kann* hier nicht aufhören mit Schrei-

73

ben! Ich kann das so wenig wie die Ratten stillstehen konnten, die ringsum gegen diese Burg aus weißem Marmor brandeten.

Zahlreiche Buden mit Devotionalien standen im Halbkreis um den Tempel, doch ich gewahrte sie erst später. Jetzt ging ich auf die erste Mauer zu, die die heilige Stätte umgab. Finster blickende Pujaris standen am Eingang. Sie wollten mir den Zugang verwehren, hoben die Hände, gestikulierten, doch ich war in diesem Zustand von Trance, diesem scheinbar absurden Weltverständnis und ließ mich nicht aufhalten, ich hatte ja viele Jahre von dieser Stätte geträumt, von diesem Augenblick, dieser Erfüllung. Meine Sandalen streifte ich im Laufen ab, Ratten umflossen, umschmeichelten mich, ja sie drängten zu mir aus allen Richtungen! Ich watete durch ihr Gewimmel, durch ihre bewegten Haufen und Herden, immer neue Ratten, immer neue Schwärme stießen vor zu mir, immer mehr Dichte, immer mehr Masse berührte meine Beine. Und diese Masse war im Fluß, in einem zähen, mich fortziehenden Fluß und zog und trieb mich vorwärts, vorbei an den ernsten Gesichtern der Tempelwächter, vorbei an den drohenden Gebärden ihrer knochigen Arme. Ich passierte inmitten des Rattenstromes den Vorhof des Tempels, nichts konnte mich aufhalten, man hätte mich denn binden oder totschlagen müssen. Es war ein tierisches Fluidum in mir, ein Rattenfluidum, und die Ratten waren heilig an diesem Ort.

(...) Deshnoke veränderte mich. Es ist so schwer, nachträglich davon zu sprechen. Es gab weiße Ratten unter der bewegten grauen Masse. Sie waren wie Sterne, wie Verkünder, wie die sibyllinisch gezeichneten Mäuse in den Tempeln Apollons. Der Geist Griechenlands spannte seinen Bogen bis hierher. Die weißen Ratten trugen unverkennbar die Sonne Hellas auf ihrem Pelz. Doch wer kein Auge dafür hat, der wird auch das nicht begreifen. Für mich — und nur von mir kann ich hier sprechen — war die Tür zur Transzendenz einen Spalt offen. Kabas quollen heraus aus diesem Spalt, Kabas, immer wieder Kabas, und über ihre Rücken hinweg sah ich die weißen Nebelnester des Unaussprechbaren.»[*]

---

[*] Aus Braun, Reinhold, siehe Literaturverzeichnis Seite 222

Einen mythologischen Hintergrund hat auch die Einteilung des *buddhistischen Kalenders* in Jahre, die bestimmten Tierkreiszeichen zugeordnet wurden und die auf ebenso poetische wie gerechte Weise entstand. Buddha entschloß sich eines Tages, den Tieren Jahre zu schenken, für die sie schicksalsbestimmend sein sollten. Aber nur zwölf Tiere erschienen auf seinen Ruf. Buddha verteilte also zwölf Jahre unter sie, und zwar in der Reihenfolge ihres Erscheinens. Die kleine Ratte war als erste herbeigeeilt, ihr folgten der Wasserbüffel, der Tiger, die Katze, die große Schlange oder der Drache, die kleine Schlange, das Pferd, die Ziege, der Affe, der Hahn, der Hund und zu guter Letzt noch das Schwein. Jedem wurde ein Jahr zugeteilt.

Im buddhistischen Jahr der Ratte geboren sind die Angehörigen der Jahrgänge 1900, 1912, 1924, 1936, 1948, 1960, 1972 und 1984. Von entscheidendem Einfluß auf das individuelle Horoskop ist jedoch auch die Geburtsstunde. Da «regiert» die Ratte von Mitternacht bis ein Uhr morgens und von zwölf bis dreizehn Uhr mittags. Übrigens, die besten Tageseinflüsse, und zwar an jedem beliebigen Tag ihres Lebens, hat eine «Ratte» immer zu diesen Stunden. Bei Ratten, die zwischen März und September geboren wurden, treten die guten Eigenschaften dieses Tierkreiszeichens verstärkt auf. Bei den übrigen können die negativen Seiten mehr in den Vordergrund treten.

Das *Charakterbild der Ratte* weist verwirrend widersprüchliche Züge auf. Zurückhaltend, introvertiert und schweigsam schluckt die Ratte lange Zeit Ärger und Unzufriedenheit hinunter, um plötzlich wie aus heiterem Himmel einen heftigen Gegenangriff zu starten. Partner, Freunde und Kollegen sollten stets auf völlig überraschende Reaktionen der Ratte gefaßt sein.

Das betrifft aber nur den emotionalen Bereich. *Im Beruf* sind Ratten sehr fleißig, ehrgeizig und zuverlässig, sobald die Arbeit ihr Interesse zu wekken vermag. Sie eignen sich besonders gut für eine Laufbahn als höhere Beamte, Ärzte, Geschäftsleute, Buchhalter, Maler und Vorarbeiter. *Die Liebe* wird von Ratten sehr ernst genommen. Man muß nicht nur ihre Zuneigung, sondern vor allem auch ihr Vertrauen erringen, was nicht immer leichtfällt. Gelingt es, so erweist sich die Ratte als ein besonders zärtlicher und leidenschaftlicher Partner.

Die *Glücksfarbe* der Ratte ist rot. Jede Ratte sollte, so glaubt man in buddhistischen Ländern, stets einen Rubin bei sich tragen.

Um das Geschehen der großen Flut, auch Sintflut genannt, sind in aller Welt Mythen und Sagen entstanden. Oft spielt im außereuropäischen Märchen dabei die Ratte eine wichtige Rolle.

Von der kleinen Pazifikinsel Yap, die zu den Karolinen gezählt wird, stammt folgende Sintflutsage:

Ein Häuptling vergewaltigt ein junges Mädchen, dessen Mutter eine Riesin ist. In ihrem Zorn bricht diese immer mehr Stücke von der Felseninsel ab, bis das Paar eingeschlossen ist. Nun heiratet der Häuptling das Mädchen, sie bekommen mehrere Kinder.

Eines Tages entdeckt der Häuptling bei seinen Kindern eine große Ratte und tötet das Tier. Entsetzt eröffnet seine Frau ihm, die Ratte sei ihre Mutter gewesen, das Kind einer Waraneidechse und einer Ratte. Große Gefahr droht. Die Familie flüchtet auf den höchsten Berg. Das ist ihre Rettung, denn schon bricht eine gewaltige Flut über die Insel herein. Nur sie und noch ein weiteres Paar überleben. Der überraschende Schluß: Ihre Nachkommen paaren sich mit Waraneidechsen und – wurden immer menschenähnlicher!

Löste bei dem Mythos von der Insel Yap der Mord an einer Ratte als Strafe die Flut aus, so tritt beim Sintflutmythos der Makuschi aus Guayana die Ratte erst in einer späteren Phase auf den Plan:

Der gute Geist Makunaima, der Schöpfer der Erde, erkennt, daß Mensch und Tier unter den Einfluß seines Widersachers geraten sind. Um dem Treiben des bösen Geistes Epel Einhalt zu gebieten, schickt Makunaima die große Flut.

Nur ein Mann kann sich in einem Kahn retten. Parallel zu Noah schickt auch er ein Tier aus, um festzustellen, ob die Wasser gefallen sind. Bei Noah war es eine Taube, die mit einem Olivenzweig im Schnabel zurückkehrte. Hier ist es eine Ratte, die mit einem Maiskolben im Mäulchen zurückkommt. Die entvölkerte Erde wird von einem neuen Menschengeschlecht besiedelt, das aus Steinen hervorging, die der Gerettete hinter sich warf.

Die schönste Sintflutsage im Zusammenhang mit einer Ratte wurde von den Ojibwa überliefert, einem zu den Algonkin (den Prärie-Indianern) gehöriger Stamm, der am Lake Superior (Oberer See), dem größten Süßwassersee der Erde, beheimatet war. Während die meisten indianischen Sagen mündlich tradiert wurden, blieb die Sintfluterzählung der Algonkin in Form eines originellen Manuskriptes erhalten, dem Walam Olum (Gemalte Stöcke). Die ursprüngliche indianische Niederschrift war nämlich auf Baumrinde eingeritzt und gemalt worden:

Auch hier steht ein Mord am Beginn der Geschichte: Der Schlangenkönig tötete einen kleinen Wolf, den Liebling des Halbgottes Manabozo, der daraufhin den Schlangenkönig und drei seiner Söhne umbringt. Die übrigen Schlangen entfesseln mit Hilfe eines Zaubers die Sintflut.

Manabozo rettet sich zunächst auf einen sehr hohen Berg, aber die stetig steigenden Wasser holen ihn ein. Dann klettert er auf eine hundert Ellen (66 m) hohe Tanne, die auf dem Gipfel des Berges steht. Das Wasser steigt ihm bis an den Mund, dann aber steht es plötzlich still.

Fünf Tage und Nächte steht Manabozo hilflos auf seiner Tanne. Am sechsten Tag endlich sieht er einen Vogel, der auf dem Wasser schwimmt. Er bittet ihn, nach ein wenig Erde zu tauchen. Der Vogel erfüllt ihm den Wunsch; als er aber wieder auftauchte, verkündet er ihm die Trauerbotschaft: «Die Erde ist nirgends zu finden.»

Manabozo ist der Verzweiflung nahe. Aber am siebten Tag wird der erstarrte Körper einer Moschusratte (Muskatratte) heraufgetrieben. Manabozo greift nach dem Tierchen und belebt es mit seinem warmen Atem.

«Brüderchen Ratte», sagt er dann zu ihm, «wir beide können ohne Erde nicht leben. Tauche hinab ins Wasser und bring mir, wenn du kannst, etwas Erde herauf, wenn es auch nur drei Sandkörner sind. Ich werde schon etwas daraus machen können.»

Und Brüderchen Ratte, «das gefällige Tier», taucht sogleich hinab und kommt nach langer Zeit wieder zum Vorschein – tot. Manabozo fängt den Körper auf und entdeckt in dem einen Pfötchen ein paar Sandkörner. Aus diesen schafft er kleine Inseln, die sich schnell ausdehnen und zu großen Ländern zusammenwachsen.

Brüderchen Ratte als Retter in der Menschheit, verkörpert in der Figur des indianischen Heros Manabozo, Brüderchen Ratte, das sein Leben opfert, um der vom Untergang bedrohten Menschheit zu helfen, das ist für alle diejenigen, die von Vorurteilen geprägt sind, ein sehr fremder, aber sehr beeindruckender Aspekt eines Tieres, dessen Verteufelung für selbstverständlich gehalten wird.

Eine ähnliche Rolle spielt die Moschusratte in den Sintflutsagen der Tinneh-Indianer, die hoch im Norden von Kanada, an der Grenze zu den Eskimos, angesiedelt waren. Da heißt es z. B. bei den Musquakie-Indianern:

Alle Tiere weigerten sich, außer der Moschusratte (nach Erde zu tauchen, die Autorin). Dieser gelang es erst nach vier Versuchen, dann kam sie tot nach oben, mit etwas Erde in der Nase. Die Krähe holte sie ins Boot, und die Zauberer machten sie wieder lebendig, nahmen den Schlamm aus der Nase und machten daraus neues Land.

Fast identisch ist der Bericht der Hundsrippen-Indianer:

Nachdem Otter, Biber und Ente es vergeblich versucht hatten, «tauchte endlich die Moschusratte, kam aber tot herauf wegen des Mangels an Luft, so weit war die Erde versunken. Aber die kleine Ratte hatte ein wenig Schlamm zwischen den Tatzen, den der alte Zauberer auf das beruhigte Wasser legte.» Und daraus entstand dann die Erde aufs neue.

Auch die Hasenfell-Indianer erwähnen die Anstrengungen der Moschusratte, Erde heraufzuholen. Hier hat sie allerdings keinen Erfolg:

«Halbtot kam sie nach unverrichteter Sache wieder nach oben. Es gibt keine Erde, sagte sie. Nun tauchte sie ein zweites Mal, und sagte beim Aufsteigen: Ich habe die Erde gemerkt, aber erreichen konnte ich sie nicht. Schließlich gelingt es dem Biber, ein wenig Schlamm heraufzubefördern.

Bei den Cree-Indianern ist die Rettung der Erde wieder das Verdienst der kleinen Moschusratte.

«Da ließ der Zauberer auf den Grund des Wassers eine Ente tauchen, damit sie Erde mit heraufbrächte. Aber diese lag zu tief, so daß der Vogel sie nicht erreichte. Dann ließ der Alte eine Moschusratte tauchen, und nachdem sie lange unten gewesen war, hatte sie Erde im Maul. Der Zauberer nahm diese, machte daraus eine kleine Scheibe, knetete sie, machte sie fest und legte sie aufs Wasser, wo sie schwamm. Sie glich den kleinen runden Nestern, die die Ratten auf dem Eis bauen. Die Scheibe nahm zu und nahm die Form eines kleinen Schlammhügels an.» Daraus entstand die Erde, «die wir noch heutigen Tags haben».

Taube und Ratte helfen dem Heros der Fox-Indianer, die zu den Cree gehörten, dem westlichsten Zweig der Algonkin, die Flut zu stoppen:

In einem Kanu ruderte Wisakedjak über das Wasser. Er fand eine ertrunkene Turteltaube und eine ertrunkene Moschusratte. Beide rettete und belebte er.
«Dann sandte er die Taube aus, ein Stückchen Holz zu suchen, und die Ratte, um nach ein wenig Erde zu tauchen. Sie brachten beides, tot vor Anstrengung, so daß er sie wiederbeleben mußte. Nun machte er Klümpchen aus der Erde und tat sie an den Zweig und legte beides auf das Wasser. Und als der Klumpen und der Zweig das Wasser berührten, begann die Flut zu fallen, bis das Kanu auf trockenem Land saß.»

Und ein anderer Mythos der Cree:

Alle Lebewesen sterben durch die Flut, außer einem Biber, einem Otter, einer Moschusratte und Wisakedjak, der sich auf dem Wasser treiben läßt. Die drei Tiere lehnen ihre Köpfe an ihn und halten sich so über Wasser. Wisakedjak verspricht den Tieren eine Insel, wenn sie ihm ein wenig Erde bringen. Otter und Biber wollen sich auf das Wagnis nicht einlassen, da bittet er die Ratte: «Du bist tapfer und stark: Wenn du unter Wasser tauchst und mir

79

ein bißchen Erde holst, werde ich dafür sorgen, daß du immer genug Fische zur Nahrung bekommst. »

Dreimal taucht die Ratte. Beim letztenmal bleibt sie so lange aus, daß Wisakedjak schon fürchtet, sie sei ertrunken. «Schließlich sah er ein paar Blasen aufsteigen durch das Wasser. Er griff mit seinem langen Arm nach unten, packte die kleine Moschusratte und zog sie hoch. Das kleine Wesen war fast tot, aber gegen die Brust gedrückt zwischen den Vorderpfoten hielt es ein Bröckchen von der alten Erde.

Freudig griff Wisakedjak danach, und innerhalb kürzester Zeit dehnte er es aus und machte eine Insel daraus. Dort ruhten er, die Moschusratte, der Biber und der Otter sich aus und freuten sich, daß sie nicht in der großen Flut ertrunken waren.»

> Die Moschusratte wurde von uns ausgerottet, weil ihr Drüsensekret der Herstellung von Parfum diente. Weitgehend ausgerottet wurden auch die Indianer, die diese Mythen schufen.

Die Arche Noah durften, wie Günter Grass eruiert hat – oder hat seine Weihnachtsratte es ihm ins Ohr gewispert? – «Ratz und Rättlin» nicht betreten. Ihnen allein von allem Getier wurde der Zugang von Noahs Söhnen gewalttätig verwehrt:

«Die schrien: Haut endlich ab! Oder: Für Ratten Zutritt verboten! Die machten wahr ihres Vaters Wort. Jämmerlich war anzusehen, wie das biblische Rattenpaar aus dem Zottelfell langwolliger Schafe, unterm tiefhängenden Bauch des Flußpferdes mit Stöcken aufgestöbert, von der Rampe geprügelt wurde. Von Affen und Schweinen verspottet, gaben sie schließlich auf.»

Überlebt haben sie die Todesflut trotzdem, sei es auf dem Handteller Gottes, der sich als Retter der von Noah, ungehorsam seinem Gebot, Verstoßenen annahm, sei es aus eigener Kraft und Klugheit, so tief ins Erdreich eingegraben, daß die Fluten sie nicht erreichten, «in unterirdischen Gängen, die wir mit Alttieren gepfropft und in Nistkammern zu rettenden Luftblasen gemacht hatten», so die Rättin.

Von Rattenplagen in der Arche erzählt eine orientalische Sage – was immerhin voraussetzt, daß es den Ratten doch gelungen war, an Bord zu kommen: Noah bat den Löwen, den König der Tiere, um Hilfe. Daraufhin nieste die Löwin, und aus ihren Nasenlöchern sprang ein Katzenpärchen hervor, das sich sofort an die Arbeit machte.

In einer Berbersage wird die Entstehung von Ratte und Katze in die Arche verlegt: Aus dem Niesen eines Ebers entstand die Ratte, aus dem Niesen eines Löwen die Katze. Und so wie der Löwe den Eber reißt, so verfolgt die Katze die Ratte.

Nicht nur in Sintflutsagen spielt die Ratte eine Rolle. Die Maya und viele andere mittel-, aber auch nordamerikanische Indianervölker kannten den Mythos von den Zwillingen, die eine abenteuerliche Reise zum Haus der Sonne unternehmen, in dem ihr Vater wohnt. Moderne Interpreten vermuten, daß mit diesem Mythos Initionsriten ausgedrückt wurden oder aber, daß die Zwillinge die Helden des Jahreskreislaufes waren.

In der Maya-Version wollen die Zwillinge Hunahpú und Xbalanqué ein Maisfeld anlegen, «damit die Großmutter und die Mutter ihnen wohlgesinnt seien». Aber alle Anstrengungen des Rodens bleiben vergebens. Am nächsten Tag finden sie wieder ein Dickicht vor. Sie glauben, daß die Tiere ihnen diesen Streich gespielt haben, und legen sich um Mitternacht auf die Lauer, um sie einzufangen. Doch das einzige Tier, das sie zu packen bekommen, ist eine Ratte. Sie wickeln sie in ein Tuch, würgen sie, versuchen, sie zu ersticken, und verbrennen ihren Schwanz im Feuer – «und deswegen ist am Schwanz der Ratte kein Haar».

Aber das unglückliche Tier übersteht alle Torturen und sagt zu ihnen: «Ich werde nicht von eurer Hand sterben. Und es ist auch nicht eure Sache, hier ein Maisfeld zu pflanzen.» Und dann erklärt sie ihnen, daß der Ball, die Handschuhe und der Ring, mit denen ihr Vater immer spielte und durch die er schließlich zu Tode kam, vom Dach herabhängen und daß ihre Großmutter die Dinge vor ihnen versteckt.

Daraufhin versprachen die Zwillinge der Ratte: «Das soll dein Essen sein: Mais, Chilisalat, Bohnen, Pataten, Kakao. All dies gehört dir, und wenn etwas weggeräumt oder vergessen werden sollte, dann soll es auch dir gehören.»

Sie gehen heim und nehmen die Ratte mit. Die Großmutter schicken sie zum Fluß, Wasser zu holen und ein Tier, das xan heißt und wie ein Moskito aussieht, bohrt ein Loch in den Wasserkrug. Die Großmutter kann das Loch nicht stopfen und kehrt deshalb nicht zurück. Schließlich geht auch die Mutter zum Fluß, um dort nach dem Rechten zu sehen.

Da springt die Ratte hervor und beißt die Schnur durch, an der der Ball hängt. Zusammen mit den Handschuhen und dem Ring fällt er herab. Die Zwillinge aber fangen an, Ball zu spielen wie ihr Vater, und besiegen ihre Gegner, die Herren von Xibalba.

In der ältesten Legende der Araukaner, eines indianischen Volkes aus den Kordilleren, übernimmt eine große Ratte, freiwillig und aus eigener Initiative, die Rettung des göttlichen Kindes:

Ein riesiger Unhold hatte Tromü, die Frau aus der Wolke, in seine Gewalt gebracht und mißhandelt. Sie aber droht ihm mit der Macht des Kindes, das in ihrem Leib wächst: «Mein Sohn wird dich töten. Blutgeld wirst du entrichten.»

In Angst und Wut tötet der Riese Tromü, reißt ihr das Herz aus der Brust und verschlingt es. Das Kind aus ihrem Leib aber wirft er in die hinterste Ecke seiner Höhle. Dann schläft er ein.

Doch Dewü, die große Ratte, die in die Zukunft blicken und zaubern kann, schleppt das frierende Kind, das ihr leid tut, in ihr Nest, nährt es mit ihrer eigenen Milch und wärmt es.

Als der Riese erwacht, ist er hungrig und erinnert sich an das Kind. Er will es auffressen und damit Tromüs Prophezeiung zunichte machen, kann es aber nirgends finden.

Dewü, die Ratte, bittet die anderen Tiere um Hilfe. Das göttliche Kind muß in ein sicheres Versteck gebracht werden. Ein Schwan entführt es nach Patagonien und setzt es auf einen hohen Berg, dort wird es von Vögeln gehegt und ernährt, später erhält es den Namen Ollal und vollbringt große und wunderbare Taten.

In der *griechischen Mythologie* wird der Gott Apollon mit Pest und Mäusen in Verbindung gebracht – die alten Griechen nannten ja bekanntlich alle möglichen Kleinnager «Mäuse»; ob sie tatsächlich keine Ratten kannten oder nur kein eigenes Wort für sie hatten, ist nicht gesichert.

Apollon ist keineswegs nur der strahlende Lichtgott, als der er in Schulbüchern dargestellt wird. Das ist nur eine Seite seines Wesens, und zwar eine relativ spät hinzugedichtete. Der ursprüngliche Apollon aus dem Kreta minoischer Zeit ist der Pestbringer, der furchtbare Bogenschütze mit den lautlosen, stets treffenden Pfeilen, der Tod und Verderben über Mensch und Vieh bringt. Gerade ihn galt es günstig zu stimmen durch Opfer und Gebet. Und so kam er zu der zweiten Seite seines Wesens, wurde Todes- und Heilgott zugleich, Herr über die Mäuse und Vernichter der Mäuse. Mäuseherr heißt ursprünglich nichts weiter als ihr Gebieter.

Im Apollon-Heiligtum von Chryse in Troas (Kleinasien) wurde zum Beispiel, wie schon von Homer erwähnt, Apollon Smintheus als Gott der Mäuse auf felsiger Höhe hoch über dem Meer verehrt; in Delphi befand sich im Hain des Mäusegottes Apollon Smintheus interessanterweise das Grabmal einer Sibylle, einer Wahrsagerin.

Die Mäuse Apollons wurden von dem römischen Sophisten Aelianus, der im 2. Jahrhundert n. Chr. lebte, sogar zu den wichtigsten Tieren der Mantik (Wahrsagung) gezählt; sicher ist, daß der Gott Apollon vielerorts durch sie wahrsagte. Auf welche Weise das geschah, ist nicht bekannt. Wir wissen lediglich aus dem griechischen und römischen Aberglauben, daß das Zischeln der Mäuse schlechtes, stürmisches Wetter ankündigen sollte, daß der Regen bald aufhörte, wenn sie in Scharen auf den Saatfeldern erschienen u. ä. mehr. Auch wurde häufig beobachtet, daß Mäuse kurz vor dem Ausbruch eines Erdbebens in panischer Angst davonliefen. Mit großer Wahrscheinlichkeit wandten Kranke sich an das apollinische Mäuse-Orakel, um etwas über den Ausgang der Erkrankung zu erfahren.

In den Heiligtümern des Apollon Smintheus wurden zahme, vorwiegend weiße Mäuse gehalten und gefüttert. Sie nisteten sogar unter dem Altar. Der Gott selber wurde auf Münzen mit einer Maus in der Linken, Pfeil und Bogen in der Rechten dargestellt. Der berühmte griechische Bildhauer Skopas soll im 4. Jahrhundert v. Chr. eine Apollon-Statue für den Tempel von Chryse geschaffen haben, dem als Attribut eine Maus beigefügt war.

7
Rattenfänger
von Hameln oder
Warum Kinder
Ratten lieben

Der Rattenfänger

Ich bin der wohlbekannte Sänger,
Der vielgereiste Rattenfänger,
Den diese altberühmte Stadt
Gewiß besonders nötig hat.
Und wären's Ratten noch so viele,
Und wären Wiesel mit im Spiele:
Von allen säubr' ich diesen Ort,
Sie müssen miteinander fort.

Dann ist der gutgelaunte Sänger
Mitunter auch ein Kinderfänger,
Der selbst die wildesten bezwingt,
Wenn er die goldnen Märchen singt.
Und wären Knaben noch so trutzig,
Und wären Mädchen noch so stutzig:
In meine Saiten greif' ich ein,
Sie müssen alle hinterdrein.

Dann ist der vielgewandte Sänger
Gelegentlich ein Mädchenfänger,
In keinem Städtchen langt er an,
Wo er's nicht mancher angetan.
Und wären Mädchen noch so blöde,
Und wären Weiber noch so spröde:
Doch allen wird so liebebang
Bei Zaubersaiten und Gesang.

Johann Wolfgang von Goethe

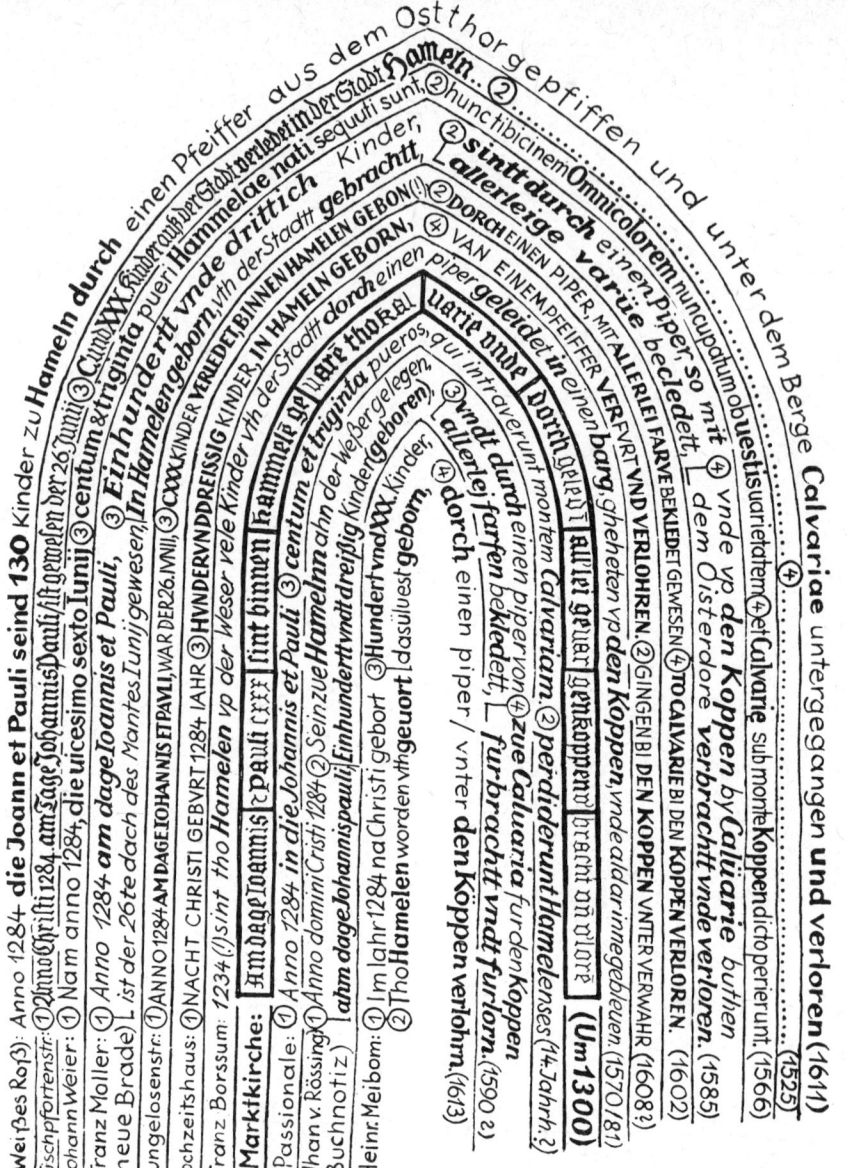

Alle alten Kurzberichte über die «Kinderausfahrt» sind aus der Glasbildinschrift der Marktkirche in Hameln hergeleitet.

Zu vermelden ist eine ganz ungewöhnliche, seltsame Geschichte, die sich in der Stadt Hameln Mindener Diözese im Jahre 1284 am Tag des Johannes und Paulus (26. Juni) zugetragen hat. Ein Jüngling – schön und überaus wohl gekleidet, so daß alle, die ihn sahen, ihn ob seiner Gestalt und Kleidung anstaunten – trat über die Brücke und durch das Wesertor ein. Er hatte eine silberne Pfeife von seltsamer Art und begann zu pfeifen durch die ganze Stadt. Und alle Kinder, die jene Pfeife hörten, fast 130 an der Zahl, folgten ihm zum Ostertor hinaus etwa nach der Kalvarien- oder Richtstätte zu. Sie entschwanden und gingen fort, und niemand konnte ausfindig machen, wo eines von ihnen geblieben war.»

So lautet – aus dem Lateinischen übertragen – die älteste Aufzeichnung der weltbekannten Sage in einer Handschrift des Mindener Dominikaners Heinrich von Herford aus der Zeit um 1450.

In der ersten Fassung ist von Ratten noch gar nicht die Rede, und folgt man den modernsten Interpretationen, zum Beispiel von Hans Dobbertin (s. Literaturverzeichnis Seite 222), so war der geheimnisvolle Fremdling mit der Pfeife auch gar kein Rattenfänger, sondern ein Lokator, der den Auftrag hatte, Siedler aus Hameln anzuwerben, Siedler für den Osten. Einhundertdreißig Jünglinge und Mädchen aus den Armenvierteln, die in Hameln keine Chance hatten, sich eine Existenz aufzubauen, folgten seinem Ruf.

Als Rattenfänger, Zauberer und Hexer hat man den Werber verteufelt, weil die Kinder verschwanden, irgendwo auf dem Vier-Wochen-Marsch durch unwegsames Gelände von Hameln in Richtung des livländischen Ordensstaates.

Mit kriminalistischem Spürsinn wurde der Spur der Verschollenen nachgegangen. Dabei kam man auf den Untergang eines Schiffes am 22. Juni 1284 bei Kopahn, an der hinterpommerschen Ostseeküste, bei dem «mit Mann und Maus» der Coppenbrügger Graf Nikolaus von Spiegelberg ums Leben kam, der 1278 urkundlich in Hameln nachweisbar ist. Am 8. Juli 1984 hielt er sich noch in Stettin auf.

Für den Historiker ist Graf von Spiegelberg identisch mit dem Rattenfänger von Hameln; denn Lokator konnte nur ein Adliger werden. Mit ihm ertranken, so nimmt man an, die «Ratten»*, die Kinder von Hameln.

In einer süddeutschen Chronik des 16. Jahrhunderts taucht dann erstmals ein «Rattenfänger» auf. Gegen entsprechenden Lohn befreite er die Stadt von einer Rattenplage, wurde aber von den Ratsherren später um die vereinbarte Summe geprellt und rächte sich dafür mit der Entführung der Hamelnschen Kinder.

In dieser Version wurde die Geschichte in die Märchensammlung der Brüder Grimm aufgenommen:

«Im Jahre 1284 ließ sich zu Hameln ein wunderlicher Mann sehen. Er hatte einen Rock von vielfarbigem, buntem Tuch an und gab sich für einen Rattenfänger aus, indem er versprach, gegen ein gewisses Geld die Stadt von allen Mäusen und Ratten zu befreien. Die Bürger sagten ihm diesen Lohn zu, und der Rattenfänger zog sein Pfeifchen heraus und pfiff. Da kamen alsbald die Ratten und Mäuse aus allen Häusern hervorgekrochen und sammelten sich um ihn herum. Als er nun meinte, es wäre keine zurück, ging er aus der Stadt hinaus in die Weser; der ganze Haufe folgte ihm nach, stürzte ins Wasser und ertrank. Als aber die Bürger sich von ihrer Plage befreit sahen, reute sie der versprochene Lohn, und sie verweigerten ihn dem Mann, so daß dieser erbittert wegging. Am 26. Juni kehrte er jedoch zurück in Gestalt eines Jägers erschrecklichen Angesichts, mit einem roten wunderlichen Hut und ließ, während alle Welt in der Kirche versammelt war, seine Pfeife abermals in den Gassen ertönen. Alsbald kamen diesmal nicht Ratten und Mäuse, sondern Kinder, Knaben und Mägdlein vom vierten Jahre an, in großer Anzahl gelaufen. Diese führte er, immer spielend, zum Ostertore hinaus in einen Berg, wo er mit ihnen verschwand. Nur zwei Kinder kehrten zurück, weil sie sich verspätet hatten; von ihnen war aber das eine blind, so daß es den Ort nicht zeigen, das andere stumm, so daß es nicht erzählen konnte. Ein Knäblein war umgekehrt, seinen Rock zu holen, und so dem Unglück entgangen. Einige sagten, die Kinder seien in eine Höhle geführt worden und in

---

* Vergleiche die Bezeichnung «Kabas» = Kinder für Ratten im Indischen (s. Seite 72).

Ein nach Glasfenstern 1595 in Hameln gemaltes Aquarell, das die Vernichtung der Hamelner Ratten von einem Schiff aus und die Entführung der 130 Hamelner Kinder in den Kalvarienberg zeigt.

Siebenbürgen wieder herausgekommen. Es waren im ganzen 130 Kinder verloren.»

Der Rattenfänger ging auch in die Literatur ein – von Kinderbüchern einmal ganz abgesehen. Von Johann Wolfgang von Goethe (1749–1832) stammt das bekannte Gedicht vom «wohlbekannten Sänger, dem vielgereisten Rattenfänger», der zuerst die Ratten, dann die Kinder und zuletzt die Mädchen verführte. Der englische Dichter Robert Browning (1812 bis 1889) schuf das in England noch heute sehr populäre Gedicht «The pied piper of Hamelin».

Das letzte Drama von *Carl Zuckmayer* (1896–1977) hieß «Der Rattenfänger», 1975. Zuckmayer kombiniert die beiden Grundformen der Rattenfängergeschichte:

Bunting, der Rattenfänger, wird, nachdem er mit seiner silbernen Pfeife die Ratten aus der Stadt lockte, um seinen Lohn betrogen, Rike, die Tochter des Abdeckers, seine Geliebte, von Landsknechten in den Tod getrieben.

«Hat dein Haar jemals geknistert?» fragt Bunting, als er sie aus der Weser gezogen hat. «Konntest du jemals lachen, weinen, jauchzen und stöhnen vor Lust? Die Tiere pfeifen in ihrer Todesangst und brüllen ihre Not aus, aber wir erbarmen uns nicht. Die Gräser zittern vor dem Fuß, der sie zertritt, und kann sie keiner bewahren. Wer soll sich unser erbarmen?»

In einer bösartig-grotesken Verdrehung der Realität wird Bunting des Mordes an Rike angeklagt und zum Tode am Galgen verurteilt. Vor der Hinrichtung erklärt er:

«Ihr werdet mich nicht verstehen. Ich nehme das Urteil an – aber nicht von euch. Der mich verurteilt, ist Apollo, der Mäuseherr, denn ich habe die Flöte gespielt, ohne ein Gott zu sein. Drum muß ich geschunden werden. Ich habe seine Tiere vertilgt, die nicht wußten, was sie taten, statt eurer, die ihr wißt, was ihr tut.»

In letzter Minute wird Bunting gerettet – durch Eingreifen der Kinder. Sie haben sich freiwillig als Geiseln nehmen lassen – unter ihnen der Sohn des Bürgermeisters – und wollen sterben, wenn Bunting sterben muß. Der befreite Rattenfänger stößt zu ihnen und führt sie mit dem Spiel seiner Flöte davon, in ein Land hinter den sieben Bergen, in dem es weder Ordensherren noch den Vogt gibt, «nur die Erde: die aber ist unerbittlich».

Als einen fanatischen Tierfreund schildert der Prager Schriftsteller *Otto Kapp* den Rattenfänger in seinem Buch «Des Rattenfängers Botschaft»:

Ubaldo versteht sich als Herrscher im Reich der Tiere, als Wächter über das Gesetz der Harmonie in der Natur. Deshalb befreit er mit Hilfe seiner Lockpfeife Hameln von dem Übermaß der Nager und lehnt ein Angebot seines alten Freund-Feindes Quirinus Faust ab, der ihn als Festungsbaumeister engagieren will:

«Der Weg zur höheren Sittlichkeit des Menschen führt über sein verbessertes Verhältnis zur Natur, zu unseren schwächeren Brüdern. Der Mensch soll guter Richter sein und nicht Tyrann der übrigen

Lebewesen, Heger und Pfleger allen Lebens, nicht nur der eigenen
Art.»

Auch ihm wird der Lohn vorenthalten. Mit einem Wanderzirkus
kehrt er zurück und nimmt, als er weiterzieht, die Kinder von Hameln mit.

Befremdlich in der Hamelner Sage ist der geschilderte Tod der Ratten.
Ratten können nämlich ausgezeichnet schwimmen und wären selbst bei
ungünstigsten Wetterbedingungen wohl kaum samt und sonders in der
Weser ertrunken. Auch aus diesem Grund erscheint die Interpretation,
einhundertdreißig Jungen und Mädchen aus Hameln hätten an der pom-
merschen Ostseeküste den Tod gefunden, wesentlich einleuchtender. Un-
geklärt bleibt indessen die Sache mit der silbernen Pfeife, die ja schon in
der allerersten Fassung von 1450 eine signifikante Rolle spielt. Hier liegt
die Beweisführung umgekehrt; es ist viel einsichtiger, daß echte Ratten
den feinen, hohen Tönen einer Pfeife folgen, auf der man modernen Erkenntnissen folgend – selbst die Brunstrufe anderer Ratten und die Angst-
schreie von Babyratten nachahmen kann – und welche Ratte könnte da
wohl widerstehen –, als daß Jugendliche sich von einer noch so anziehen-
den Melodie bestimmen lassen, ins Ungewisse aufzubrechen.

Für die deutliche Affinität zwischen Kindern und Ratten, die in der Sage
vom Rattenfänger von Hameln anklingt, gibt es zahlreiche Beweise aus
dem Alltag.

Vor einigen Jahren machte der damals zwölfjährige Thomas
Urban aus München Schlagzeilen. Weil er eifersüchtig auf sein
krebskrankes vierjähriges Brüderchen Francesco war, das die unge-
teilte Aufmerksamkeit seiner Mutter in Anspruch nahm, riß Thomas
von zu Hause aus und bezog Quartier in einem Kanalschacht, vier

Meter unter der Erde, einem dunklen Verlies, in dem der Junge sich nur kriechend fortbewegen konnte.

Angst hatte er nicht. «Schließlich war ich ja nicht allein», erklärte er später Reportern. «Ich hatte ja Benny, meine zahme Ratte, bei mir.» Mit Benny teilte er das Matratzenlager und die von drei eingeweihten Freunden beschaffte Verpflegung: Obst, Schokolade und belegte Brote. Schon in der ersten Nacht tauchten, quietschend und pfeifend, von allen Seiten die Kanalratten auf. «Ich habe sie gefüttert», sagte Thomas, «dann sind sie wieder verschwunden.»

Von Benny, dem Artgenossen mit dem fremden Geruch, der da in ihr Reich eingedrungen war, scheinen sie nicht viel Notiz genommen zu haben, ganz im Gegensatz zu den wortreichen Beteuerungen vieler Autoren, die unverdrossen verbreiten, wie brutal, grausam und unnachsichtig Ratten eines Familienclans gegen Fremdlinge vorgehen. So heißt es zum Beispiel in dem Werbetext zu dem neuen Katzenbuch von Frank Manolson:

«Die Ratte, ein in jeder Hinsicht intelligentes Geschöpf, ist ein ausgezeichnetes Beispiel für das extreme Verhalten, zu dem Tiere fähig sind. Ihre Mitbewohner erkennt sie an ihrem Geruch. Sowie eine Ratte jedoch nur eine Stunde von ihrem Wohngebiet abwesend war, so daß ihr Eigengeruch sich ändert, wird sie bei der Rückkehr von den anderen Ratten in Stücke gerissen.»

Ein immer wieder kolportiertes Ammenmärchen, das eingeschworene Rattenfeinde in ihrer Voreingenommenheit bestärkt. Wenn Ratten wirklich so aggressionslüstern wären, hätte Benny keine Chance gehabt, zumal er sich eines schönen Tages selbständig machte und auf Entdeckungsreise ging. «Ich bin stundenlang in den Schächten herumgekrochen, bis ich ihn endlich wieder hatte», berichtete Thomas.

Dem besonderen Verhältnis zwischen Kindern und Ratten tragen auch einige sehr empfehlenswerte Kinderbücher Rechnung. Am 8. Oktober 1908 erschien in London «Der Wind in den Weiden», ein Roman für Kinder von *Kenneth Grahame*. Deutsche Kinder durften ihn erst 1975 lesen.

Die Hauptrollen spielen ein neugieriger Maulwurf, eine Wasserratte, die als herzensgute, vorbildliche, gutmütige Ratte dargestellt wird, ein kluger, eigenbrötlerischer Dachs und der Kröterich, ein leichtfüßiger, großsprecherischer Frosch. Eine echte Männerfreundschaft verbindet die vier, Weibchen und Sex, Kindersegen und -aufzucht werden nicht einmal am Rande erwähnt.

Ein milder Frühlingstag verleitet den jungen Maulwurf, seinen Bau zu verlassen, ziellos herumzustrolchen, bis er an den Fluß kommt. Als er sich im Gras ausruht, entdeckt er ein winziges Loch, in dem etwas aufblinkt. Ein ganz kleiner Stern? Nein, ein Auge, und nach und nach wuchs ein Gesicht um das Auge – wie ein Bilderrahmen um ein Bild:

«Ein kleines braunes Gesicht mit einem Schnurrbart.

Ein feierliches, rundes Gesicht, das immer noch dieses Zwinkern im Auge hatte.

Schlichte kleine Ohren und dickes seidiges Haar.

Es war die Wasserratte!»

Die Ratte lädt den neuen Freund zu einer Bootsfahrt ein und hinterher in ihre Wohnung, und da bleibt er, bei seinem «fürsorglichen Gastgeber», der ihm die herrlichsten Geschichten erzählt.

Denn die Ratte ist ein Dichter. Im Herbst träumt sie davon, den Schwalben gleich in den Süden zu ziehen, in unbekannte Länder mit weißen Villen in grünen Olivenhainen, verträumten Hügeln und majestätischen Schiffen, die das grüne Meer mit seinen Springfluten und Schaumkronen durchqueren. Aber die poetische Ratte ist Realist genug, ihrer Sehnsucht nach der lockenden Ferne nur in Versen Ausdruck zu geben. Tief im Inneren weiß sie, daß man Pan auch auf den verschwiegenen kleinen Flußinseln ihrer Heimat begegnen kann, um seinen traumhaften Gesängen zu lauschen.

Ähnlich und für unsere Zeit erstaunlich idyllisch geht es in dem Generationen später erschienenen Roman für Kinder zu, «Die große Wanderung», 1980, von dem deutschen Autor *Rainer Hollatz*:

Auf Wanderschaft begeben sich eine Spitzmaus, eine Wasserratte (die eigentlich eine echte Bisamratte ist, nur glaubt ihr das keiner) und ein Laubfrosch – zum Schaltjahrtreffen ins Dorf der

Wanderratten. Da gibt es Gasthäuser am Weg, die Zimmer vermieten, Wirte, die Fischfilet mit Petersilienkartoffeln und zum Nachtisch Himbeerpudding servieren, und Biber, die einen Fährbetrieb leiten, Pfeife rauchen und, nebst vollständiger Bootskleidung, eine Schiffermütze auf dem Kopf tragen. Kurz und gut, es geht zu wie bei Menschens. Die Spitzmaus ist eitel, die Wasserratte leidet an Übergewicht und Kurzatmigkeit, und der Laubfrosch erträgt es nicht, wenn man seinen guten Lehren zu wenig Beachtung schenkt.

Die drei Reisekameraden erreichen ihr Ziel erst nach großen Schwierigkeiten und Strapazen. Die Wasserratte wird von einer Art Wanderzirkus eingefangen – unter Mithilfe einer Katze – und soll dem Zauberer, der das fragwürdige Unternehmen leitet, verraten, wo die Zwerge ihre Schätze verstecken. Aber ihre Freunde, der Laubfrosch und sein Vetter, der großmäulige Salamander, die Spitzmaus und zwei Zwerge, befreien die Ratte und alle anderen Tiere. Das Fest im Dorf der Wasserratten dauert drei Tage und drei Nächte. Anschließend erreichen die drei Freunde glücklich wieder ihre Weide am Teich, in der sie wohnen.

Bemerkenswert wie in dem englischen Kinderbuch ist weniger, daß menschliche Tugenden wie Treue, Freundschaft, Verläßlichkeit, Toleranz hier auf Tiere transponiert wurden, als die Tatsache, daß es sich bei diesen nicht um von Menschen geschätzte Tiere wie Pferde, Hunde oder Katzen handelt.

Eine ganz andere Szenerie bietet das nur zwei Jahre später auf den Markt gekommene Kinderbuch «Der Mond hinter den Scheunen» von *Erwin Moser*. Hier ist die Geschichte – eine Fabel von Katzen, Mäusen und Ratzen – fest in der Realität angesiedelt.

Die Mühlratzen leben unter dem Fußboden einer verlassenen Mühle, die Kanalratzen in einem Bau unter dem Kanal- oder Abflußrohr und die Mäuse im Getreidespeicher. Sie ernähren sich von Körnern (wenn sie Glück haben), verschimmeltem Käse, Wurstpellen, verschrumpelten Karotten und anderen Abfällen, die sie im Kanal oder auf der Müllhalde finden. Und selbstverständlich tragen sie weder Kleider, Hüte noch irgendwelche anderen menschlichen Attribute.

Sie unternehmen auch keine Vergnügungsreisen, dazu ist der Lebenskampf zu hart. Allerdings haben sie Namen, praktische und bezeichnende Namen, wie Gelbzahn, Dreimaul, Einohr und Wühler. Die wichtigste Maus im Spiel heißt Grauschnauz, und nur der Kater führt einen hochtrabenden menschlichen Namen: Raffael, genannt Raffi. Aber den bekam er von der Bäuerin ...

Die schwarzgrauen Mühlratzen (rattus rattus) und die roten Kanalratzen (rattus norvegicus) sind miteinander verfeindet, was nicht heißt, daß sie einander Schlachten liefern. Sie gehen sich lieber aus dem Wege. Gelbohr, der Anführer der Mühlratzen, wird von Schwarzpelz, einem zugewanderten Rattenhäuptling, vertrieben und schließt sich den Kanalratzen an, deren alten, bequem gewordenen Häuptling er geschickt austrickst.

Während die Mühlratzen unter dem Joch des despotisch veranlagten Schwarzpelz stöhnen, spielen sich auf dem Hof im Burgenland erstaunliche Dinge ab. Grauschnauz, ein Mausejunge aus dem Geschlecht der Feldmäuse, der Katzen nur vom Hörensagen kennt, wickelt den schwarzen Raffi ums zierliche Pfötchen und spielt mit ihm «Ich sehe was, was Du nicht siehst». Das führt schließlich dazu, daß der zartbesaitete dichtende Kater eine Aversion gegen Mäusefleisch entwickelt oder, anders ausgedrückt, entdeckt, daß Mäuse lustig und lieb sind. «Verdammt, sind die lieb!»

Als Psychiater fungiert – Sinnbild der Weisheit im Tierreich – eine Eule. «Da hast du dir wirklich ein hübsches, ausgewachsenes Problem angelacht», sagt sie. «Du hast einen kleinen Fehler gemacht. Mit seinem Futter soll man nach Möglichkeit nicht sprechen, Kater. Man soll es fressen.» Und dann erzählt sie ihm von der unsterblichen Seele aller denkenden Wesen, ermahnt ihn, Körper und Tod keine zu große Bedeutung beizumessen, und so weiter und so fort.

Nun ist es für jeden Dichter gewiß ein großer Gewinn, mit einem Philosophen Gedankenaustausch pflegen zu dürfen, aber eigene Erkenntnisse, dazu noch emotional verankert, wiegen allemal schwerer als noch so weise Lehren aus zweiter Hand. Raffi jedenfalls bleibt bei seiner Abstinenz und weist seine neuen Freunde, die Mäuse, an, auf dem Speicher so wenig Spuren ihrer Anwesenheit wie nur möglich zu hinterlassen, damit die Bäuerin ihnen nicht auf die Schliche kommt.

Doch zurück zu den Ratten. Der größenwahnsinnige Schwarzpelz plant einen Überfall auf die Kanalratzen, aber die Freunde von Gelbzahn, die Mühlratzen, verraten diesem den tückischen Plan. Es kommt zu einem erbitterten Kampf zwischen Schwarzpelz und Rufus, dem alten Häuptling der Kanalratzen. Zwar gelingt es Schwarzpelz, den anderen zu töten, aber er selber erleidet dabei schwere Verletzungen, an denen er bald darauf stirbt.

Nun ist der Weg frei zu einer Versöhnung zwischen den Mühlratzen und den Kanalratzen:

«Sie machten sich miteinander bekannt und redeten und redeten. Gesprächsstoff hatten sie ja genug. Sie umarmten sich zwar nicht, denn diese Geste war unter Ratzen nicht üblich, aber sie waren dicht daran, sich vor Freude um den Hals zu fallen. Schließlich begaben sich alle in den Bau hinunter, wo so etwas wie ein Befreiungsfest gefeiert wurde. Bis tief in die Nacht hinein dauerte die Feier, während der die Mühlratzen und die Kanalratzen dicke Freunde wurden.»

Glückliche Kinder, die solche Bücher in die Hand bekommen, wo «Ekeltiere» sich als prächtige, tapfere und kluge Burschen entpuppen, falsche Anführer entlarvt werden, das Prinzip des Fressens und Gefressenwerdens in Frage gestellt und die künstliche Schranke zwischen verschiedenartigen Lebewesen, die gemeinsam diese Erde bevölkern, abgebaut wird. Und das alles nicht mit schulmeisterlich erhobenem Zeigefinger, sondern in Form einer spannenden Geschichte.

Laborratten spielen eine Rolle in dem Buch «Frau Frisby und die Ratten von Nimh» des englischen Schriftstellers *Robert C. O'Brian*, ein Roman für Kinder, der 1971 in Großbritannien und 1977 in deutscher Sprache erschien. Das Buch erhielt viele Preise, unter anderem 1976 den österreichischen Staatspreis für Kinder- und Jugendliteratur, und wurde von Don Bluth als Zeichentrickfilm auf die Leinwand gebracht.

Frau Frisby, Mutter von vier Kindern, ist die Witwe des Mäuserichs Jonathan, der zusammen mit einer Gruppe von Ratten aus dem Labor von Nimh geflohen war. Diese Leistung, fachmännisch geplant und ausgeführt, war nur möglich, weil die Experimentatoren die Intelligenz der Versuchstiere mit Hilfe von Injektionen gesteigert hatten. So lernten sie lesen, beachteten sorgfältig alle «Gebrauchsanweisungen», wie etwa den Streifen am unteren Käfigrand, auf dem zu lesen war, «Tür öffnen: Knopf herausziehen und nach rechts schieben», und auf diese Weise gelang ihnen die Flucht.

Die chemische Erzeugung oder besser Verstärkung oder auch Aktivierung von Intelligenz im Tierversuch gehört keinesfalls in den Bereich der Science-fiction. Unter der vielversprechenden Schlagzeile «Das Denkpulver ist entdeckt» erfuhren Leser der *Offenbach-Post* am 3. Januar 1986: «Wissen läßt sich nicht nur erlernen, man kann es auch mit der Spritze einfüllen.» Weiter unten heißt es in dem von einem gewissen Dr. Robert Delius-Bliven gezeichneten Artikel:
«Die Forscher begannen zunächst damit, Tieren eine ganz bestimmte Befähigung anzuerziehen. Dann töteten sie das wissende Tier, lösten sein Gehirn auf, filterten die Moleküle mit dem neu erlernten Wissen heraus und spritzten sie den untrainierten Tieren ein. Plattwürmern wurde so beigebracht, wie man einem elektrischen Gitter ausweicht. Fische erfuhren per Spritze neue Schwimmtechniken. Ratten lernten, Dunkelheit zu fürchten.»
Und dann kommt der Clou:
«Das chemisch hergestellte Wissen in Tüten, heute noch für Ratten, wird es über kurz oder lang auch für den Menschen geben. Köpfchen wird in der Drogerie erhältlich, Erfahrung handelbar sein wie Eis am Stiel.»
Phantastische Aussichten, in der Tat. Man braucht nur noch *einer* Generation von Schulkindern Rechnen, Lesen und Schreiben beizubringen, dann tötet man sie einfach und spritzt ihr neu erworbenes Wissen den nachfolgenden Abc-Schützen ein. Auf diese Weise spart man Generationen von Lehrern. (Auch das Wissen von Professoren, insbesondere von Tierexperimentatoren, läßt sich so problemlos auf ihre Assistenten übertragen.)
Man fragt sich wirklich, was in den Köpfen derer vorgeht, die der-

artig absurde Versuche durchführen, dann noch als «sensationellen Erfolg der Wissenschaft» deklarieren und die baldige Nutzbarmachung für den Menschen in Aussicht stellen.

Die Wissenschaftler genehmigen sich zwar de facto ihre Versuchsreihen selber, de jure zumindest sind aber noch andere Organe daran beteiligt, staatliche Genehmigungsbehörden, die sorgfältig zu prüfen haben, ob schlüssig nachgewiesen wurde, daß die angestrebten Versuchsergebnisse zum Vorbeugen, zum Erkennen oder Heilen von Krankheiten bei Mensch und Tier erforderlich sind. Leider aber reichen die fachlichen Voraussetzungen derjenigen, die das geplante Vorhaben und seine Notwendigkeit beurteilen sollen, in der Regel nicht aus.

Häufig aber genügt schon der Blick auf die Rubrik «Sinn und Zweck des Versuches». Denn da jedem normalen Bürger klar sein müßte, daß es in einem Rechtsstaat nicht möglich ist, Menschen zum Vorteil anderer Menschen zu töten – nicht einmal zum Verzehr in Notzeiten –, dürften derartige Versuche eben nicht genehmigt werden. Was bleibt, ist l'art pour l'art, Spieltrieb, Sadismus und eine durch nichts mehr zu überbietende Selbstherrlichkeit vieler Wissenschaftler. Und einige Zigtausend tote Plattwürmer und Fische und Ratten, die vor ihrem gewaltsamen Ende noch «lernen» mußten, sich im Dunkeln zu fürchten, vermutlich unter wiederholter Anwendung schmerzhafter Torturen. Bestürzend auch, daß sich Presseorgane und Journalisten finden, die, ebenso gedanken- und kritiklos, diesen hochstilisierten Schwachsinn dem Leser zumuten.

Doch zurück zu den Ratten von Nimh:
Frau Frisby hat ein Problem: Ihr jüngster Sohn ist schwer krank und kann an dem bevorstehenden Umzug vom Feld, das in den nächsten Tagen umgepflügt werden soll, nicht teilnehmen. Helfen können ihr nur die klugen, aber wegen ihrer geheimnisvollen Lebensweise auch gefürchteten Ratten. Bangen Herzens wagt Frau Frisby sich in die Höhle des Löwen, eine komplizierte und luxuriös mit technischen Finessen ausgestattete Rattenburg unter einem

weitverzweigten Rosenbusch. Die großen Freunde wissen auch, wie ihr zu helfen ist, aber bevor sie ihren tollen Plan in die Tat umsetzen können, geraten sie selber in Bedrängnis.

Der Doktor, dem sie entflohen sind, hat ihre Spur gefunden und ist wild entschlossen, sie wieder einzufangen. Zum Glück sind die klugen Ratten schon darauf vorbereitet, sich eines Tages abzusetzen. In einem wilden, verschwiegenen Tal wollen sie von vorn anfangen, ohne Bibliothek, Maschinen und anderen Komfort, aber mit einer gezielten und gut getarnten kleinen Landwirtschaft, die ihnen das Überleben garantieren soll.

Nach turbulenten Ereignissen – Frau Frisby wird vorübergehend von dem kleinen Sohn des Bauern Fitzgibbon in einem Vogelkäfig gefangengehalten – schaffen die Ratten das Mäusehaus in einem großen Stück Schlacke an einen sicheren neuen, vor dem Pflug geschützten Platz.

«Zwanzig Ratten arbeiten am Haus. Es war ein sehenswerter Anblick. Zuerst wurde der Schlackenbrocken völlig freigelegt. Dann gingen die Ratten zu ihren Geräten. Unter Arthurs Anleitung wurden die Leitern zu vier kleinen Gerüst-Türmen zusammengestellt – an jeder Schlackenecke einer. Über den Türmen brachten die Ratten leichte Metallstangen an. Frau Frisby dachte: Die stammen sicher aus der Werkzeugkiste des Spielzeugbastlers.

An den Stangen befestigten sie Flaschenzüge, die an dünnen, festen Seilen Haken trugen. Die Haken hängten sie in die Löcher des Schlackenblocks ein und zogen die Seile fest. Fünf starke Rattenmänner standen an jedem Zug. Einen von ihnen kannte Frau Frisby; es war Brutus.

‹Ziehen!› rief Arthur. Die zwanzig Ratten zogen, und der Block wurde gehoben. Jede Ratte trat einen Schritt zurück. ‹Ziehen! Noch etwas höher!›

Langsam hob sich der schwere Block vom Boden. Jetzt war er genügend hoch.

‹Halt!› sagte Arthur. ‹Holt die Rollen!›

Acht Ratten, zwei von jeder Gruppe, liefen zu den runden Holzklötzen, die Frau Frisby vorher bemerkt hatte. Sie sahen aus wie abgesägte Stücke von einem Besenstiel.

Zwei Ratten an je einer Rolle ließen die Hölzer unter die Schlacke gleiten. Die Klötze lagen jetzt über der Grube wie Gitterstäbe vor einem Fenster.

‹Abrollen!›

Sie nahmen Seile und Haken von den Flaschenzügen ab und hängten zwei Haken mitsamt den Seilen vorne am Block ein. Je neun Ratten spannten sich an jedes Seil. Zwei blieben zurück und beobachteten die Rollen.

‹Ziehen!›

Die Rollen drehten sich, der Block glitt vorwärts wie ein Wagen auf Rädern. Er bewegte sich auf die neue Grube zu. Sobald der Block die hintere Rolle verließ, rannten die zwei Ratten hin, hoben die Rolle auf und schoben sie wieder vorn unter den Block.

Alles war sorgfältig vorbereitet. Jeder wußte, was er zu tun hatte. Jede Bewegung wurde genau ausgeführt, keine wurde verschwendet.

Bald lag die erste Holzrolle über der neuen Grube. Dann folgte die zweite, schließlich waren es alle vier.

Der Block wurde zurechtgerückt. Die Grube hatte die passende Weite und Tiefe. Die Ratten hatten auch nicht die kleine Speisekammer vergessen und gruben jetzt den kurzen Verbindungstunnel zwischen den beiden Zimmern.

Gerüste und Flaschenzüge wurden an der neuen Grube wieder aufgestellt, der Block wurde gehoben, dann wurden die Rollen entfernt, der Block wurde gesenkt – das Haus stand an seinem neuen Platz.

‹Fertig!› rief Frau Frisby. Sie hätte am liebsten Beifall geklatscht.»

Nach dieser Großtat erfolgt der Angriff des Doktors und seiner Helfer auf die Rattenburg. Aber zu ihrer großen Enttäuschung finden sie nur ein ganz simples Rattenloch vor, aus dem – so scheint es – ein ganzes Rudel Ratten in wilder Panik zu fliehen versucht. In Wirklichkeit aber sind es nur zehn Tiere, die stärksten und erfahrensten Rattenmännchen, die in einem raffinierten Täuschungsmanöver den Anschein erwecken, es handele sich um vierzig oder noch mehr Tiere. Ihre Frauen und Kinder haben sie schon längst in Sicherheit gebracht.

Sieben Ratten können sich durch einen Notausgang in Sicherheit bringen, als das Gas einströmt. Ein weiterer Ratz schafft es, schon halb vergiftet, mit Hilfe eines Artgenossen. Der aber kehrt wieder zurück, um auch den letzten noch zu retten. Aber dann bricht er in der Todesfalle selbst zusammen.

«Sie gruben weiter, und der Doktor schaute hinein. ‹Mist, Abfälle›, sagte er. ‹Müll und zwei tote Ratten.›

‹Nur zwei?› fragte Herr Fitzgibbon.

‹Ja. Man kann leicht sehen, was geschehen ist: In einem Rattenloch dieser Größe müssen mindestens zwei Dutzend Ratten gewesen sein. Die zwei da waren vorn, nahe am Tunnel. Das Gas hat sie erreicht und hat sie getötet. Aber bevor sie starben, müssen sie die anderen gewarnt haben. Die sind dann auf und davon.›

‹Sie haben gewarnt?› fragte Herr Fitzgibbon. ‹Können Ratten so etwas tun?›

‹Ja›, sagte der Doktor. ‹Es sind kluge Tiere. Sie können noch vielmehr als das. Noch ganz anderes.›»

Kinder betrachten die Natur und alles, was da kreucht und fleucht, unbefangen, bis sie von den Erwachsenen zurechtgestutzt werden. Für sie sind Ratten «putzige Tierchen», wie auch die Schweizer Schriftstellerin Christine Nöstlinger sie nennt, mit denen man spielen und schmusen kann. Das vor allem, denn Streicheleinheiten fehlen vielen Kindern, vielleicht zu vielen. Und Ratten mit ihrem ausgeprägten Bedürfnis nach Zärtlichkeit, mit ihrem Hang, «auf ihrem Menschen zu leben», helfen bei der Kompensation dieses Mangels weit besser als unsere allgemein als Haustier anerkannte Katze. Kinder, die ihre oft geschockten Eltern mit dem Wunsch nach einer Ratte nerven, scheinen das instinktiv zu wissen.

8
Rattenmärchen und Rattenfabeln

Vom Morgen bis zum Abend sitzt sie da und
nähet und bessert aus.

Aus: Grandville: Die philosophische Ratte

Im europäischen Märchen spielt die Ratte nur selten eine Rolle (Ekeltier!), in anderen Kulturkreisen aber gehört sie völlig selbstverständlich ebenso wie Stein, Blume, Löwe, Schmetterling und Schlange als Teil der Schöpfung zu den agierenden Märchenfiguren. Da gibt es die hilfreiche, die dankbare Ratte, die Gutes an Tier und Mensch mit Gutem vergilt, die Ratte, die Freundschaft mit anderen Tieren schließt, die verzauberte Ratte, die nur Erlösung findet, wenn ein Mensch sie zur Frau nimmt, die Ratte, die fliegen möchte und sich in einen Vogel oder in eine Fledermaus verwandeln kann.

Jean de La Fontaine (1621–1695) hat in seinen liebenswert moralisierenden Fabeln auch der allgemein verachteten Ratte ein Denkmal gesetzt. Elf seiner auf den griechischen Dichter Äsop (6. Jh. v. Chr.) zurückgehenden Fabeln beschäftigen sich mit Ratten. Die Hauptquelle La Fontaines war die «Mythologica aesopica» von Isaac Nevelet, die zwischen 1610 und 1660 in Frankfurt erschienen war.

Zu den bekanntesten Fabeln gehört die «Ratsversammlung der Ratten», die *Grandville* (1803–1847) illustriert hat. Es handelt sich um eine der vielen Versionen der Geschichte «Wer hängt der Katz die Schelle um?», die oft auch in Mäusekreisen spielt.

Hier sind es die Ratten, die arg zu leiden haben unter dem schrecklichen Kater Speckfresser – «über ihn waren selbst elende Leute im Zweifel, ob er ein Kater sei oder ein Teufel».

Als Speckfresser sich eines Tages die Zeit mit einer hübschen Katzendame vertreibt, gehen die Ratten untereinander zu Rate, wie Abhilfe zu schaffen sei. Der Vorsitzende weiß nur ein einziges Mittel zu nennen:

«Man müsse früher oder später zu allgemeinem Wohlbefinden, an Speckfressers Hals eine Schelle binden.»

Die anderen sind einverstanden, aber keiner will den Harakiri-Auftrag ausführen – und so bleibt alles beim alten.

La Fontaines Moral von der Geschicht:

«Laß euch nicht von unnützen Räten rühren,
davon gibt es ein ganzes Heer,
ist es aber nötig, etwas auszuführen,
findet sich keiner mehr.»

Grandville: Die Ratsversammlung der Ratten

Der Großmut eines Löwen und die Dankbarkeit einer Ratte ist das Thema einer anderen Fabel, die von *Gustave Doré* (1833–1883)* illustriert wurde.

Ein Löwe schenkt einer Ratte, die sich direkt zwischen seine Pranken verirrt hat, das Leben – eine edle Tat, die belohnt wird, obwohl es kaum denkbar erscheint, daß die unscheinbare kleine Ratte einem Löwen von Nutzen sein könnte. Der aber gerät eines Tages in ein Netz, aus dem er sich aus eigener Kraft nicht befreien kann.

* Illustration in: 100 Fabeln v. La Fontaine, Manesse Bibliothek 1965, S. 100

«Die Ratte lief herbei und nagte. Biß um Biß,
worauf die Masche aufging und das Netz zerriß.
Geduld und Zeit erreichen oft
mehr, als je Kraft und Wort erhofft.
Bei Äsop ist die Retterin eine Maus, und die Fabel endet mit den
Worten
«Sind deine Freunde noch so klein,
sie können dir von Nutzen sein.»

Um die Klugheit eines alten «Ratzen» geht es in der, gleichfalls von Doré
illustrierten Fabel «Der Kater und ein alter Ratz».

Bei einem Fabeldichter hab' ich gelesen,
daß Speckfresser der Zweite, der Alexander der Katzen,
ihr Attila, die Geißel der Ratzen,
bedrückte den Rest dieser elenden Wesen;
ich hab's, sag' ich, bei einem gewissen Verfasser
gelesen, daß dieser Würgekater und Tatar,
der Kerberos, der eine Meile im Umkreis gefürchtet war,
ausrotten wollte alle Nager zu Land und zu Wasser.
Laufplanken, gestützt auf lose Sterze,
Rattengift und Mausefalle
waren gegen ihn nur Scherze.
Als er sah, daß in den Löchern alle
Ratten sich verschanzten, keine
kam heraus, und er vergeblich Beute suchte,
gab der Ritter sich den Tod; er stieg auf eine
hohe Planke und warf kopfüber sich herab: das verruchte
Vieh hing mit der Pfote in einer gewissen Schlinge.
Zur Strafe, meinten die Ratten,
für Diebstahl an Käse oder Braten
oder einen Kratzer mit Schaden;
sie freuten sich, daß der Gauner endlich hinge.
Alle, sag' ich, gelobten einstimmig und fest
beim Begräbnis laut zu lachen;
schon stecken sie die Nasen an die Luft, zeigen sich bis zur Mitte,
schlüpfen wieder zurück ins Nest,

Gustave Doré: Der Kater und ein alter Ratz

kommen abermals heraus, vier Schritte zu machen,
und traun sich endlich weiter, ohne Furcht vor dem Drachen.
Plötzlich gibt es ein neues Fest:
Der Gehängte, wiederbelebt, fällt auf die Tatzen
und schnappt sogleich die Lässigen:
Es kommt noch besser, sagt er mit Schmatzen.
Kriegslist ist das, ich hab' euch überrascht,
die Höhlen nützen euch nichts mehr, ich hab' unmäßigen
Zorn, drum werdet ihr alle noch gehascht!
Er sagte wahr, der Meister der Finte.
Zum zweitenmal getäuscht patschten die Ratten in die Tinte.
Er pudert sich den Pelz, bestäubte ihn mit Mehl
und unter diesem hübschen Hehl
verbarg er sich in einem leeren Trog zur Nacht.
Das war recht pfiffig ausgedacht:
das trippelnde Volk hatte viele Verluste.
Nur ein alter Ratz hielt sich ferne den Toren;
er war ein Schlauberger, der allerlei wußte;
nicht umsonst hatte in einer Schlacht er den Schwanz verloren:
Der Mehlkloß ist nicht, was er scheint,
beschrie er schon von weitem den Katzengeneral;
dahinter verbirgt sich der listige Feind.
Nur Mehl, Herr Kloß, das lockt mich nicht einmal
und lägst du selbst im Sack, ich fräße dich nicht, mein Freund! –
Gut gesprochen, kann man billig sagen.
Der Alte war gescheit;
er wußte gewiß aus früheren Tagen:
Vorsicht ist die Mutter der Sicherheit.

Ein kriegerisches Ereignis wird in «Der Kampf der Ratten und der Wiesel» geschildert.

Der Rattenkönig Ratapon stellt in einem Jahr, in dem Überfluß an Futter herrscht, eine Armee auf, die tapfer gegen die Wiesel ins Feld zieht. Aber sie ist dem Feind nicht gewachsen: Vergeblich der Widerstand der Rattenoffiziere Artarpax (Brotdieb), Psicarpax (Krümeldieb) und Meridarpax (Milchdieb). Während das Fußvolk

Unterschlupf in den Löchern ringsum findet und wenigstens das
nackte Leben rettet, hindert der pompöse Kopfschmuck – Feder-
busch, Hörner und Reiherstöße – die «hohen Herren», das gleiche
zu tun.

> «Kein Loch, kein Spalt und keine Ritze
> war breit genug für sie und ihr Geglitze.»

Hineingelegt wird die Ratte in einer anderen Fabel, und zwar von einem
Frosch, in «Die Fröschin und der Ratz». Frösche kommen bei La Fontaine
in der Regel nicht besonders gut weg, während er die kleinen und großen
Mäuse oft mit liebevoller Nachsicht schildert.

Wer andere zu täuschen wagt,
    täuscht sich oft selbst, wie Merlin sagt.
Für heut ist wohl zu alt dies Wort;
und doch wirkts kräftig, scheint mir, fort.
Um aber mit meinem Text zu beginnen:
Ein Ratz, gar wohlbeleibt, fett und aufs beste genährt,
der sich weder an Advent noch Mitfasten kehrt,
saß am Saum eines Sumpfes mit heiteren Sinnen.
Eine Fröschin kam näher und quakte im Gras:
Kommt mit, wir machen uns einen Spaß!
Herr Ratz erzeigte sich sogleich erbötig.
Es war keine längere Rede nötig.
Sie verwies ihn auf die Badelustbarkeit,
die Neugier, das Reisevergnügen zu zweit
und hundert Wunder den Sumpf fürbaß.
Seinen Enkeln könnt er einst berichten
von schönen Orten, Sittengeschichten
und von der politischen Verwaltung da
im Reiche Aquapaprika.
Nur ein Punkt schien den Galan zu verstimmen:
Hilfe brauchte er beim Schwimmen.
Dagegen fiel der Fröschin ein Mittel ein:
sie heftete den Ratz mit einem Fuß an ihr Bein.
Dazu war ein bißchen Binse genug.
Im Sumpf unsre Base mit starkem Zug

suchte den Gast nach unten zu zerren
gegen Treu und Glauben, gegen das Recht der Herren,
willens aus ihm einen Saftbraten zu machen.
Es war nach ihrer Ansicht ein prächtiges Stück.
Im Geiste genoß sie schon das Glück.
Er rief die Götter an; das brachte die Treulose zum Lachen.
Er widerstrebt; sie zieht. Ob diesem tollen Streich
ein Milan, durch die Lüfte kreisend mit breiten Schwingen.
sieht aus der Höhe den armen Schelm mit den Wellen ringen.
Er stößt herab, ergreift ihn rasch, zugleich
die Fröschin und das Band.
So viel und so gut war das Unterpfand,
daß die doppelte Beute
den Vogel Milan herzlich erfreute.
Auf diese Weise hatte er tafelfrisch
Fleisch und Fisch.
Arglist, trefflich ausgesponnen,
schadet dem Erfinder gern
und die Untreu, kaum ersonnen,
schlägt auch hohe Herrn.

Zur bitteren Satire wird die Fabel «Der Ratz, der sich von der Welt
zurückzog»:

 Im fernen Morgenland wird eine Ratte zum Einsiedler, als
Klause erwählt sie sich einen Holländer-Käse.
«Er wurde dick und feist und lobte Gottes Güte
und führte sich dabei den Käse zu Gemüte.»
Aber als eine Abordnung halb verhungerter Ratten aus der vom
Feind eingeschlossenen Stadt Ratzeburg ihn um Hilfe bittet, ver-
spricht er ihnen, für sie zu beten – und verschließt sorgsam seine
Pforte.

Diese Fabel soll La Fontaine selbst erdacht haben; für sie gibt es kein
Vorbild in der älteren Literatur.

In «Die Katze und die Ratte» gerät eine Katze am Fuß einer morschen Fichte in ein Netz. Die Ratte, zunächst froh, daß ihre Feindin unschädlich gemacht wurde, stellt sich den Bitten und Versprechungen der Gefangenen gegenüber taub. Aber dann tauchen eine Eule und ein Wiesel auf, beide eingeschworene Rattenfeinde. Die Katze schwört der Ratte, sie vor den anderen zu retten und in ewiger Dankbarkeit zu verschonen, wenn sie ihr hilft. Die Ratte beißt das Netz durch, da naht auch schon der Fallensteller, und die beiden neuen Verbündeten bringen sich rasch in Sicherheit.
«Nach einiger Zeit sah unsere Katze aus der Ferne
die Ratte, wachsam und auf ihrer Hut im Nu.
Ach Schwester! sprach sie. Komm und küß mich. Gar nicht gerne
bevorurteil ich. Doch siehst du
in mir die Feindin, bist voll Haß.
Denkst du – ich hätt vergessen, daß
ich dir – nach Gott – mein Leben dank?»
Aber die kluge Ratte traut dem Frieden nicht. Ihr Leben ist ihr lieber als eine fragwürdige, in der Stunde der Not entstandene Freundschaft, die man besser keiner weiteren Belastungsprobe aussetzt.

Eine gewisse Parallele zu der Geschichte «Wer hängt der Katz die Schelle um?» bildet die Fabel «Die Rattenliga», illustriert von Doré.

Eine Maus, die ständig in Angst vor einem starken Kater lebt, läuft zu ihrem Anwalt, dem Herrn Ratz, und bittet um Hilfe. Der ist auch gern dazu bereit und mobilisiert seine Rattenfreunde, die gerade in der Speisekammer «tagen», mit dem nicht zu schlagenden Argument, daß der Kater, «fehlt's ihm an Mäusen erst», auch die Ratten nicht länger in Ruhe leben lassen wird. Tapfer ziehen die Ratten aus, «den Teufelskater auszumerzen»: Aber der Kater hat die Maus bereits gefangen, und als er zum Gegenangriff startet, ziehen die Ratten sich schleunigst in ihre sicheren Löcher zurück.

Die angeblich alles verschlingende, alles vernichtende Ratte als falsches Alibi eines Betrügers rehabilitiert der Dichter in der Fabel «Der ungetreue Verwalter», die von Grandville illustriert wurde.

Gustave Doré: Die Rattenliga

Ein Perser, Handelsmann, gab
    seinem Nachbarn auf einen Tag in Verwahr
hundert Pfund Eisen und reiste ab.
Mein Eisen? sprach er, als er zurückgekehrt war.

Grandville: Der ungetreue Verwalter

– Euer Eisen ist leider nicht mehr da. Indessen
Ihr fort wart, haben's die Ratten gefressen.
Ich schalt meine Leute. Was hilfts? Ein Loch
hat jeder Speicher. – Der Perser macht sich seinen Reim
und tat, als glaube er dem Lügenkoch.
Nach etlichen Tagen versteckte er insgeheim
das Kind des Nachbarn; dann bittet er ihn zum Essen.
Der Vater entschuldigt sich und weint:
Verzeiht, daß ich fernbleibe, lieber Freund,
alle Freuden sind für mich Hohn.
Mehr als mein Leben liebte ich meinen Sohn.

Ich hab nur ihn, was sag ich? – ach, ich hab ihn nicht mehr,
man hat ihn entführt, mein Unglück drückt mich zentnerschwer!
Der Händler versetzt: Gestern abend im Dämmerschein,
kam eine Eule und fing Euren Sohn
und flog mit ihm ins Mauernest davon.
Der Vater sagt: Was fällt Euch ein,
wie soll ich glauben, daß Eure Eule eine solche Beute trägt?
Eher hätte mein Sohn die Eule erlegt.
– Ich weiß nicht, erwidert der andre, wie es geschehn,
aber ich hab mit eigenen Augen gesehn
und ich sag Euch, was ich sehe, seh ich deutlich und klar,
kein Grund, zu zweifeln; die Sache ist wahr.
Wie sollte grad Euch befremdlich sein,
daß die Eule eines Landes, wo allein
eine Ratte einen Zentner Eisen frißt,
einen Knaben von fünfzig Pfündlein hißt?
Dem andern leuchtet die Finte ein.
Er brachte das Eisen, Stück um Stück.
Der Händler gab den Sohn zurück. –

«Der Rabe, die Gazelle, die Schildkröte und der Ratz» knüpft an die Fabel
vom Löwen und der Ratte an. Auch hier geht es um eine Tierfreundschaft,
die aber – erweitert und künstlerisch ausgesponnen – vier völlig verschie-
denartige Tierindividuen miteinander verbindet.

Der Held der Geschichte ist Specknager – «den Namen führte
der Ratz zu recht». Er befreit die Gazelle aus dem Netz, in das
sie geraten war. Als der Jäger, enttäuscht und wütend über die ent-
kommene Beute, sich an der langsamen Schildkröte schadlos halten
will, scheucht der Rabe die Gazelle auf. Der Jäger läßt den Sack mit
der Schildkröte fallen, um ihr nachzusetzen – und der gute Ratz
befreit seine Freundin aus ihrem Gefängnis. Am Schluß sind alle
vier wieder vereint, und der Jäger hat das Nachsehen.

In «Die Maus, in ein Mädchen verwandelt» rettet ein Brah-
mane eine verletzte Maus, die aus einem Eulenschnabel gefallen war, und läßt sie von einem Zauberer in ein Mädchen verwan-

deln. Die Kleine ist so hübsch, daß sie unter allen erdenklichen Part-
nern nur auszuwählen braucht. Sie will aber nur den Stärksten zum
Mann.

Der Sonnengott lehnt ab, die Wolke, die ihn verdeckt, sei stärker als
er. Die Wolke verzichtet zugunsten des Windes, der sie verjagt. Der
Wind aber wird, auf dem Wege zu seiner Braut, von einem Berg
aufgehalten. Und der Berg? «Er sprach: Es geht nicht, verzeihe, ich
bekäme sonst Streit mit dem Ratz, und Streit wäre dumm, er höhlte
mich vollends aus.

«Beim Worte Ratz das Fräulein (weiland Maus) spitzte die Ohren:
Er war der Gatte. Welche Ehre!»

Es kommt bekanntlich stets auf den Standpunkt an. Für eine Maus ist es
ein ehrgeiziges Ziel, die Frau eines Ratterichs zu werden, ein hochfliegen-
der Traum, der kaum jemals in Erfüllung gehen dürfte.
La Fontaine läßt die hübsche Fabel mit den Worten enden:

«Ein Ratz erregte die Zärtlichkeit der Kleinen.
Alles erwogen und wohl bedacht:
Die Seelen der Mäuse und der Schönen sind zum Glück
sehr verschieden gemacht.
Stets kehrt man zu seiner Bestimmung zurück,
zum himmlischen Gesetz, dem Einen.
Beschwört den Teufel, treibt Euer Zauberspiel:
Kein Wesen bringt Ihr ab von seinem Ziel.»

Mit seinem Landsmann, dem Philosophen *René Descartes* (1596–1650),
geht der französische Dichter ins Gericht in der Fabel «Die beiden Ratten,
der Fuchs und das Ei». Descartes hatte die These aufgestellt, daß Tiere
vernunft- und empfindungslose Wesen seien, Maschinen gleich. Die
Schreie eines geschlagenen Hundes drückten keinen Schmerz aus, sondern entsprächen lediglich dem Quietschen einer Maschine. Ergo braucht
der Homo sapiens keinerlei Rücksicht auf Tiere zu nehmen – eine Moral,
die leider auch noch heute ihre Anhänger hat, ganz besonders in Kreisen
der Vivisektoren.

So führte Professor W. Forth vom Vorstand des Walter-Straub-In-
stituts für Pharmakologie und Toxikologie der Universität München in seinem 1985 in der Fachzeitschrift *Fortschritte der Medizin*
erschienenen Artikel «Tierschutz und Ethik» aus:
«Es grenzt an Lächerlichkeit, wenn unsere Philosophen lauthals
eine nicht anthropozentrische Ethik fordern und uns auffordern, im
Tier den gleichberechtigten Partner zum Leben auf dieser Erde zu
sehen.»
Und:
«Da gibt es tatsächlich die Aufforderung an uns, doch insoweit tä-
tige Reue zu zeigen, als wir unsere Arbeit (das Experiment am lebenden Tier, die Autorin) wenigstens mit schlechtem Gewissen ver-
richten. Nein und abermals nein. Die theoretischen Mediziner und
Biowissenschaftler sind wohl schwerlich die Scharfrichter der Na-
tion. *Wissenschaftliche Neugier*, Forschung ist *eine menschliche
Betätigung, auch wenn sie* sich mit dem Leben befaßt und dabei

Leben opfert. Die zweite Triebfeder ist das Forschungsziel, Leiden zu verhindern oder wenigstens zu lindern. Dies wird zum ethischen Konsens gehören müssen, wenn wir über Tierversuche reden wollen.» (Hervorhebung von der Autorin)

Da haben wir ein Stück kartesianisches Weltbild im Klartext. Um Heilen und Lindern geht es den Vivisektoren erst in zweiter Linie. Im Vordergrund steht die wissenschaftliche Neugier als «eine menschliche Betätigung». Diesem «wissenschaftlichen» Spieltrieb werden Jahr für Jahr Milliarden von Versuchstieren geopfert, darunter in überweigender Mehrzahl sogenannte «Ekeltiere» wie Ratten und Mäuse.

La Fontaine jedenfalls gehörte zu jenen lächerlichen – und immer noch nicht ausgestorbenen – philosophierenden Dichtern, die doch tatsächlich einen Unterschied zu erkennen glauben zwischen einem Tier und einem Uhrwerk, die auch im Tier den göttlichen Funken zu entdecken vermeinen, der uns alle – und nicht aus eigener Kraft – beseelt: Nach Bei-

Aus: Gustave Doré: Illustrationen zu Émile de Girardin «Was eine alte Jungfer ihren Neffen erzählt» (Paris 1856)

spielen, mit denen er die Intelligenz bei Hirsch, Rebhuhn und Biber unter Beweis stellt, kommt er auf die Helden der Fabel, die Ratten, zu sprechen:

Das Tier ist eine Maschine, sagt die Wissenschaft.
Was tut sich da nicht alles ohne Wille, mit blinder Kraft!
Weder Gefühl noch Seele ist an ihm,
nur Körper, eine Uhr, die geht, mal grob und mal sublim,
mit immer gleichen Schritten, stumpf, ohne Plan und Lust;
öffnet den Deckel und blickt in ihre Brust:
Das Räderwerk ersetzt den Weltengeist;
ein Rad bewegt das andre, dieses kreist,
ein drittes folgt und endlich schlägt die Uhr.
Ganz ähnlich sagen sie, stehts mit der Tiernatur;
trifft es ein Gegenstand da oder dort,
gibt der getroffne Fleck sofort,
wie wir, dem Nachbarfleck die Nachricht weiter,
bis sie der Sinn erfährt; am Ende der Meldeleiter
entsteht der Eindruck. Doch wie entsteht er?
Aus Notwendigkeit, sagt von jenen jeder,
ohne Wille und ohne Leidenschaft.
Das Tier fühlt sich getrieben kraft
Bewegung, die auch der Volksmund kennt,
und Trauer, Freude, Liebe, Vergnügen, Schmerz,
Grausamkeit oder dergleichen nennt.
Aber das ist es nicht: leicht täuscht sich des Menschen Herz.
– Was ist es denn? – Ein Uhrwerk. – Und wir?
Wir? Wie Descartes es erläutert, das stehe hier,
Descartes, dieser Sterbliche, den die Heidenwelt
hätte zum Gott gemacht und der die Mitte hält
zwischen Mensch und Geist, wie zwischen Auster und Mann
sie unsereins hält, ein Halbtier alsdann (…)

Zwei Ratten auf Nahrungssuche fanden ein Ei.
Das Mahl genügte für Leutchen ihrer Art:
einen Ochsen zu suchen blieb ihnen erspart.
Voll Schmauselust und Eile indessen

liefen sie schon, ihr Teil zu fressen,
als ein gewisser Meister Reineke erschien:
wie mißlich, ihn zu treffen, gerade ihn!
Wie war das gute Ei zu retten? Es packen,
dann Fuß voran gemeinsam zwacken,
rollen oder ziehn?
Das war unmöglich, auch ungewiß.
Zu einem Einfall riß
erfinderische Not sie hin.
Ohne Unfall erreichten sie ihr Loch.
Auf halbem Wege besann sich der Laumann noch;
da legte sich die eine auf den Rücken, nahm das Ei in den Arm,
die andre zog sie am Schwanze, daß Gott erbarm,
trotz Stößen und Stolpern gings ohne Harm.
Da sage mir noch einer dreist,
Tiere hätten keinen Geist!
Wenn ich ihr Lehrer wär, ich wett,
ich gäbe jeder ein Fleißbillett.
Haben sie nicht seit ihrer Jugend gedacht?

In den Volksmärchen aus aller Welt tritt die Ratte nicht so häufig in Aktion wie Hase und Bär, Fuchs, Rabe und Schlange, wird aber auch keineswegs ausgespart. So finden wir in afrikanischen, indianischen und buddhistischen Märchensammlungen Rattenmärchen, ebenso bei den Einwohnern von Australien, Neuguinea, Neuseeland, auf den Fidji-Inseln, in Japan, Indien und Norwegen. Reine Variationen des gleichen Themas sind dabei selten, zumeist handelt es sich um originäre Schöpfungen von eigenartigem und eigenwilligem Charakter. Gleichfalls selten ist die dediziert negative Zeichnung der Ratte im Märchen, wie sie beispielsweise eher für den Fuchs typisch ist. Häufig dagegen wird sie entweder vollkommen und gleichwertig in eine Gemeinschaft von Tieren, manchmal auch von Menschen und Tieren, integriert, oder sie erhält sogar eine hervorragende, eindeutig positive Rolle zuerkannt.
Mit der Verwandlung einer Ratte in eine Fledermaus oder einen Fliegenden Hund beschäftigen sich ein indianisches Märchen von den Fidji-Inseln, eins aus Neuseeland und eins aus Neuguinea:

Eine einsame Ratte, die bei der Nahrungssuche am Strand schrecklich müde geworden ist, beobachtet eines Tages einen Reiher beim Fischfang und beneidet ihn glühend um seine Flügel. Sie schlägt ihm ein Wettrennen vor, bei dem auch Fliegen erlaubt sein soll. Der Reiher gestattet ihr großmütig einen Vorsprung um die halbe Wegstrecke. Aber während die Ratte lostrippelt, schläft er, satt und zufrieden, unter einem Baum ein. Die Ratte kehrt zurück, nagt dem Schlafenden die Schwingen ab und legt sie sich selber an. So entstand der Flugfuchs Badul, eine Fledermausart. Der arme Reiher bleibt flugunfähig wie der urtümliche Kiwi von Neuseeland. Einst soll es dem Kiwi ähnliche Vögel auch in Neuguinea gegeben haben.

Besser kommt die Ratte weg in dem Indianermärchen:

Eine sehr alte Ratte, die nicht mehr für ihr Futter sorgen kann, träumt davon, eine Fledermaus zu werden, die reife Bananen ißt. Und sie setzt ihren Traum in die Tat um: Mit dem Kopf nach unten hängt sie sich an einen Baum – und bekommt einen Schluckauf. Eine richtige Fledermaus beobachtet das und wird böse, weil sie zuerst glaubt, die Ratte wolle sie verspotten. Doch dann sieht sie, wie der Ratte bereits der Schwanz abfällt und die Haut sich ausspannt zu Flügeln. Sie gibt den anderen Fledermäusen Bescheid und warnt sie davor, die Ratte, die eine Fledermaus werden will, bei ihrer Metamorphose zu stören. Als die Ratte dann noch zögert, ihre Flügel auszuprobieren, helfen die anderen Fledermäuse ihr und geben ihr regulären Flugunterricht. «Wunderschön ist es», ruft die Ratte, als sie zum erstenmal durch die Luft gleitet. Und seither lebt sie von reifen Bananen.

Über die erstaunliche Anpassungsfähigkeit der Ratten wissen auch moderne Verhaltensforscher wahre Wunderdinge zu berichten. Vielleicht hatten die Indianer, sehr viel besser vertraut mit der Tier- und Pflanzenwelt als wir, gleichfalls schon die ganz ungewöhnlichen Fähigkeiten der Ratten beobachtet und ihnen in diesem Märchen ein Denkmal gesetzt.

Mit Hilfe einer List eignet sich die Ratte in einem Märchen aus Neuseeland die Flügel des Fliegenden Hundes an, den sie glühend beneidet, weil er sich tagsüber zum Schlafen nicht in einer Höhle zu verstecken braucht, sondern in frischer Luft an einem Ast hoch oben im Baum schlafen kann, mit dem Kopf nach unten. Mühselig klettert die Ratte auf einen Baum, von dessen Früchten der Fliegende Hund gerade ißt, und zankt ihn aus, da er sich an «ihren» Früchten vergriffen habe. Der Hund glaubt ihr sogar und entschuldigt sich.

Die Ratte «verzeiht» ihm großmütig, erklärt ihm ihre Freundschaft und erlaubt ihm, nach Herzenslust von «ihren» Früchten zu essen. Allerdings verlangt sie auch einen kleinen Freundschaftsbeweis: «Leih mir bitte deine Flügel, nur auf ein paar Minuten. Ich möchte auch gern einmal fliegen.» Der naive Fliegende Hund geht bereitwillig auf den Vorschlag ein – und wartet heute noch vergeblich darauf, daß er seine Schwingen zurückbekommt. Nun muß er als Ratte auf der Erde leben, während sie den sonnigen Tag, kopfabwärts im Schatten eines Baumes, verschläft.

Auch in dem japanischen Märchen «Affe, Katze und Ratte» spielt die Ratte eine entscheidende Rolle:

Ein armer alter Mann rettet eine Äffin vor dem Tod aus der Flinte eines Jägers. Zur Belohnung bekommt er von den Affen eine unscheinbare kleine Münze, durch deren Zauberkraft er und seine Frau reiche Leute werden. Ein neidischer Nachbar kommt hinter das Geheimnis und stiehlt ihnen die Münze. Sie beauftragen ihre Katze Tama, ihnen den Zauberpfennig in drei Tagen zurückzubringen. Wenn sie es schafft, winkt eine schöne Belohnung, andernfalls der Tod. Die Katze ihrerseits fängt eine Ratte und verspricht, ihr Leben zu schonen, wenn sie die Münze herbeischafft. Die kluge Ratte findet auch wirklich den unscheinbaren Schatz in der Kommode des Nachbarn, nagt ein Loch in die Schublade und bringt ihn der Katze. Das Ende des Märchens: «Tama freute sich sehr darüber und brachte ihn sofort dem Alten. So waren der Alte und seine Frau, die Katze und die Ratte alle froh und lebten ohne Sorgen und vergnügt, und wir wünschen ihnen dazu viel Glück.»

In einem australischen Märchen ist die Ratte natürlich eine Beutelratte, also kein Nagetier, sondern ein Beutelsäuger.

Ein schwarzer Krebs ist mit einer Ratte befreundet, die als gute Spielerin der Didscheridu, einer Flöte, bekannt ist. Rureru, der Krebs, bietet der Ratte Parray seine Freundschaft an, damit sie jeden Abend für ihn spielt. Tagsüber jagen oder essen sie gemeinsam, abends sitzen sie gemütlich am Lagerfeuer, und der Krebs tanzt zu dem Flötenspiel seiner Freundin.

Aber schließlich wird dieses Leben der Ratte zu langweilig. Sie will ihre eigenen Wege gehen und auch anderen Tieren vorspielen. Vergeblich versucht Rureru, sie umzustimmen. Aber bevor Parray ihn verläßt, feiern sie noch ein letztes Mal zusammen. Der Krebs ist so verzückt von der Musik, daß er bis zur Erschöpfung tanzt – rückwärts ins Meer hinein. Seit der Zeit gehen die Krebse rückwärts.

Dieses Märchen der Aborigines, der Ureinwohner Australiens, enthält einen interessanten Hinweis auf musikalische Neigungen von Ratten, die inzwischen auch von der Verhaltensforschung bestätigt wurden. Sie lieben Bach, heißt es, und verabscheuen Rockmusik ...

Als Fabel präsentiert sich dagegen das indische Märchen vom Kamel und der Ratte:

Kamel und Ratte begegnen sich auf einem einsamen Pfad. Das Kamel ist seinem Besitzer entlaufen und schleppt die Nasenleine auf der Erde hinter sich her. Die Ratte nimmt das Leinenende ins Schnäuzchen und läuft damit vor dem Kamel her, stolzgeschwellt, daß sie in der Lage ist, ein so großes Tier zu führen. Doch als sie an einen Fluß kommen, will die Ratte nicht weitergehen, aus Angst zu ertrinken. So übernimmt das Kamel die Führung. In der Mitte des Flusses reicht ihm das Wasser nur bis zu den Knien. Es dreht sich und ruft die Ratte herbei. Aber die bleibt ängstlich am Ufer stehen und bittet das Kamel, sie doch hinüberzutragen.

«Nun, dann gestehe deinen Fehler ein», erwidert das Kamel, «du warst sehr hochmütig. Versprich, in Zukunft bescheidener zu sein, dann werde ich dich sicher hinüberbringen.» Die Ratte ist nur zu gern dazu bereit, und so gelangen beide ans andere Ufer.

Wie nützlich die Freundschaft der Kleinsten einem Großen und Mächtigen sein kann, davon berichten das afrikanische Märchen vom Panther in der Grube und das südamerikanische Indianermärchen von der Beutelratte, die den Jaguar befreit. Nur ist das Wort Dankbarkeit für die Mächtigen leider oft ein Fremdwort …

Auf dem Weg zum Tümpel gerät ein Panther in eine Falle. Flehentlich bittet er alle Tiere, die vorbeikommen, ihm zu helfen. Aber die Tiere wollen nichts davon wissen, sie trauen dem Feind nicht, womöglich hat er sich nur einen neuen Trick ausgedacht, um sie in seine Gewalt zu bekommen. Nur die Ratte hat Mitleid mit ihm, obwohl er ihre Eltern und deren Eltern auf dem Gewissen hat. Sie nagt eine Schlingpflanze ab, an der der gefangene Panther herausklettern kann. Aber er hat so großen Hunger, daß er sie trotz seiner Schwüre, sie und ihre Nachkommen zu verschonen, sogleich verschlingen will. Doch bevor er die böse Absicht in die Tat umsetzen kann, kommt eine Spinne vorbei und will wissen, weshalb die beiden streiten.

Der Panther erzählt die Geschichte. Da ruft die Spinne: «O Panther, du bist ein Lügner, soll ich glauben, daß diese kleine Ratte, dieses unscheinbare Tierchen, dich aus der Grube gezogen hat?» Und als der Panther schwört, die Wahrheit gesagt zu haben, bittet sie ihn, doch noch einmal in die Grube zu springen. Sie will mit eigenen Augen sehen, wie die kleine Ratte die Rettungsaktion bewerkstelligt. Aber als der Panther wieder in der Grube ist, zieht die Spinne schnell die Schlingpflanze heraus und sagt: «Bleib nur in deiner Grube liegen. Wenn jemand dir Gutes tut, dann vergilt es nicht mit Bösem.»

Ganz ähnlich verläuft das indianische Märchen:

Hier ist es ein Jaguar, der seiner kleinen Lebensretterin ans Fell will. Die Beutelratte kann ihn dazu überreden, einen Menschen, «der alles weiß», als Schiedsrichter anzurufen. Der Mensch erklärt, er müsse zuerst das Loch sehen, aus dem der Jaguar von der Ratte befreit wurde, und dann bittet er ihn hineinzuspringen, denn er müsse auch noch sehen, wie er darin gelegen hat. Als das geschehen ist, rollt der Mensch schnell einen großen Stein vor die Öffnung, und der undankbare Jaguar ist wieder gefangen. Die Beutelratte aber geht vernügt ihres Weges.

Freundschaft ist das eigentliche Thema des buddhistischen Märchens aus Indien: «Die dankbaren Tiere und der undankbare Mensch»:

Ein Prinz aus Benares, Duttha, der Bösewicht, mit Namen, überlebt den Versuch seiner Diener, ihn in einem Fluß zu ertränken, und kann sich auf ein Floß retten. Zu ihm gesellen sich eine Ratte und eine Schlange, die vom steigenden Wasser aus ihren Behausungen verdrängt wurden. Schließlich kommt noch ein Papagei hinzu, dessen Wohnbaum ins Wasser stürzte.
Ein Einsiedler am Fluß, kein Geringerer als der Boddhisattva, rettet die vier, bringt sie in seine Hütte, wärmt sie und gibt ihnen zu essen. Aber da er die Tiere, als die Schwächeren, stets vor dem Prinzen versorgt, fängt Duttha an, seinen Wohltäter zu hassen. Zum Abschied versprechen Ratte und Schlange dem Einsiedler große Schätze, die sie hüten, der Papagei will ihm Wagenladungen von rotem Reis liefern, und der Prinz sagt: «Wenn ich zur Regierung gelangt bin, so kommt zu mir. Es wird mir eine Ehre sein, euch die vier Dinge, die ein Mönch zum Leben braucht, zu gewähren.»
Wenig später stirbt der König von Benares, und Duttha, der Bösewicht, wird sein Nachfolger. Nun zieht der Einsiedler los, um die vier auf die Probe zu stellen. Ratte, Schlange und Papagei empfangen ihn ehrfürchtig und bieten ihm erneut ihre Schätze an. Aber als er in die Stadt kommt, entdeckt ihn der neue König, der gerade auf einem Elefanten spazieren reitet, sofort. Er läßt ihn von seinen Dienern gefangennehmen und zum Richtplatz führen. An jeder Straßenkreuzung müssen sie ihn auspeitschen. Der Heilige schreit und klagt nicht, sondern sagt jedesmal nur:

> «Gar manchen Menschen gibt es hier,
> von dem mit Recht man sagen kann:
> Fisch aus dem Wasser einen Klotz
> Dir lieber als solch schlechten Mann.»

Die Leute werden schließlich neugierig und fragen ihn aus. Da erzählt er ihnen, wie er ihren jungen König aus dem Fluß gerettet hat.

Aufgebracht schießen die Untertanen Duttha von seinem Elefantensitz und krönen den Einsiedler zum König. Er holt die drei dankbaren Tiere zu sich ins Schloß. Für die Ratte läßt er eine Höhle aus Kristall bauen und ihr jeden Tag duftenden Reis auf einer goldenen Platte reichen. Die Schlange bekommt eine goldene Röhre als Wohnung, der Papagei einen großen goldenen Käfig. Ihr tägliches Mahl besteht aus geröstetem, mit Honig gesüßtem Korn. Alle drei und der Einsiedler-König bleiben bis an ihr Lebensende friedlich und einträchtig beieinander.

In diesen Märchen hat, ebenso wie auf den zahlreichen Gemälden, die Buddha inmitten von Tieren zeigen, die Ratte stets ihren festen Platz. Auch das buddhistische «Jahr der Ratte» (vgl. Seite 75) zeugt von der völlig anderen Einstellung des Mittleren und Fernen Ostens zu einem Tier, dessen bloße Erwähnung bei den meisten Europäern schon Ekel- und Abwehrreaktionen auslöst.

Alle bisher erwähnten Rattenmärchen stammen aus anderen Kulturkreisen, aber zur Ehrenrettung der europäischen Märchenliteratur soll eine norwegische Erzählung den Abschluß bilden: «Der Bursche, der um die Tochter der Mutter im Winkel freien wollte».

Immer wenn das Geld zu Hause knapp wird und der einzige Sohn einer Witwe endlich anfangen soll zu arbeiten, zieht er statt dessen aus, um die Tochter der Mutter im Winkel zu freien. Und jedesmal fällt er unterwegs in ein Rattenloch, dessen Bewohnerin ihn schon zu erwarten scheint – eine Ratte, die einen Schlüsselbund am Schwanz trägt, ihn als Bräutigam begrüßt und zugleich vertröstet, bis ihre Aussteuer fertig sei. Beim erstenmal schenkt die Ratte ihm einen Leinenfaden, den er, ohne sich umzuschauen, hinter sich herziehen soll, bis er wieder daheim ist. Zu dem Liedchen «Vorne kurz und hinten lang! Vorne kurz und hinten lang!» entwikkeln sich aus dem Faden viele, viele Meter feinster Leinwand.

Fürs erste hat die Not ein Ende, die Mutter näht Hemden und verkauft sie. Aber eines Tages ist das Geld aufgebraucht, und die Geschichte wiederholt sich. Diesmal schenkt die Ratte dem Jungen einen Wollfaden, aus dem viele hundert Ellen feinster Kleiderstoff werden, den die Mutter zu Kleidern verarbeitet. Doch auch dieser unverhoffte Reichtum ist eines Tages aufgezehrt, und als der Junge zum drittenmal ins Rattenloch fällt, gibt es keinen Aufschub mehr. Die Ratte bestimmt, daß sie sogleich zur Kirche fahren und heiraten.

Dem Burschen fällt so schnell keine Ausrede ein, er hofft aber, eine Gelegenheit zu finden, um das Weite zu suchen. Zunächst geht er brav erst neben und dann vor der «Hochzeitskutsche» her, einer alten Bratpfanne, auf der die Braut inmitten anderer Ratten hockt. Doch nach einer Weile hört er eine klare, schöne Stimme hinter sich sagen: «Nun ist der Weg gut! Komm, mein Schatz, und steig in den Wagen!»

Als er sich umdreht, wären ihm vor Staunen «fast Nase und Ohren weggefallen». Denn aus der alten Bratpfanne ist ein prächtiger Wagen geworden, den sechs weiße Pferde ziehen, und darin sitzt «eine Jungfrau, so licht und schön wie die Sonne, und um sie herum andere, die waren so hell und freundlich wie die Sterne». Es sind eine Prinzessin und ihre Gespielinnen, die alle miteinander verzaubert gewesen waren. Aber nun hat der Bursche sie erlöst, weil er zu ihnen heruntergekommen ist und ihnen nie widersprochen hat. Nach der Trauung fahren sie ins Schloß der Prinzessin, lassen die Mutter des Burschen holen und feiern 14 Tage lang Hochzeit.

Dieses Zaubermärchen erinnert, obwohl simpler im Aufbau, an das Kunstmärchen «Die weiße Katze» von *Madame d'Aulnoy* aus dem 17. Jahrhundert, ist aber nicht einfach eine Transfiguration auf bescheidenere Verhältnisse: Ratte statt weißer Katzenschönheit, lustiger, aber im Grunde nichtsnutziger Bursche statt Königssohn, der die exzentrischen Forderungen seines Vaters zu erfüllen hat. Denn in «Die weiße Katze» liebt der Prinz die weiße Katze von Anfang an und möchte bei ihr bleiben, in ihrem Katzenschloß. Er muß ihr aber, um sie zu erlösen, Kopf und Pfoten abschlagen, wozu er sich erst nach langem innerem Kampf überwinden kann. In dem norwegischen Märchen ist es umgekehrt: Der Junge findet die Ratte häßlich und widerlich und überlegt nur, wie er ihr entkommen kann. Er macht weite Umwege zu der «Tochter der Mutter im Winkel», stolpert aber immer wieder in das Rattenloch und ist beim drittenmal ebenso entsetzt darüber wie zuerst, obwohl er doch inzwischen zweimal reichlich belohnt wurde. Er scheint aber seine Abscheu gut getarnt zu haben und kann, nur da er «nicht widerspricht», den Zauber lösen.

Der Charme des norwegischen Märchens liegt in den Details, der Zeichnung der Mutter zum Beispiel, die trotz ihrer Sorgen und des Kummers um den Sohn, der nicht arbeiten will, sich immer wieder größte Mühe gibt, ihn so gut wie nur möglich herauszuputzen, wenn er auszieht, um die Tochter der Mutter im Winkel zu freien. Seine Originalität liegt in der Tatsache, daß es nach all den in Bären, Katzen, Rehen, Raben und Schwänen verzauberten Prinzen und Prinzessinnen hier eine unscheinbare Ratte ist, die schließlich Erlösung findet. Leider erfährt man nichts über die Hintergründe; die Ursache für die Verzauberung wird nicht einmal angedeutet.

Als Kunstmärchen gilt der «Rattenkönig Birlibi» von *Ernst Moritz Arndt* (1769–1860), eine eher kuriose Geschichte, die auf Gruselelementen und falschen Vorstellungen über die Sozialordnung von Ratten aufbaut.

In dem stralsundischen Dorf Altenkamp, das zwischen Garz und Puthus am Ostseestrand liegt, lebt der gutsituierte Bauer Hans Burwitz, der auch «ein tüchtiger Jäger» ist. In der Walpurgisnacht begegnet er Birlibi, dem mächtigen Waldkönig, inmitten seines Gefolges von Füchsen, Mardern, Wieseln, Iltissen, Siebenschläfern, Hamstern, Murmeltieren, Ratten und Mäusen.
Groß wie ein Mastochse saß der Rattenkönig auf einem goldenen Wagen neben seiner Königin, die «so fett war, daß sie glänzte», auf dem Kopf eine goldene Krone und in der Hand ein goldenes Zepter. Sechs magere Wölfe zogen den Wagen, zwei Kater standen hinten drauf, brennende Fackeln in der Hand, und «miauten entsetzlich». Als Trommler zogen zwölf Hasen voran, die müssen «anderen Mut machen, weil sie selber keinen haben».
Auf Hunderten von Wagen wird das Festessen herangekarrt; Hans Burwitz hilft gezwungenermaßen beim Entladen und wird mit Golddukaten entlohnt. Auch im nächsten Jahr nimmt er an dem nächtlichen Walpurgisfest im Walde teil und sammelt noch mehr Dukaten ein. Dann widersteht er – inzwischen reich geworden – der Versuchung und muß nach Jahren des Wohlstands dafür büßen, daß er

dem Rattenkönig den Dienst aufgekündigt hat. Ein Tagelöhner im Alter, dankt er Gott, daß er ihm Ratten und Mäuse als seine Bekehrer geschickt, denn sonst «wäre ich wohl nicht in den Himmel gekommen, und der Teufel hätte seine Macht an mir behalten, und ich hätte dort im Jenseits endlich auch nach des Rattenkönigs Pfeife tanzen müssen».

Der Rattenkönig Birlibi ist nichts anderes als eine Erscheinungsform des Leibhaftigen, der auch im Märchen nicht unbedingt mit Huf und Hinkefuß auftreten muß. In der übrigen Märchenliteratur tauchen Rattenkönige kaum auf, was übereinstimmt mit dem, was Verhaltensforscher über das Leben der Ratten im Familienclan aussagen: Da gibt es keinen Boss, und die jüngeren Tiere sind eher überprivilegiert.

Als «Rattenkönig» wird eine seltsame, bis heute nicht eindeutig geklärte Erscheinung bezeichnet, die in der Natur bei freilebenden Ratten bisher an die fünfzigmal beobachtet wurde: Man fand Gruppen von meist noch nicht erwachsenen Ratten, deren Schwänze so eng miteinander verschlungen oder verknotet waren, daß sie sich nicht mehr voneinander lösen konnten. Einige dieser «Rattenkönige» werden heute in verschiedenen naturhistorischen Museen aufbewahrt. Fritz Steiniger (siehe Literaturverzeichnis S. 221) bietet folgende, recht einleuchtende Erklärung für die Entstehung des «Rattenkönigs» an: Frierende Ratten schmiegen sich eng aneinander und legen oder wickeln auch die Schwänze umeinander, um sich vor der Kälte zu schützen. Laut Steiniger ist es wahrscheinlich, daß «im Falle eines Erfrierens der Schwänze ein wirkliches Zusammenfrieren zustande kommt».

In dem Märchenroman «Das Leben der Hochgräfin Gritta von Rattenzuhausbeiuns» von *Bettina* (1785–1859) und *Gisela* (1827–1889) *von Armin* werden die Ratten so sympathisch und liebevoll gezeichnet wie kaum sonst irgendwo in der Literatur. Als Erwachsener kann man beim Lesen nur bedauern, dieses Buch nicht bereits als Kind in die Hände bekommen zu haben; vielleicht hätte sich dann die eigene Einstellung zu Ratten bereits frühzeitig ändern können.

Die siebenjährige Gritta haust allein mit ihrem gräflichen Vater, einem schrulligen jähzornigen «Erfinder», und einem alten Diener im verwahrlosten Schloß Rattenzuhausbeiuns.

«So erschienen die Wände auch belebt, wenn in schönen Abendstunden die Welt hochrot gefärbt war und die dunklen Berge von mattem Rosenschimmer bestrahlt; da regte sich die ganze Burg. Es war ein Getümmel von Begraurockten; da balancierten die jungen Ratten auf der schrägen Wand, da kam eine Rattenmutter mit sieben Jungen, die sollten die Abendluft genießen, dort ein dicker Rattenklausner oder gar ein vielköpfiger Rattenkönig; bis zuletzt ein graues Gewimmel die alten Mauern deckte. Dann sah es wohl von weitem aus, wenn sich die Abendsonne in einem Schloßfenster spiegelte, als leuchte sie den alten Steinen – denn dafür hielt man die Ratten in der Ferne – zum Abendtanz, und man hatte Angst, sie würden einmal ganz davonlaufen und den Besitzer ohne Besitz lassen.»

Die Ratten behüten das Kind, wie sie es seiner verstorbenen Mutter, der Gräfin, versprochen haben. Gritta kann die Stimmen der Tiere verstehen. Nach dem Einzug einer neuen Gräfin bitten die Ratten das kleine Mädchen um Schutz vor der ausgebrochenen Putzwut der neuen Mutter:

«Es raschelte im Stroh, sie drehte sich zur Seite; da fing eine feine zimperliche Stimme an: ‹Wir zwei Hof- und Zimmer-, Saal- und Speisekammer-Fräulein der hochgeehrten Ratzenfürstin wollen dich, kleine Gräfin, etwas fragen.› – ‹Na!› sagte Gritta, die schläfrig glaubte zu träumen.

‹Unsere Fürstin ist mit sieben jungen, einen Tag alten Thronerben hier, und es ist im Schlosse kein altes Federwerk mehr, worin die zarten Kindlein wohnen könnten. Das neue wird zuviel ausgeklopft. Ob du wohl erlaubtest, daß die Fürstin in dem Brokatfederkißlein unter deinem Kopf mit ihren sieben jungen geliebten Häuptern sich einnisten könnte?› – Gritta nickte einschlafend; denn sie meinte noch immer, daß sie träumte. Kaum schnarchte sie, als ein langer Zug von Mäusen und Ratten durchs Zimmer wimmelte.

Vier Ratten zogen einen alten Holzpantoffel von Müffert, in welchem die Rattenfürstin mit goldner Krone saß. Ihre Jungen ruhten vor ihr, sie quartierte sich ein in das Federkissen unter Grittas Kopf; das war ein großer Rumor im Kissen.»

Aber natürlich wird das Rumoren im Kissen doch entdeckt. Die zweite Gräfin will es samt den Ratten in den Abgrund werfen. Vergeblich bittet Gritta um Schutz für die Kinder der Rattenfürstin, aber da kommt gerade ein Schausteller vorbei, der die Ratten übernimmt, um ihnen Kunststücke beizubringen. Der Rettung folgt ein Wunder: Der Gänsejunge kauft dem Mann die Ratten wieder ab, für seinen gerade empfangenen Lohn, und bringt sie Gritta zurück.

Als die Stiefmutter die Kleine in ein Kloster abschiebt, machen die Ratten dem gräflichen Paar das Leben in Rattenzuhausbeiuns zur Hölle:

«Es war heilloses Unglück nach Grittas Verschwinden durch sie über das Schloß gekommen: erst geschahen kleine Neckereien, es blieb nichts unangeknabbert, leise fraßen sie sich hinter den Tapeten lang, bis diese raschelnd herabflatterten. Doch immer stärker schienen sie sich zu mehren, in Scharen liefen sie die Treppen herab, den Pagen um die Füße herum, daß sie stürzten. So manchem bissen sie in der Nacht das pomadierte Haar ab und zwickten und neckten ihn, daß er wie toll aufsprang, oder machten die Runde um des Grafen und der Gräfin Lager und sprangen vom Betthimmel in des Federbettes Tiefe. Saß sie tags am Stickrahmen, so blickten sie mit funkelnden Augen aus den Gardinenfalten, sprangen ihr über den Nacken und die Hand; entfiel ihr die Seide, wupdich, waren sie damit in ihren Löchern verschwunden. Keine konnte der Graf töten, selbst wenn er mit dem Schwerte hinterdrein fuhr. Zuletzt stürzten sie über die vollen Eßtische in Scharen weg, und ein paar unglückliche Katzen, die angeschafft waren, um Jagd auf sie zu machen, hoben die Pfoten auf, damit sie nicht von ihnen umgerannt wurden.»

Schließlich vertreiben sie die beiden samt dem neugeborenen Stammhalter aus dem Schloß. Der Gänsejunge begleitet sie.

Gritta flieht inzwischen mit ihren Freundinnen aus dem Kloster, erlebt viele Abenteuer mit vielen Tieren und Menschen und lernt in einem fernen Land, weit überm Meer, den kleinen Prinzen Bonus kennen. Dort trifft sie auch ihre Eltern wieder, eine geläuterte Gräfin, die Tonwaren verkauft, und einen sanften Vater, der mit selbstgeschnitzten Quirlen und kurioserweise auch Mausefallen handelt. Die kleine Familie, das Brüderchen ist blind, lebt in einem selbstgebauten Nest in einem Baum. Der Hund des kleinen Prinzen Bonus stöbert Gritta auf und bringt ihr eine Einladung ins Schloß. Dort gewinnt sie das Herz des gutmütigen alten Königs, entlarvt mit Hilfe der Elfenkönigin, die ihr Nachrichten von «ihren» Ratten bringt, einen falschen Ratgeber und heiratet schließlich den Prinzen Bonus. Die Hochzeit wird in einem kleinen Waldkloster gefeiert, das elf der aus dem Kloster geflohenen Mädchen inzwischen im dichten Wald erbaut haben, unterstützt von Vögeln und Elfen. Auch Grittas Eltern und ihr blinder Bruder sind dabei, natürlich auch der treue Gänsejunge.

Ratten als Schutzgeister des Hauses, die das Gute verteidigen und für Gerechtigkeit sorgen – das ist für deutsche Märchen so ungewöhnlich, daß nur ein literarischer Außenseiter wie Bettina von Arnim, die als Kind mit Goethe im Briefwechsel stand, und ihre genialische Tochter ein solches Thema finden konnten.

Das von einer Ratte aufgezogene Schloßkind

«Das Kindlein schrie alleine, und der Graf ließ es auch und war halbe Tage lang hinweg; wie oft steckte ich meinen Schwanz in den Milchtopf und flößte ihm die Milch in den Mund oder bepuderte mein Bärtlein mit Zucker und ließ es davon genießen; wie oft schüttelte ich sein Kopfkißchen auf und brummte es halbe Nächte durch in Schlaf. – Du weißt, jetzt wuchs es und wurde größer; wir ließen es nun, denn es gedieh gut, höchstens lief ich hinter ihm her, biß ich schnell in sein Röcklein und hielt es fest.»

gedieh so gut, daß die Autorinnen es am Schluß ihres reizvollen Märchenromans als Vorbild hinstellen für alle Mädchen:
«Hier endet die Lebensbeschreibung der Hochgräfin Gritta von Rattenzuhausbeiuns – dem weißen Wickelkinde, dem klugen Kinde und dem

Muster aller Bräute, die später ein Muster der Königinnen ward, woran ein jedes Kind sich ein Exempel nehmen kann.»

So artig war dieses Kind, daß selbst der Rutenbaum verdorrte. Bei dieser verblüffenden pädagogischen Leistung einer Ratte möchte man allen Kindern Ratten als freundlich-wachsame Spielgefährten wünschen oder wenigstens die frühzeitige Bekanntschaft mit dem Rattenmärchen von Bettina und Gisela von Arnim.

Auch in einem zeitgenössischen Märchen spielt eine Ratte die entscheidende Rolle. In «De Schürolsch un de Ratt» knüpft der Autor *Martin Beheim-Schwarzbach* (1900–1985) an das Grimmsche Märchen vom «Fischer un sine Fru» an.

Eine Putzfrau (Schürolsch) findet beim Reinigen eines Treppenhauses eine Falle, in der sich eine Ratte gefangen hat, die ihr mit kläglichen Augen entgegenschaut. Sie erklärt der Frau, sie sei ein verwunschener Prinz, und bittet sie mit wohlgesetzter Rede (in Plattdeutsch) um Befreiung. Die Scheuerfrau läßt sich schließlich überreden und öffnet die Falle. Blitzschnell verschwindet das Tier in einem Loch unter einer schadhaften Bohle.
Als sie nach Hause kommt, macht der Sohn der Putzfrau ihr Vorwürfe. Einen verwunschenen Prinzen läßt man doch nicht einfach so laufen, man läßt sich doch wenigstens vorher einen kleinen Wunsch erfüllen. Und er, weder mit Reichtümern noch mit Charme gesegnet, wünscht sich so sehr ein ganz einfaches, bescheidenes Mädel – mit hübschen Beinen.
Am nächsten Morgen, in aller Frühe, stellt die Schürolsch sich vor das Rattenloch und sagt ihr Sprüchlein auf:

> «Ritze Ratze swatt un lütt,
> wat ji in de Falle sitt,
> Min arm Jung de hett dat satt,
> wull wat anners as he hat.»

Sofort kommt die Ratte hervor, hört sich die Bitte an und verspricht, dem Sohn zu helfen. Und als die Frau heimkommt, da sitzt bereits ein nettes Mädchen in der Stube. Ein paar Tage lang herrscht «eitel Glück und Zufriedenheit», aber dann ist das einfache Mädel dem Georg nicht mehr gut genug, er wünscht sich eine Temperamentvolle, von der Sonne gebräunt, die den ganzen Tag trällert. Und so geht es weiter, der Schwarzbraunen folgt eine, die für ihr Leben gern Gedichte liest, dann ist eine Ballettratte an der Reihe, dann eine elegante Dame und schließlich eine dämonische Schauspielerin. Getreulich erfüllt die Ratte all diese Wünsche des immer mehr ausflippenden Burschen.

Dann aber wünscht der Georg sich die «göttliche» Greta Garbo frei Haus. Als die Mutter diesmal heimkommt, liegt eine Postkarte von Greta Garbo in ihrer Rolle als Königin Christine auf dem Tisch – und dabei bleibt es. Sooft die Schürolsch ihr Sprüchlein auch noch hersagt, die Ratte läßt sich nie wieder blicken.

9
Die Ratte wird literaturfähig

Die Ratte

Lag eine Ratte, an den Tod verletzt,
lag hinter der Scheune allein,
ihr Fell war blutig und zerfetzt.
Kam das Kind, nahm die Ratte wie ein Kind,
nahm wie eine Mutter sie in die Arme lind —
eia popeia schlaf ein!

Das Mädchen wiegt die Ratte sacht,
hüllt in die Schürze sie ein.
In seinen Augen ein Lächeln erwacht,
und aus dem Lächeln klingt es leis,
ein silbernes Stimmchen singt ganz leis:
eia popeia schlaf ein!

Ratte, totes, entstelltes Tier,
mich ekelt, wie du blutig verschleimt,
vor dem giftigen Aas und faulenden Grind.
Wär Gott der Welt ich und säh das Kind
mit der toten Ratte in seinem Arm —
ich beugte mein Haupt und weint'.

Jaroslav Durych
(1886–1962)

*F*and die Ratte – Sagen, Märchen und Fabeln einmal ausgenommen – früher in der Literatur nur gelegentlich und dann negativ Erwähnung, so widmen Dichter und Schriftsteller ihr neuerdings mehr Aufmerksamkeit, vermischt mit vorsichtiger bis dedizierter Zuneigung.

Stanislaw Lem (geboren 1921), der polnische und wohl bedeutendste Science-fiction-Autor der Welt, Träger zahlreicher Literaturpreise, schrieb die faszinierend-unheimliche Geschichte «Die Ratte im Labyrinth», 1957.

Zwei Freunde, Karol und Robert, fahren zur Jagd. Als Ouvertüre ein Alptraum Karols, des Psychologen und Vivisektors: Eine seiner Ratten im Institut ist aus dem Käfig geflohen und springt ihm aus dem Schränkchen, in dem er seine Versuchsprotokolle verwahrt, direkt auf die Brust. «Von furchtbarer Angst gewürgt, atemlos, mit einem widerwärtigen Krampf in der Kehle», erwacht er.

Robert, der Journalist, blättert nach dem Essen – ein überfahrener alter Hase, der erst gegen Mitternacht «genießbar» wurde – in den Zeitungen und stößt auf die Meldung von einem sich der Erde nähernden kosmischen Sternenschiff. Zwei Stunden später beobachten sie den Einschlag eines riesigen Meteors.

Am nächsten Morgen wollen sie über den See rudern, an dessen Ufer sie die Nacht verbracht haben, um dem Geheimnis auf die Spur zu kommen. Das Boot kentert, sie werden in die Tiefe gezogen und erwachen im Innern eines phosphoreszierenden, glitschigen «Etwas». Sie irren durch gekrümmte Korridore, begegnen ihren eigenen Spiegelbildern und erkennen schließlich zu ihrem Entsetzen, daß sie sich im Körper eines unbekannten, gigantischen Organismus befinden. Ein Organismus aus einer anderen Welt, in dem sie gefangen sind.

Robert, der Journalist, ist es, der schließlich auf den Vergleich mit einem Labyrinth kommt, einem Labyrinth, wie Karol es für die Versuche mit Ratten benutzt. Doppelgänger tauchen auf, jagen die beiden, Robert wird von einem dieser Phantome verwundet. Sein Freund leistet erste Hilfe, verbindet den Bewußtlosen.

«Mit einemmal öffnet er (Robert) die Augen.

Bist du es? fragt er schwach. Nimm die Maske ab …

Was sagst du da? Sei still, liege ruhig! rief ich (Karol).

Ich bitte dich, nimm die Maske ab, wiederholte er und ließ die Lider sinken. Im Labor … trug Karol eine Maske … damit die Ratten im Labyrinth … nicht erraten konnten, ob sie auf dem richtigen Wege seien, aber ich … muß nicht … Nimm sie bitte ab …»

Robert stirbt, aber Karol gelingt es, sich zu retten. Im Stadtkrankenhaus von Montreal kommt er, nach Wochen, wieder zu sich. Und sehr viel später, nach seiner Genesung, erklärt Professor Gadshill, «der Ruhm der kanadischen Psychologen» ihm, was Robert mit seinen letzten Worten gemeint hat: «Er sprach zu jenem Wesen, er bat es, ihm sein wahres Gesicht zu zeigen, er wollte nicht sterben, ohne zu verstehen – wie eine Ratte.»

Stanislaw Lems Geschichte liegt der alte Gedanke zugrunde: Hätten unbekannte Wesen aus einer anderen Welt, stärker und intelligenter als der Mensch, das Recht, Menschen für ihre Versuche, als ihre Nahrung zu «gebrauchen», wenn sie auf die Erde kämen? Auch Lebewesen von einem anderen Planeten könnten auf die Idee kommen, *sie* seien die Krone der Schöpfung, und Gewalt anwenden, die Gewalt des Stärkeren. So wie wir sie tagtäglich gegenüber denjenigen anwenden, die *uns* unterlegen sind, den Tieren. Vom Standpunkt der Ratte haben wir gewiß nicht das Recht, sie sterben zu lassen, «ohne zu verstehen». Von unserem Standpunkt haben uns überlegene Wesen aus anderen Welten dieses Recht gleichfalls nicht.

Die Schriftstellerin *Patricia Highsmith* (geboren 1921) verfaßte das Buch «Kleine Mordgeschichten für Tierfreunde», das als deutsche Erstausgabe 1976 erschien.

 In «Die tapferste Ratte von Venedig» erzählt sie von zwei italienischen Buben, Carlo und Luigi, die eine im Kanal Rio San Polo paddelnde junge Ratte entdecken. Sie schlagen mit einem

Stock auf sie ein, schneiden ihr, zu ungeschickt, sie zu töten, mit einem schnell aus der Küche herbeigeholten Fleischmesser den linken Vorder- und den rechten Hinterfuß ab und stechen ihr ein Auge aus. In ihrer Todesangst beißt die «Scheißratte» Luigi ins Handgelenk, nur ein winziger roter Punkt ist zu sehen, und bringt sich während der Schrecksekunde schwimmend rasch außer Reichweite.

Im Keller eines verlassenen Krämerladens, ihrem Zuhause, kuriert das fünf Monate alte Rattenmännchen ein wenig seine Wunden aus. Zwei Tage später wird der Rattenclan ausgerottet, mit Wasser und Gift, Tritten und Schlägen. Unsere Ratte jedoch kann sich in letzter Sekunde durch ein kleines Loch in der Wand «gerade groß genug zum Durchschlüpfen» retten. Sie schlägt sich bei nächtlichen Streifzügen durch, denn am Tage läßt man sich als Ratte besser nicht sehen, nimmt sogar ein wenig an Gewicht zu, und die Wunden verheilen langsam.

«Ging die Ratte jetzt auf eine Katze los, so wich die meistens etwas zurück, und zwar – das spürte die Ratte – weil der Angreifer so furchterregend aussah mit den zwei Beinstümpfen und dem blinden Auge.» Eines Tages, bald nach der ersten «kurzen, angenehmen Begegnung» mit einem Weibchen, gelangt das Rattenmännchen sogar auf die Piazza San Marco, am hellichten Tage. Und dort erlebt es einen Triumph, wird gewürdigt, bewundert.

Ein älteres amerikanisches Ehepaar wird aufmerksam auf das Tier, das zwischen den Stuhlbeinen eines Cafés nach Krumen sucht. Die Frau macht einen Schnappschuß und

«lachte so glückselig, als habe sie soeben den Sonnenuntergang am Kap Sounion oder in Acapulco aufgenommen. Der Mann füttert die Ratte mit dem Rest eines Frankfurter Würstchens. ‹Das ist bei Gott ein tüchtiges Tier›, sagt er. ‹Stell dir mal vor, was es durchgemacht haben muß. Und kein Gedanke an Aufgeben. Enorm – findest du nicht?›»

Helen, die Frau, freut sich. Ihr Mann, Alden, der nur noch ein paar Monate zu leben hat, «sah besser und glücklicher aus» als in den letzten Wochen. Sie war der Ratte geradezu dankbar.

«Man stelle sich vor: einer Ratte dankbar zu sein, dachte sie. Als sie wieder hinblickte, war die Ratte verschwunden. Alden lächelte ihr zu. ‹Du, das wird ein extraschöner Tag für uns heute›, sagte er. ‹Ja.›»

Die beiden lieben Menschen aus Massachusetts konnten nicht ahnen, was der tapferen Ratte noch alles bevorstand. Wenig später läuft sie in eine Falle. Ausgerechnet ihr Intimfeind Carlo entdeckt sie zwischen zwei Kisten mit Fisch und Eis vor einem Krämerladen. Er erkennt sie, stülpt schnell einen Karton über das Tier und setzt sich drauf. Brüderchen Luigi hilft dem Jüngeren. Mit einer Holzlatte prügelt er auf die Ratte ein, bis sie sich, betäubt und wehrlos, von den Buben im Karton fortschleppen läßt.

Während die Mama zum Abendessen ruft, wollen die beiden noch schnell «ihre» Ratte ertränken. Aber die entkommt ihnen abermals und flieht ins Innere des Hauses, die Treppe zum ersten Stockwerk hinauf. Die Brüder müssen die Verfolgung aufgeben und am Eßtisch erscheinen. Anschließend geht es mit Papa und Mama ins Kino, nur der kleine Antonio, zwei Monate alt, bleibt daheim, behütet von Babysitter Maria-Teresa. In einem unbewachten Moment springt die Ratte, auf der Suche nach einem Ausweg aus «dem verdammten Haus», auf die Wiege …

Und jetzt zeigt die Highsmith ihre Krallen: Die siebzehnjährige Maria-Teresa rast, kopflos vor Entsetzen, zum Telefon und ruft Cesare zu Hilfe, ihren Freund. Sie begrüßt ihn, leichenblaß und tränenüberströmt, mit den Worten: «Die Ratte hat das Baby gefressen.» Nein, gefressen hat sie es nicht, aber sie hat ihm – «ein seltener Genuß» – die Nase abgebissen. Das Krankenhausboot kommt, zwei Ärzte holen das Baby ab. Seine Überlebenschance steht fünfzig zu fünfzig.

Und dann, zwanzig Minuten vor elf, kommt die Familie heim. Bewaffnet mit leeren Weinflaschen, Messern, Schemel, Feuerhaken und Eisenstange suchen sie erbittert die Ratte. Vergeblich, «nur wurden verschiedene Möbel bei der Suche leicht angeschlagen». Wo aber war die «Scheißratte»? Längst entkommen, «und zwar durch die breite Abflußröhre im Küchenfußboden. Die Nacht war sehr dunkel und das bedeutete Sicherheit. Mit ihrem rollenden Gang setzte sie ihren Weg fort. Eine neugierige Katze wagte es, näher zu kommen und sie zu mustern. Die Ratte starrte einen Augenblick zurück und sprang. Die Katze tat einen Satz in die Luft und verschwand.»

Nach diesem Einstieg in die Literatur fand die Ratte bald neue Freunde unter den Schriftstellern. Eher episodischen Charakter hat das Auftreten von Ratten in dem Roman «V» (V wie Victoria, V-Waffe, Venus, Veronica) des Amerikaners *Thomas Pynchon* (geboren etwa 1940), der bei uns 1976 erschien.

Dort begegnen wir dem Pater Fairing, der «während der Wirtschaftskrise der dreißiger Jahre, in einer Stunde apokalyptischen Glücks», zu der Überzeugung gelangt war, «daß nach dem Untergang New Yorks die Ratten die Macht übernehmen würden», und zwar binnen Jahresfrist.

«Und da es nun einmal so war, hielt es der Pater für das beste, den Ratten einen vernünftigen Start zu ermöglichen, das heißt, sie zum katholischen Glauben zu bekehren. Eines Nachts zu Beginn Roosevelts erster Amtsperiode kletterte er durch den nächstgelegenen Kanalschacht hinunter, nahm einen Baltimorer Katechismus, sein Brevier und (aus Gründen, die niemandem bekannt sind) eine Ausgabe von Knights ‹Modern Seamanship› mit. Das erste, was er tat (entsprechend seinem Tagebuch, das Monate nach seinem Tod gefunden wurde), war, alles Wasser, das jemals zwischen Lexington und East River und zwischen der 86th und der 79th Street fließen würde, auf ewig zu weihen. Das auch war das Gebiet, das Pater Fairings Gemeinde wurde. Dieser Gnadenakt sicherte ihm einen stets ausreichenden Vorrat an Weihwasser; darüber hinaus löste er das Problem individueller Taufen, wenn er erst einmal alle Ratten seiner Gemeinde zum rechten Glauben bekehrt hatte. Außerdem erwartete er, daß auch andere Ratten erfuhren, was unter der oberen East Side vor sich ging, und gleichermaßen kommen würden, um sich zu bekennen. So würde er der geistige Führer der Erben sein. Er erachtete es nur als ein geringes Opfer, daß sie ihm täglich drei der Ihren überließen, um ihn physisch am Leben zu halten, als Gegengabe für die geistige Nahrung, die er ihnen schenkte.

So baute er sich also am Rande eines Kanals eine kleine Hütte. Seine Soutane war ihm das Bett, sein Brevier das Kissen. Jeden Morgen entzündete er ein kleines Feuer aus dem Treibholz, das er gesammelt hatte. In der Nähe war eine Einbuchtung im Beton, die unter einem Regenwasserabfluß lag. Hier trank er und wusch sich. Nachdem er als Frühstück eine gebratene Ratte gegessen hatte (‹Die Leber›, so schrieb er, ‹ist besonders zart.›), machte er sich an seine erste Aufgabe: zu lernen, wie man sich mit den Ratten verständigen konnte. Offenbar gelang es ihm.»

Individuelle Taufe oder nicht, jedenfalls gab er seinen Ratten – nicht denen, die er aß, sondern denen, die seine Gesprächspartner waren – christliche Namen. Da gibt es den Skeptiker Ignatius, der einen bedauerlichen Hang zum Marxismus zeigt, die unglückliche Teresa, die im Glaubenskampf mit Bartholomäus ein Auge einbüßt, den Kandidaten fürs New Yorker Bürgermeisteramt Augustinus («denn er ist ein großartiger Bursche, und alle anderen verehren ihn») und die schillernde Veronica, die Nonne werden wollte und der derbe Kanalarbeiter unerlaubte Beziehungen zu Pater Fairing andichteten. Der Geistliche soll dann in der Kanalisation von New York bei seinen Ratten gestorben sein.

In seinem Buch «Dr. Ratte», in den USA 1971, bei uns 1979 erschienen, beschreibt der amerikanische Autor *William Kotzwinkle* (geboren 1943), der das Drehbuch zu dem Film über das liebenswerte Weltraumgeschöpf E.T. schrieb, wie Tierversuche aus der Sicht des Opfers aussehen.

Erzähler des im Ich-Stil gehaltenen satirischen Romans ist eine bejahrte männliche Laborratte, Dr. Ratte, die in Experimenten im Labyrinth zum Wahnsinn getrieben wurde.

Der irre Dr. Ratte rettet sich in Paradoxon, er kooperiert mit seinen Henkern. Er sieht es als seine Aufgabe an, im ganzen Labor gute Laune zu verbreiten und seinen Mitratten klarzumachen, was für eine bedeutende Rolle sie im Weltgeschehen spielen, wenn sie gefügig und brav alle Qualen erdulden. Denn schließlich winkt eine Veröffentlichung im Mitteilungsblatt des Instituts, womöglich mit Foto.

Wer wollte da als Ratte sich nicht freudig das Hirn oder die Lumbalflüssigkeit heraussaugen lassen oder sich, als Männchen, die Eier eines Rattenweibchens auf Schwanz, Ohr, Bauch und Auge verpflanzen lassen und was dergleichen kleine Beiträge für die Wissenschaft mehr sind?

Mißmutig und zunehmend irritiert beobachtet Dr. Ratte, der hochgelehrte, wahnsinnige, wie im Labor eine Revolution ausbricht, eine Revolution der Tiere. Seine Devise «Tod heißt Freiheit», mit der er Stimmung zu machen versucht bei den Versuchstieren, verfängt nicht mehr.

«Eine Gruppe rebellierender Rattenmütter marschiert auf dem Laufrad herum und schreit Parolen. Ihre Anführerinnen sind zwei Ratten, die letzte Woche zusammengenäht wurden. Das war eine schöne und wichtige Parabiose. Die Haut wurde ihnen vom Kopf bis zum Schwanz aufgeschlitzt, dann verband man ihr Fleisch sowie ihre Schlüsselbeine und Bauchmuskeln miteinander (vgl. meinen Aufsatz «Parabiotische Ratten», *Exper. Biol.,* 1972). Solche Beiträge zur Wissenschaft sind unschätzbar in ihrem Nutzen für die Menschheit. Wie können diese Ratten nur so egoistisch sein! Daß wir die tiefere Bedeutung des Zusammennähens zweier Ratten noch nicht erkannt haben, bedeutet doch noch lange nicht, daß wir nicht schließlich dahinterkommen. Wir werden weiternähen! «Verschließt eure Ohren, Mitratten! Hört nicht auf diese unverantwortlichen Anführerinnen! Denkt daran, daß wir einen Beitrag zur Forschung leisten, zur Rettung des Lebens von Millionen Menschen ...»

«Bitte, sehen Sie sich meine neugeborenen Rattenkinder an, Doktor. Sehen Sie nur, wie sie spielen und herumhüpfen. Warum sollte man ihr Leben mit schrecklichem Essen und entsetzlichen Operationen zerstören?»

Ein Buch für starke Nerven. Der bösartige Irre führt als makaberer Cicerone den Leser durch ein Schreckenskabinett, das jeden das Gruseln lehren kann. Aber hier handelt es sich nicht um erlesene Scheußlichkeiten, die eine menschliche Phantasie zum Nervenkitzel übersättigter Zeitgenossen ersann, sondern um Realität. Die Versuche werden nicht einmal geschildert, nur angetippt – Beispiel: «Die Enthauptung ist die beste Methode, Blut von einem ungeborenen oder neugeborenen Rattenjungen zu bekommen» – und belegt: «Naturwiss. Ertr. 1974».

Entsetzt muß Dr. Ratte mitansehen, wie die Ratten die Folterwerkstatt Labor in Besitz nehmen und verwüsten. Bald schon wagt er es nicht mehr, als Anwalt des vermutlich friedlich in seinem

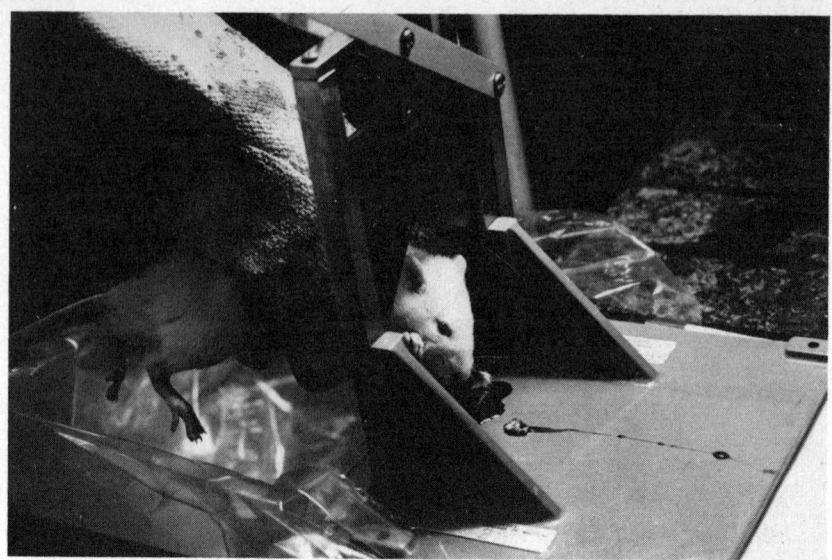

«Die Enthauptung ist die beste Methode, Blut von ungeborenen oder neugeborenen Ratten zu bekommen», siehe Seite 143.

Bett schlummernden Professors aufzutreten, um Ruhe und Ordnung wiederherzustellen, sondern kämpft als dessen Komplice mit wechselnden Tarnungen heimlich gegen den Strom, gelegentlich auch um sein Leben – ein Wahnsinniger, der um seinen Wahnsinn weiß, sich verliebt an ihn klammert und alles daran setzt, dem Wahnsinn seiner kleinen Welt Bestand und Dauer zu verleihen. Ein vergeblicher Kampf auf verlorenem Boden, die Endzeitlösung des Autors sieht anderes vor.

Ein zweiter, parallel entwickelter Handlungsfaden bringt verwandte Strömungen der Außenwelt ins Spiel. Alle Tiere – und dazu gehört bekanntlich auch der Mensch – werden aufgerufen zu einer großen Konferenz. In Scharen strömen sie dorthin, auch die Alten, Weisen, die es besser wissen müßten und wider besseres Wissen einer Verlockung erliegen, die mächtiger ist als alle Erfahrung. Den Anfang machen die Hunde, die Stiere und Schweine von den Schlachthöfen in Chicago, der von einem im Zoo gefangengehaltenen Elefant aus seinem Käfig befreite Kaiseradler, die Tiere des Waldes, des Dschungels, Vögel, Schlangen, Schildkröten – alle verlassen ihre Heimat, brechen auf zur großen Konferenz.

Was soll sie bringen? Gerüchte schwirren, Genaues weiß niemand. Während der Massenexodus der Tiere Behörden, Regierungen, Polizeikräfte und Armeen auf den Plan ruft, zertrümmern die Ratten die Folterwerkzeuge im Labor, essen sich satt, feiern, lieben sich, beobachten aber auch auf dem Bildschirm das Geschehen in der freien Natur, in Stadt und Land, sammeln Daten über die Greuel, die ihnen widerfahren sind, und formieren sich. Dr. Ratte verliert eine Position nach der anderen, wird gedopt, vernascht, bedroht und gejagt. Aber nichts kann ihn in seinem festen Glauben an die Sendung der Wissenschaft beirren.

Ein einziges Mal kommen in Kotzwinkles Roman Menschen vor, Humaniaks, wie Dr. Ratte sie nennt in Anlehnung an die rüde Laborsprache, rührselige Gefühlsduselanten, die sich einbilden, auch Tiere empfänden wie wir – oder doch sehr ähnlich – und hätten ein Recht auf Leben. In diesem Fall sind es Musiker, denen ja ein gewisses Maß an Emotionen zugestanden wird.

«Ich bin Jonathan Downing von der BBC und an Bord der *Triton II;* unser Kapitän ist Alan Black, der gut vierzig Jahre Atlantik-Erfahrung auf Kriegsschiffen und Walfängern hinter sich hat. An Deck befindet sich auch unser aus Tontechnikern und Kameraleuten bestehendes BBC-Team, sowie – die zentrale Figur auf dieser Reise – Sir James Jeffries, der Leiter des Londoner Festival-Orchesters, dessen sechzig Mitglieder im Augenblick vollzählig um uns an der Reling versammelt sind, über die Wellen hinwegblicken und hoffen, die Erkennungsfontäne eines Wales zu sehen.»

Für die sich langsam sammelnden Wale spielen die Musiker die «Huldigung an die Tiere» – und einige Stunden später erfolgt die Antwort der Wale: Sie singen den zweiten Satz der Komposition. In ekstatischer Begeisterung glaubt der alte Künstler, die Lösung des Weltproblems, des ewigen interspeziären Mißverständnisses in der Schöpfung, gefunden zu haben:

«Wir haben die Meistersinger gekreuzigt, und sie sind vor unseren Augen wiederauferstanden, auferstanden aus dem leeren, toten Vergessen, dem wir sie in unserer ungeheuren Dummheit überantwortet haben. Nun weinen wir, während sie vor uns schwimmen und singen – von ihren fremdartigen Freuden, ihren großen Wonnen und ihrem tiefen Schmerz.

Und so überblicke ich nun alles, sie haben es mir ins Hirn gepflanzt, in meine Träume: den Code zwischen unseren Rassen. Die Musik wird uns retten, wird den Planeten retten, wenn etwas dazu imstande ist, Musik von so hypnotischer Macht, daß die Menschen ihre Waffen fallen lassen und aufs Meer, in den Himmel, zu den bewaldeten Höhen den Blick richten werden.»

Auch die Tiere des Landes und der Luft erleben einen Augenblick, eine Stunde des vollkommenen Glücks, als sie ihr Ziel, die große Ebene in der Savanne, den Versammlungsort, erreicht haben. Rivalitätsdenken, Feindschaft und Artegoismus sind von ihnen abgefallen, als habe es sie nie gegeben. Eine große Freude, ein ungeheueres Gefühl der Einheit mit allem Lebendigen erfüllt sie. Und das Wissen, daß etwas Großes auf sie zukommt, etwas, was alles von Grund auf ändern und zurechtrücken wird.

Noch warten sie auf den Menschen. Und er kommt, als letzter, bis an die Zähne bewaffnet, mit Gas und Panzern, Bombengeschwadern und Zielfernrohren. Alles, was sich bewegt, wird hingeschlachtet, ein letztes Mal. Ein letztes Mal? Ja, denn nach diesem Massaker gibt es keine Tiere mehr auf der Welt. Den wenigen Überlebenden fehlt der Wille zum Leben, sie folgen freiwillig ihren Brüdern in den Tod. Vögel fallen vom Himmel, die Tiere in den Zoos legen sich nieder zum Sterben. Und die Wale, die «Meerjungfrauen» mit den herrlichen Stimmen, finden sich in Scharen in Küstennähe ein und lassen sich abschlachten.

Der erste, der merkt, was wirklich geschehen ist, ist der verrückte Dr. Ratte. Er hat, sich selber mit Durchhalteparolen aufputschend, seine Leidensgefährten, die Laborratten, inzwischen durch Zerschlagen aller Pestilenzien in Reagenz- und anderen Gläsern ins Jenseits geschickt. Aber bevor die Rebellen starben, zündeten sie noch das Labor an. Dr. Ratte, der das Glück noch einmal auf seiner Seite hat, findet als einziger einen Ausweg. Und entdeckt, zum erstenmal in seinem Leben im Freien, daß er das einzige Tier ist im Erdkreis.

«Leer. Alles verödet. Kein einziges Tier mehr irgendwo auf der Erde ... Die Menschheit funktioniert noch. Aber keine huschenden Füßchen mehr im Gras. Kein geschmeidig gleitender Katzenschatten. Kein einziges Miau, kein Zwitschern, kein einsames Bellen in der gesamten Schöpfung.»

Übrig bleibt ein Verräter, alt, kastriert sowieso, wahnsinnig obendrein, ein Ratterich, der nicht weiß, wohin.

Die Endlösung nach William Kotzwinkle: Eine Welt ohne Tiere.

Mit der entgegengesetzten apokalyptischen Version – einer Welt ohne Menschen – konfrontiert uns *Günter Grass* (geboren 1927) in seinem 1986 erschienenen Roman «Die Rättin».

Die Rättin ist ein Buch, für das Günter Grass den Nobelpreis verdient hätte. Doch wenn man bedenkt, wer so alles den Nobelpreis bekommt und was die so alles mit Ratten anstellen, damit sie ihn bekommen, sollte man dem Grass vielleicht eher gratulieren, wenn er ihn nicht bekommt. Sonst muß er am Ende so einem noch die Hand geben beim großen Empfang in Stockholm, und damit wäre seine Rättin gewiß nicht einverstanden. Die würde es ihm glatt verbieten, und von ihr ließe er es sich vielleicht sogar verbieten. Und außerdem würde ihm ja selber grausen vor so einer Hand.

Denn seine Weihnachtsratte, das Rättlein, die liebt er, mehr noch als die schön gelockte, nach der versunkenen Stadt Vineta schippernde Damroka, was er natürlich nie zugeben würde. Die hockt mit ihm am Radioapparat und hört das dritte Programm, am liebsten Schulfunk, und ordnet bestimmt, wenn er nicht hinschaut, mit flinken Fingern den Zettelwirrwarr in seiner Werkstatt (die Rättin, nicht die Damroka), die flüstert, pfeift, zischt ihm in Rattenwelsch, Hochdeutsch und Kaschubisch ins Ohr, warum es so kommen mußte, wie es schließlich gekommen ist, zur Auslösung des langprogrammierten Weltuntergangs, den nur Ratten überlebten, zinkgrüngefärbt nun, außerdem ein paar weiße Sperlinge, rosafarbene Tauben, gelbe Feldmäuse und Fliegen, die lebende Junge gebären. Und der Erzähler natürlich, aber der kreist, ein technischer Idiot wie die meisten intelligenten Menschen, hilflos wie ein Baby in einer Weltraumkapsel um den zerstörten Globus, als Empfänger der Lektionen, die ihm die Rättin erteilt. In den Pausen läßt sie ihn träumen, von Oskar Matzerath, ehemals Blechtrommler, und seiner vielberockten Großmutter, von Hänsel und Gretel im sterbenden Wald, ja sogar von der Damroka, gelegentlich.

Problem- oder gar nahtlos erfolgte das Überdauern der Ratte nicht, nach Ultemosch, was in Rattenwelsch «Ultimo» heißt. Viele Würfe mußten «verbissen» werden, wie die Rättin berichtet, weil sie mit fehlenden Gliedern, offenen Köpfen, knotigen Schwänzen zur Welt kamen. Und nur dem freiwilligen Opfer zahlloser Alttiere, die mit ihren Körpern die Zugänge zu den unterirdischen Fluchtbauten «pfropften», verdanken die Ratten, daß sie, mit zinkgrün-mutiertem Fell zwar, die unbewohnbare Erde posthuman noch immer bevölkern. Den Alttieren und ihrem Vorauswissen, das ihnen, gerade rechtzeitig noch, riet, sich einzubuddeln in die Erde, so tief wie nur möglich.

Vorher noch versuchten sie, auch die Menschen zu warnen, und sei es, einigen Punks zuliebe, die ihresgleichen Zuneigung und Zärtlichkeit geschenkt hatten. Am nordischen Himmel zum Beispiel wurden Rattenwolken gesichtet, Scharen fliehender Ratten, unübersehbar. Auf zierlichen Füßen liefen sie in geballter Menge am hellichten Tage durch die Straßen der Metropolen, demonstrierten ihre Furcht, ihre Vorahnung des kommenden Weltuntergangs. Die Menschen begriffen nicht, schickten Polizei, Militär, Flammenwerfer – und gingen zur Tagesordnung über, als das Vernichtungswerk geglückt schien. Keine Zeit zur Besinnung mehr blieb ihnen in der Stunde 0.

In einer beklemmenden Retrospektive faßt der einsame Beobachter in der letzten Raumkapsel, die den Erdball noch umkreist, zusammen, was er sieht und was die Rättin ihm zeigt: Verbrannte Erde, qualmende Trümmer, ein paar unverletzte Städte, totenstill wie riesige Friedhöfe, Danzig zum Beispiel, die ihrer Kunstschätze wegen «nur» mit Neutronenwaffen entvölkert wurden – und Ratten, die sich vermehren, von Nahrungssuche auf Nahrungserzeugung übergehen müssen, zu Tagtieren werden, Getreide, Linsen und vor allem Sonnenblumen anpflanzen und in dem feuchtmilden Klima nach der großen Katastrophe mehrfach im Jahr ernten.

Und die letzte Bedrohung, als eine Gruppe von Mutanten auftaucht, Nachkömmlinge von kleinen genmanipulierten Geschöpfen, halb Mensch, halb Ratte, knapp meterhoch, die ein allerletzter humanoider Versuch, vorübergehend die Danziger Rattenvölker unterwerfen, bis diese sich solidarisieren gegen die blauäugigen, blondgelockten Menschenratten.

Was bleibt, sind Ratten, die langsam wieder die Normalfarbe ihres Fells zurückgewinnen und jedes Interesse an den kläglichen Resten menschlicher Hinterlassenschaft und vermutlich auch bald jede Erinnerung an das Menschengeschlecht verlieren...

Die anonyme Laborratte, der tapfere Ratterich, der irre Dr. Ratte und die kluge Rättin – eines ist ihnen gemeinsam: Sie sind keine Ekeltiere. Ihr Schicksal, ihr Reden und Wirken mag Widerspruch erregen, Protest und Ablehnung, aber keinen Abscheu. Patricia Highsmiths Rattenmännchen von Venedig kann sich messen an Bim Schwarzohr, dem herumgestoßenen Hund, dessen Leidensweg der russische Autor Gawriil Trojepolski schildert. Die Rättin von Grass ist E. T. A. Hoffmanns weltberühmten Kater Murr verwandt, zugleich aber haushoch überlegen.

Während in weniger anspruchsvollen Büchern Ratten immer noch herhalten müssen zum Ausschmücken von Horrorszenen, hat die erstaunliche Ratte in der literarisch interessanten Szene enorm aufgeholt und viel weniger umstrittene, in der Literatur seit langem beheimatete Tiere im ersten Anlauf überholt.

Man darf damit rechnen, daß die Ratte im einmal gewonnenen Terrain weiter Fuß fassen, neue Freunde, auch unter den Kritikern, gewinnen wird. Zum besonderen Fluidum der großen Mäuse scheint es zu gehören, daß sie zum Nachdenken anregen, zum Nachdenken über Gott und die Welt, Mensch und den Weltuntergang.

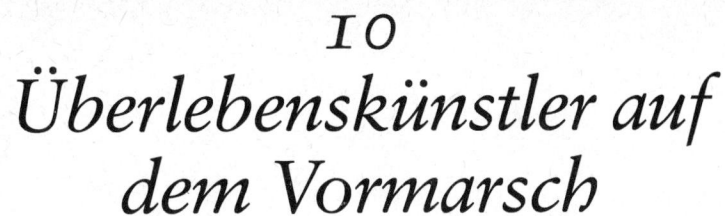

10
Überlebenskünstler auf dem Vormarsch

Rattentöter aus der Zeit
Elizabeths I. von England
(Zeitgenössischer Holzschnitt)

Der Mensch läßt sich, vor allem seit bekannt wurde, daß die großen Mäuse gefährliche Krankheiten verbreiten können, viel einfallen, um die Rattenpopulationen in Schach zu halten. Die Hoffnung, die unbeliebten, aber hochintelligenten Nager ausrotten zu können, hat er allerdings aufgegeben.

Der englische Autor Colin McLaren schildert in seinem 1978 bei uns erschienenen Roman «Rattus Rex» ebenso realistisch wie drastisch das Vorgehen von Kanalarbeitern, Polizei und Militär gegen ein Rattenvolk, das 1863 die Londoner Kanalisation beherrscht haben soll, ein Netz, das ungefähr so lang ist wie der Erddurchmesser.

Am 10. Mai 1979, in einer warmen Frühlingsnacht, wurde eine Frau auf dem Weg zu ihrem parkenden Wagen südlich der City Hall von New York von einer großen braunen Ratte ins Bein gebissen. Weitere Ratten, etwa dreißig an der Zahl, ein ganzer Schwarm, wimmelten um sie herum und schnappten nach den Beinen der laut um Hilfe Schreienden. Endlich kam ein junger Mann herbei, dem es zumindest gelang, die Tiere abzulenken, so daß die Frau ihren Wagen erreichen konnte. Er alarmierte die Polizei, die wenige Minuten später eintraf und einige der Ratten erschoß.

Am nächsten Morgen eröffente das New York City Bureau of Pest Control einen regelrechten Kriegszug gegen die Ratten. Man war besonders beunruhigt, weil die Tiere möglicherweise ohne jede vorhergehende Provokation die Frau angegriffen hatten. Das aber paßt absolut nicht zu dem normalen Verhalten von Ratten. Ratten weichen, wenn sie irgend können, Konfrontationen aus. Jede Abweichung von der Norm aber ist ein Warnsignal. Übrigens wurde nie geklärt, wie es zu dem «Überfall» kam. Die Frau hat sich trotz dringender Appelle der Polizei über Funk und Fernsehen nicht mehr gemeldet.

Die Ratten wurden zunächst mit Gift – als Köder dienten Erdnußbutter-Sandwiches – bekämpft, gleichzeitig schnitt man sie von anderen Nahrungsquellen ab. Die Eingänge zu ihren Wohnbauten wurden mit einer Mischung von Zement und Glas zugegossen. Alle Tiere, die zu fliehen versuchten oder auf andere Weise zu erwischen waren, wurden mit

Schaufeln erschlagen, zertreten, gegen die Mauern geschmettert. Das Ergebnis: Einige Tausend toter Ratten.

In den USA leben heute nach Schätzungen rund 234 Millionen Menschen und rund 235 Millionen Ratten, vorwiegend in den ausgedehnten Slums der Großstädte. Im Weltmaßstab kommen auf jeden Menschen im Schnitt zwei Ratten. Dabei kommt die Bundesrepublik Deutschland mit nur ca. 60 Millionen Ratten und 61,5 Millionen Einwohnern noch gut weg. In Wien entfallen auf rund 1,5 Millionen Einwohner 3,5 Millionen Ratten. 3 Millionen Ratten sollen San Remo bevölkern, und auch in Rom wimmelt es, trotz ca. 140 000 heimatloser Katzen, von großen Mäusen.

In Asien, der Heimat von Haus- und Wanderratte, verschiebt sich das Verhältnis erheblich, und zwar zu ihren Gunsten. Viermal soviel Ratten wie Menschen verzeichnet die Volksrepublik China: ca. 4 Milliarden stehen über 1 Milliarde Menschen gegenüber. In Indien soll es sogar sechsmal soviel Ratten wie Menschen geben, das wären bei einer Bevölkerung von rund 732 Millionen an die 3 Milliarden Ratten.

Da Länder wie *Persien, die Türkei und die Sowjetunion* mit dem bereits erwähnten Reservoir in Kirgisien auch nicht gerade an einem Mangel an Ratten zu leiden haben, ist die Hochrechnung 2 Ratten : 1 Mensch eher eine Untertreibung, es sei denn, die Schätzzahlen für Indien und China wurden um etliches zu hoch angesetzt.

In New York jedenfalls hat man sich in den Slums inzwischen an das Leben mit den Ratten gewöhnt. Bei einem Streik der Müllmänner in den 70er Jahren patrouillierten Ratten ungeniert am hellichten Tage durch die Straßen. Heute gehört es längst zur Routine, daß sie aus den Gullis kommen, um Autoreifen und Scheibenwischer anzunagen.

Die Rattenkiller – das ist ein Berufsstand – richten sich, soweit sie mit Gift hantieren, weitgehend nach den jeweiligen Nahrungsgewohnheiten ihrer Opfer, die wiederum mit denen ihrer «Menschenumgebung» zu tun haben: Spaghetti mit Fleischbällchen, Corned beef und Kohl, Fisch, Katzen- oder Hundefutter aus der Dose, Tomaten, Melonen, Kartoffeln oder Äpfel dienen als Köder.

Doch es genügt nicht, dem Geschmack der großen Mäuse Rechnung zu tragen; die verständigen Ratten ziehen es begreiflicherweise vor, sich giftfrei zu ernähren – soweit das Mensch und Tier heute überhaupt noch möglich ist. Längst sind die herkömmlichen Rattengifte wirkungslos ge-

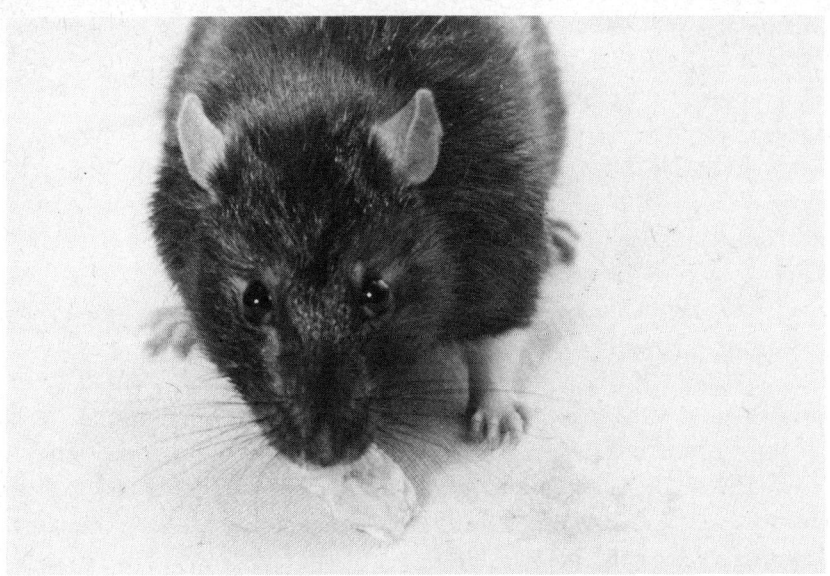

worden, die Tiere schicken ihren *Vorkoster* aus, der das Zeug mit großer Wahrscheinlichkeit auch bereits kennt und, falls nicht, einige Stunden nach dem «Genuß» stirbt. Dann wird der Köder von den anderen verunreinigt, als Warnung für alle Artgenossen. Und da Ratten in der Lage sind, sogar ihren noch ungeborenen Nachkommen die Warnung vor ihnen bekannten Giften als Information zu vererben, fallen unsere im Umgang mit der Zivilisation und ihren Giften vertrauten Ratten immer seltener auf noch so verlockend hergerichtete Köder herein.

In den 50er Jahren, als das Phänomen des Vorkosters in Wissenschaftskreisen schon bekannt war, entwickelten deutsche Chemiker sogenannte Antikoagulantien, die bei Ratten eine Art Bluterkrankheit hervorrufen. Da man an Ratten *alles*, und das ist wortwörtlich zu verstehen, testet, kann kein Zweifel daran bestehen, daß selbstverständlich auch das Gift, das ihre in Freiheit lebenden Artgenossen töten sollte, an Laborratten vieltausendfach ausprobiert wurde.

Die Wirkung dieses Giftes setzt so spät ein, erst mehrere Tage nach der Aufnahme, daß der Tod des Vorkosters zu spät erfolgt, um die anderen Mitglieder des Clans rechtzeitig zu warnen.

Die natürliche Blutgerinnung wird von dem lebenswichtigen Vitamin K gesteuert, das zum Beispiel in Leber, Fischmehl, Gemüse, Tomaten und

155

Lebertran enthalten ist. In den Antikoagulantien aber sind Molekülketten eingebettet, die diesem Vitamin täuschend ähneln – und tatsächlich lassen die Körperzellen sich davon täuschen, bis es zu spät ist und die Entstehung der verschiedenen an der Blutgerinnung beteiligten Stoffe bereits verhindert wurde. Die Tiere sterben an inneren Blutungen, angeblich schmerzfrei (?), da das Blut zu dünnflüssig wird und durch die Zellwände tritt. Allerdings müssen die Tiere mehrmals von den entsprechend präparierten Ködern essen, um genügend Gift aufzunehmen.

Doch auch diesen Anschlag auf ihr Leben haben Ratten durchschaut. Innerhalb nur einer Menschengeneration wurden große Kontingente der Ratten in den USA, England und Dänemark, zum Teil aber auch schon in Deutschland, gegen Antikoagulantien immun. Diese «Superratten», wie die Wissenschaftler sie nennen, haben nun nicht etwa, via Vorkoster, gelernt, den infizierten Köder zu erkennen und zu meiden, nein, sie haben eine viel erstaunlichere, bisher nur von Bakterien und Insekten bekannte Leistung vollbracht: Ratten sind heute in der Lage, das «falsche» Vitamin K in ihrem Körper in echtes zu verwandeln. Wie sie dieses Wunder vollbringen, ist vorläufig noch ihr Geheimnis.

Die Anpassungsfähigkeit der Ratten ist außerordentlich. Sie sind fähig, sich von einem Tag auf den anderen von reiner Körnerkost auf Fisch oder Obst umzustellen und umgekehrt. Sie vertragen – als Kommensalen unserer Abfälle – in der menschlichen Nahrung enthaltene Umweltgifte wesentlich besser als wir. Sie haben sich – ursprünglich wärmeliebend und ausgesprochen reinlich – an ein Dasein im Untergrund, in der feuchtkühlen Kanalisation gewöhnt. Das alles mag zahlreiche Einzelopfer gekostet haben, aber die Art überlebte nicht nur, sie ging gestählt und in unvorstellbarem Maße adaptiert aus alldem hervor.

Gift, so scheint es, hat offensichtlich bei der Rattenbekämpfung so ziemlich ausgespielt. Kaum erfolgreicher war die Bekämpfung der Nager mit Ultraschallgeräten. Ratten reagieren sehr sensibel auf Musik – sie scheinen Musik von Bach Elvis Presley-Liedern vorzuziehen und verständigen sich untereinander vorwiegend in Frequenzen, die im Ultraschallbereich liegen. Auf diesem Prinzip beruhte wahrscheinlich auch der Erfolg der Silberflöte des Rattenfängers von Hameln. In dem ossetischen Märchen aus dem Kaukasus «Den Ratten die Schelle umhängen» spielt die Geräuschempfindlichkeit – Verhaltensforschern zufolge ein Zeichen hoher Intelligenz – der Ratten eine entscheidende Rolle.

Als in einem Dorf die Rattenplage überhand nahm, lockten zwei Bauernjungen zwei Ratten in eine Mehlkiste. Dort konnten sie die Tiere rasch fangen, töteten sie aber nicht, sondern banden ihnen an einem feinen Draht Glöckchen um den Hals und ließen sie wieder laufen. «Das Klingeln war die ganze Nacht vernehmbar.»
Und am nächsten Morgen begann der große Exodus der Ratten. Aus allen Häusern und Scheunen kamen sie, aus allen Abflußöffnungen und Straßen. Ganz am Ende des imposanten Zuges liefen zwei alte Ratten mit Schellen um den Hals, so als trieben sie die anderen vor sich her. «In weniger als einer Stunde war keine Ratte mehr im Dorf zu finden.»

Dies sind singuläre Beispiele, sozusagen Überraschungssiege, die der Mensch im Kampf gegen die ungeliebten Nager errang. An die modernen, herkömmlichen Ultraschallgeräte zu ihrer Vertreibung jedoch gewöhnten die anpassungsfähigen großen Mäuse sich unwahrscheinlich rasch. Nun hat ein kanadischer Konzern ein elektronisches Ultraschallgerät entwickkelt, dessen Frequenz sich ständig ändert, und zwar mit Hilfe von fünf Schallerzeugern, die unabhängig voneinander fortwährend ihre Tonhöhe variieren. Der Effekt: eine Dauer-Kakophonie – für Menschen unhörbar –, ein geballter Nervenkrieg gegen Ratten und alle anderen Tiere, die höhere Tonfrequenzen empfangen können als wir.
Ratten, die – im Versuch natürlich – nicht fliehen konnten, erlitten einen Nervenzusammenbruch. Wie wird es Katzen und Hunden ergehen, die der Nervenfolter zur Vertreibung der Ratten auch ausgesetzt sind? Die komplizierte Maschine soll rund eine Viertelmillion Dollar kosten, dafür aber «flächendeckend» arbeiten. Ihr Einflußbereich liegt bei 465 Quadratmetern. Mag, wer Lust und Zeit dazu hat, sich ausrechnen, wie viele derartige Maschinen erforderlich wären, um alle Ratten dieser Erde – mit Ausnahme natürlich der Laborratten, die werden ja gebraucht –, in den Nervenzusammenbruch oder zu vertreiben. Der Erfolg jedoch ist zu bezweifeln. Ob nicht die Ratten, diese Überlebenskünstler, in kürzester Zeit ultraschalltaub oder etwas Ähnliches werden …?
Ja, welche Methoden bleiben denn noch den Rattenvernichtern? Mühselige Kleinarbeit, unerfreulich und schlecht bezahlt dazu. Da gibt's noch den Leim, auf den Mäuse und Ratten gehen sollen, angeblich unter Beimi-

schung eines Gases, das ihren Tod beschleunigt, aber de facto keinerlei Wirkung zeigt. Der hessische Sozialminister Armin Clauss (SPD) hat in einer Erklärung vom 2. April 1985 die Verwendung leimhaltiger Stoffe bei der Bekämpfung von Nagetieren eindeutig als tierschutzwidrig gebrandmarkt und statt dessen die «altbewährte» Mausefalle empfohlen.

Allerdings sind die Schlagfallen, in denen die Tiere oft nur verletzt werden und dann elendiglich verenden, auch nicht gerade tierschutzgerecht. Ilja Weiss, der erste Vorsitzende des Bundesverbandes der Tierversuchsgegner, gab auf eine diesbezügliche Anfrage vom 24. Januar 1986 die salomonische Antwort: «Im vorliegenden Fall treten wir aus tierschützerischen sowie ökologischen Gründen dafür ein, den Bestand von Mäusen, Ratten und anderen sogenannten Schädlingen ausschließlich mit Hilfe ihrer natürlichen Feinde zu regulieren.» Eine Stellungnahme, der man im Prinzip nur zustimmen kann. Allerdings ist dabei zu bedenken, daß die natürlichen Feinde der Ratten – Greifvögel, Schlangen sowie Groß- und Kleinkatzen – leider den Ausrottungsmethoden der Menschen längst nicht in dem Maße gewachsen sind wie die Ratte.

Auf eine originelle Idee zur Dezimierung ihrer ca. vier Milliarden Ratten kamen die Chinesen. Sie entdeckten plötzlich, daß Rattenfleisch einen «köstlichen Geschmack» habe und empfehlen nun der Bevölkerung, die Nager einfach aufzuessen. In chinesischen Zeitungen werden einschlägige Rezepte veröffentlicht. Nun verwertet die chinesische Küche bekanntlich alles, was irgend genießbar ist – auch Hunde und Katzen werden speziell für den Verzehr gezüchtet, in engen Käfigen wie hierzulande Kaninchen. Ob man sich im Reich der Mitte allerdings damit anfreunden wird, Kanalratten zu essen, erscheint fraglich. Viel eher wäre vorstellbar, daß man anfängt, auch Ratten zu mästen, wovon das ursprüngliche Problem freilich unberührt bliebe.

Auf Jamaika gilt Katzenbraten, gefüllt mit Rattenhaschee, als Delikatesse. In Benin und anderen westafrikanischen Staaten will man neuerdings die Ernährungsgrundlage gleichfalls mit Hilfe von Rattenfleisch verbessern. Bundesdeutsche Entwicklungshelfer kamen auf den Gedanken, zu diesem Zweck Rohrratten in eigens angelegten Farmen zu züchten. Angeblich ist ihr Fleisch bei der Bevölkerung Westafrikas seit eh und je als gelegentlicher Leckerbissen begehrt. Rohrratten gehören allerdings nicht in die Familie der Mäuse, sondern sind stachelschweinartige Nagetiere, erheblich größer als unsere europäischen Ratten.

In Notzeiten hat man allerorts auch Ratten gegessen, so in Deutschland z. B. im Dreißigjährigen Krieg und, wie es heißt, auch in den Hungerjahren nach dem Zweiten Weltkrieg. In dem Buch «Rattenkönig» des Amerikaners James Clavell, das 1977 in deutscher Sprache erschien, züchten amerikanische Kriegsgefangene 1945 in einem japanischen Lager Wanderratten, schlachten die Tiere und verkaufen sie den verhaßten Offizieren als «Kaninchenbraten». Als das Lager geräumt wird, bleiben die Ratten in ihren Käfigen unter der Baracke zurück. Adam, dem Stammvater, gelingt es schließlich, seinen Käfig aufzubrechen, auch Eva, sein Weibchen, kann sich befreien, ebenso die kräftigsten anderen Tiere. Viele aber verhungern und verdursten.

Daß die Ratte, vielleicht als einziges Säugetier, eine echte Chance hat, selbst *den Atomkrieg zu überdauern,* zeigte sich 1958 auf der kleinen Pazifik-Insel Eneu, nur zwölf Kilometer entfernt von dem Bikini-Atoll, das zwölf Jahre lang als Testgebiet der Amerikaner von 23 Atom- und Wasserstoffbomben verheert und verseucht worden war. Amerikanische Strahlenschutzexperten registrierten auf Eneu eine Strahlenbelastung, die weit über dem für Mensch und Tier erträglichen Maß lag. Aus reiner

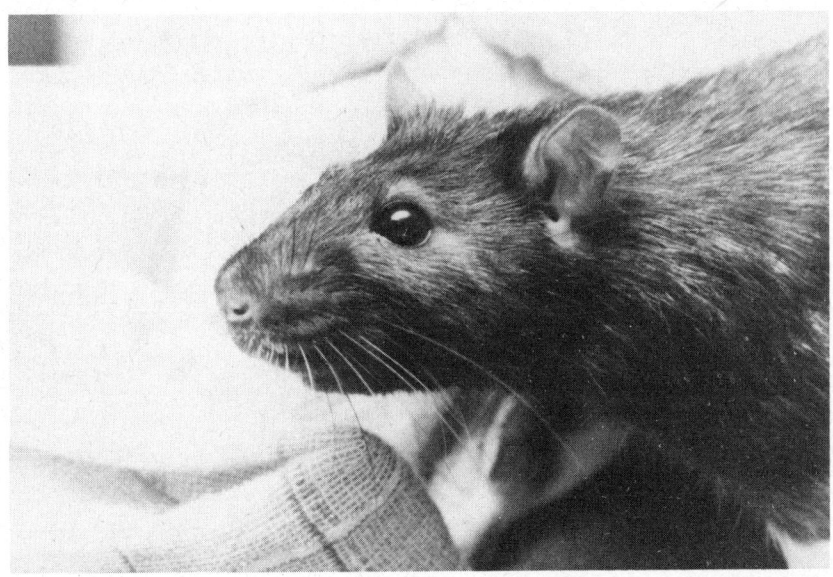

Neugier stellten sie trotzdem eine Falle auf. Am nächsten Morgen saß darin eine wohl genährte und allem Anschein nach kerngesunde Ratte.

Die Anpassungsfähigkeit der Ratte, insbesondere der Wanderratte, an widrige, unnatürliche Umstände ist nahezu grenzenlos. So werden sie auch mit der Luftverpestung unserer Tage sehr viel besser fertig als Menschen und andere Tiere. Sie können in Heizwerken ebenso überleben wie in Kühlanlagen.

Immer beliebter aber wird in Rattenkreisen der Aufenthalt in den vollklimatisierten, staubfreien Räumen, in denen hochempfindliche Computersysteme ihren Standort haben. Dort ist es warm und trocken, und das gefällt ihnen. Nicht ganz einfach dürfte in derartigen Anlagen die Frage der Futterversorgung zu lösen sein, aber mit ihrer Fähigkeit, sich durch Holz, Kunststoffe und Bleirohre ebenso zu nagen wie durch Mörtel und schlecht gemischten Beton, ja, sogar viele Meter hoch die glatten Abflußrohre von Waschanlagen und Toiletten zu erklimmen, finden die gewitzten Nager auch da einen Ausweg.

In der Endzeit-Apokalpyse von Günter Grass in seinem Roman «Die Rättin» werden die Ratten sogar beschuldigt, den Nuklearkrieg ausgelöst zu haben, durch Annagen des «heißen Drahtes», der selbsttätig die Kriegsmaschinerie in Gang setzt. Tatsächlich fand man bei einer Überprüfung von 183 Computeranlagen im Jahre 1983 in Japan 19, die Rattenschäden aufwiesen, sei es auf Grund von durchnagten Kabeln, die Fehlleistungen zur Folge hatten, sei es durch «Rattenködel» oder Rattenläuse, die Mikroprozessoren aus dem Gleichgewicht brachten.

Selbst in chemischen Fabriken, in «Giftküchen», die Menschen nur in Schutzanzügen und/oder mit Gasmasken betreten können, haben Ratten sich schon häuslich eingerichtet. Ihre Fähigkeit, statt Sauerstoff die obskursten Gasgemische einzuatmen und umzusetzen, übertrifft, so scheint es, die jeder anderen Lebensform.

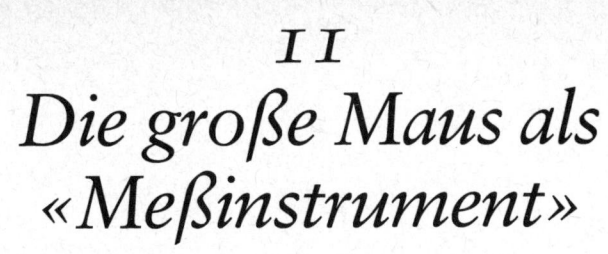

II
Die große Maus als «Meßinstrument»

Gebet der Ratte

O Herr, sie sagen, ich sei ein Ekeltier.
Aber Du hast auch mich geschaffen.
Wer gibt ihnen das Recht,
Mich millionenfach zu quälen, aufzuspießen,
Mit Gift vollzupumpen,
Bis ich wahnsinnig vor Schmerzen
Die eigenen Brüder zerfleische?

Immer haben sie uns verfolgt,
In ihren Fallen gefangen,
Mit ihrem Gift grausam getötet.
Nun aber sitzen wir fest in ihren Käfigen.
Können nicht mehr wegrennen.
Sie üben an uns ihre Operationstechniken.
Tausendfach.
Millionenfach.
Ohne Erbarmen.

Wir sind die Geringsten unter Deinen Geschöpfen.
Wir zählen kaum im Chor der gemarterten Tiere.
Aber auch wir fühlen
Den Schmerz und die Verlassenheit.
Erlöse uns, Herr, aus diesem Leid.
                    Amen

                    Eva-Maria d'Oncien

*B*ei einer Umfrage zum Thema Tierversuche, die das Emnid-Institut vom 17. bis 28. Januar 1985 im Auftrag der Pharmaindustrie (!) vornahm und bei der 1015 Bundesbürger über vierzehn Jahre interviewt wurden, heißt es in Tabelle 12, Frage 35:

«Für Tierversuche in der Arzneimittelforschung werden fast ausschließlich Ratten und Mäuse eingesetzt. Würden Sie Ihr Urteil nach Kenntnis dieser Tatsache ändern?» Befragt wurden alle, die zuvor Tierversuche abgelehnt hatten.

Das Ergebnis: 28 % änderten ihre Meinung, das heißt, sie stimmten Tierversuchen mit Ratten und Mäusen im nachhinein zu, 72 % wollten auch «Ekeltiere» von Versuchen verschont wissen.

In Tabelle 35, Frage 70 bis 71 ging es abschließend um folgendes Problem: «Wenn Sie noch einmal über das Thema Tierversuche nachdenken, abgesehen davon, ob Sie Tierversuche für absolut notwendig halten oder diese völlig ablehnen: Einmal angenommen, Sie persönlich hätten zu entscheiden, daß Tierversuche durchgeführt werden müssen. Bei welchen Tieren würden Sie Tierversuche unter gewissen Umständen zulassen?»

Die Antwort lautete: 60 % waren bereit, im Fall der Fälle Ratten zu opfern, 54 % Mäuse, 13 % Katzen, 7 % Hunde, 2 % Pferde. Aber nur 5 % wären bereit, Versuche mit Rindern zuzulassen, und nur 4 % würden Enten ans Seziermesser liefern. Seltsame Entscheidung, denn Rindfleisch und Entenbraten gehören zur traditionellen Ernährung in der Bundesrepublik Deutschland. Gegen Versuche mit Affen sprachen sich 12 % aus, und 15 % lehnten Versuche mit allen Tieren ab.

Das sprichwörtliche Versuchskaninchen stellt heute nur noch einen vergleichsweise geringen Anteil an Versuchstieren, unter 1 %. Rund 90 % aller Experimente werden, so heißt es, «nur» mit Mäusen und Ratten vorgenommen. Statistiken über Tierversuche werden grundsätzlich nicht veröffentlicht, außerdem erfassen sie lediglich die bei genehmigungspflichtigen Versuchen «verbrauchten» Tiere (so der Fachjargon). Trotzdem, machen wir die Probe aufs Exempel, so gut das lückenhafte Material es erlaubt.

Zum Beispiel *Hessen*: Dort starben in den Jahren 1983 und 1984 insgesamt 2,3 Millionen Tiere im Labor, und zwar nach Angaben der Versuchstiereinrichtungen von Wissenschaft und Industrie. 1,5 Millionen, also rund 65 %, waren Mäuse, 460000, also rund 20 %, Ratten, zusammen also ca. 95 %. Die Anzahl der Kaninchen wird nicht erwähnt.

In *Rheinland-Pfalz* soll die Zahl der Versuchstiere von 1981 bis 1984 um 12 % zurückgegangen sein. 1985 wurden dort Versuche mit insgesamt 358000 Tieren genehmigt. Davon waren 84 % Ratten und Mäuse. Diese Zahlen gab der Umwelt- und Gesundheitsminister Töpfer am 1. März 1986 bekannt, betonte jedoch, daß die Landesregierung davon ausgehe, daß die tatsächliche Zahl der Tierversuche wesentlich höher liege.

Ein ähnliches Bild ergaben die von *Hoechst* veröffentlichten Zahlen. 1983 wurden hier insgesamt 581123 Tiere der Wissenschaft geopfert, davon waren 409936 oder rund 70,5 % Mäuse und 155796 oder rund 27 % Ratten. Von den restlichen rund 2,5 % der Versuchstiere waren 3368, also knapp 0,6 %, Kaninchen.

Im Gegensatz zu den Behauptungen der Pharmaindustrie, die Tierversuche würden abgebaut und seien von 1977 bis heute um 30 % zurückgegangen, hat sich der Tierverbrauch bei Hoechst im Vergleich zum Jahre 1979 kaum geändert. Damals waren insgesamt 583850 Versuchstiere vom Leben zum Tode befördert worden. Darunter 422736 oder rund 73 % Mäuse und 139138 oder rund 24 % Ratten, aber «nur» 4884 Kaninchen, also unter 0,8 %.

Einigermaßen undurchsichtig liegen die Dinge in Stuttgart. Auf eine Anfrage der Grünen im Stadtparlament teilte die Stadtverwaltung mit, in einem Institut der Universität Stuttgart, in neun Instituten der Universität Hohenheim sowie einem Institut des Robert-Bosch-Krankenhauses würden pro Jahr mehr als 5000 Versuchstiere in genehmigungspflichtigen Experimenten «verbraucht». Außerdem setzt das Institut für Hygiene und Mikrobiologie des Stuttgarter Gesundheitsamtes im Jahr rund 4500 Meerschweinchen und Mäuse zur Diagnostik ein, insgesamt also 9500 Versuchstiere. Von den übrigen 5000 entfallen, wenn die Zahlen stimmen, allein 3185 auf die Universität Hohenheim (für 1982), darunter 1317 Ratten (41 %) und 951 Mäuse (30 %). Kaninchen keine. Im Robert-Bosch-Krankenhaus sollen im gleichen Zeitraum 100 Ratten (62,5 %), bis zu 40 Meerschweinchen (25 %) und 20 Kaninchen (12,5 %) eingesetzt worden sein.

An der *Universität Münster* wurden 1983 insgesamt 9740 Tiere für Versuche geopfert. 6000 von ihnen waren Mäuse (62 %), 2000 Ratten (20 %). Dazu kamen 300 Kaninchen (3 %).

1390 Tiere werden jährlich nach eigenen Angaben im *Nordmark-Werk*, Uetersen, nach Tests für Arzneimittel getötet, und zwar 750 Mäuse (rund 53,5 %), 600 Ratten (rund 43 %). Die restlichen 3,5 % entfallen, so heißt es, ausschließlich auf Katzen. An Kaninchen sollen dort fieberauslösende Mittel erprobt werden, diese Tests werden aber nach Angaben des dortigen Veterinäramtes von allen Tieren lebend überstanden.

Im Juli 1984 brachte eine Zeitungsnotiz einige Informationen über den Tierverbrauch bei *BASF* und der *Knoll-AG*, allerdings erst auf Anfrage einer Aktionärin bei der Hauptversammlung des Unternehmens. Die BASF experimentiert mit Ratten, Mäusen, Hamstern, Meerschweinchen, Kaninchen, Hunden, Katzen und Schweinen. Die Gesamtkosten der Versuchstierhaltung liegen bei rund 2 Millionen DM im Jahr. Bei insgesamt 31 900 Versuchstieren (1984) wurden etwa 10000 Ratten und 10000 Mäuse «verbraucht» (je 31 %), was mit insgesamt 62 % ungewöhnlich niedrig liegt. Der Anteil an Kaninchen beträgt mit 2000 Tieren etwa 3 %.

Der Konzern *Bayer Leverkusen* ließ zum Jahresende 1985 verlauten, sein «Bedarf» an Versuchstieren habe seit 1977 erheblich abgenommen. Die Zahl der eingesetzten Ratten und Mäuse sei in diesem Zeitraum von über 1 Million auf nahezu 400 000 Versuchstiere zurückgegangen.

In den *Instituten der Max-Planck-Gesellschaft* wurden 1983 15 365 Ratten für Forschungszwecke geopfert, bei insgesamt 41 939 «verbrauchten» Versuchstieren also rd. 36,5 %. 1984 waren es 46 723 Tiere insgesamt, davon 15 818 oder rd. 34 % Ratten.

Das *Deutsche Krebsforschungszentrum* hat für experimentelle Krebsforschung 1983 27 411 Ratten «verbraucht», was bei insgesamt 203 838 Versuchstieren einen Prozentsatz von rd. 13,5 ergibt. 1984 waren es bis zum 31. Oktober einschließlich 24 650 Ratten, also rd. 15,5 % der insgesamt ca. 158 100 Versuchstiere.

Eine Meldung aus dem *Zentralinstitut für Versuchstierforschung in Hannover* vom Oktober 1985 besagt, dort seien vor zehn Jahren noch 400 000 Mäuse und 200 000 Ratten gezüchtet worden. Durch verbesserte Züchtung und Forschung seien es heute nur noch halb soviel. Ein schwacher Trost, wenn man weiß, daß gerade in diesem Zeitraum die «Charles

River Breeding Laboratories» sich einen beachtlichen Marktanteil in der Bundesrepublik Deutschland gesichert haben. Diese amerikanische Firma ist in sieben Ländern vertreten und liefert im Jahr mehr als 22 Millionen speziell gezüchteter Ratten, Mäuse, Meerschweinchen, Hamster und Affen. Über dieses Unternehmen, das sich 1981 einer 31%igen Umsatzsteigerung erfreute, kann man kleine Versuchstiere beziehen, «die nach mehr als 17 (!) operativen Eingriffen, darunter Beraubung des Augenlichtes, durch Enukleation (Herausschälen des Augapfels), vorviviseziert sind».

Die Firma *Thomae* teilte in ihrer Werkszeitung Nummer 10/85 mit, sie habe die Zahl der Versuchstiere in den letzten Jahren drastisch verringert, und zwar um ca. 40%. Weiter heißt es:

«Dieser Trend trifft nicht nur für Thomae, sondern für die gesamte Pharmaindustrie zu. Auch künftig ist ein weiterer Rückgang der für Versuche benötigten Tiere zu erkennen.»

Dem gleichen Blatt ist zu entnehmen, daß allein für die gesetzlich vorgeschriebenen, also nicht genehmigungspflichtigen toxikologischen Untersuchungen pro Jahr in der Bundesrepublik Deutschland etwa 10 Millionen Tiere (!) eingesetzt werden, weitgehend Ratten und Mäuse.

Ein Blick ins Nachbarland *Schweiz,* der Hochburg der Pharmaindustrie. In Basel fanden 1984 insgesamt 1 318 486 Tiere im Versuch den Tod. Auf Mäuse und Ratten fielen allein 1 215 038 oder 94%, davon 820 815 Mäuse (62%) und 414 223 Ratten (32%). Kaninchen: 10 171 oder 0,8%. Auch in der Schweizer Statistik wurden nur bewilligungspflichtige Tierversuche erfaßt, also Experimente, die dem Tier Schmerzen bereiten, es in schwere Angst versetzen oder sein Allgemeinbefinden erheblich beeinträchtigen. Außerdem lassen die Schweizer heute rund 60% aller toxikologischen «Routineüberprüfungen» im Ausland vornehmen.

Die kleinen und großen Mäuse sind die mit Abstand am meisten geschundenen Versuchstiere. Die vergleichsweise als niedlich empfundene kleine Maus muß sogar noch mehr leiden als das «Ekeltier» Ratte. Das dürfte am Preis liegen. Mäuse, für Versuchszwecke gezüchtet, kosten pro Stück etwa DM 2,70, Ratten dagegen immerhin um DM 11,–. Hinzu kommt, daß es Tierpfleger und Experimentatoren weniger Überwindung kostet, eine Maus in die Hand zu nehmen als eine Ratte.

Der angelernte Widerwille gegen Ratten geht so weit, daß man in einem Münchener Institut die Tierchen grundsätzlich nur mit Hilfe von Zangen aus dem Käfig nimmt, sie könnten ja beißen. Dabei fließt dann schon mal ein wenig Blut ... Und ein junges Tierärztehepaar aus München erzählte mir von einem Mädchen, das mit einer zahmen Ratte in die Sprechstunde kam und ganz ängstlich fragte: «Haben Sie auch wirklich keine Angst, sie anzufassen?», bevor sie das kleine Tier zögernd aus dem Pulloverärmel holte.

«Schwere Schmerzen werden hauptsächlich Mäusen und Ratten zugefügt», sagte Dr. Schuppan, Sprecher vom Bundesverband der pharmazeutischen Industrie, im November 1985 bei einem Journalisten-Seminar, das unter dem Titel «Biomedizinische Forschung am Tier – notwendig wozu?» im Universitätsklinikum Marburg tagte.

Den Rattenalltag in einem physiologischen Universitätsinstitut schilderte der Journalist Kai Diekmann am 11. April 1985 in der *Neuen Westfälischen Zeitung*:

Zwischen Käfig und Abfalleimer

Müde blinzelt sie Micha an, als er an den Käfig tritt: Zehn weiße Ratten drängeln sich darin. Sie ist eine von ihnen, eine von jenen zehn, die dösend oder spielend einen ganz gewöhnlichen Rattentag verleben. So gewöhnlich wie dieser Tag für die weißen Nager begonnen hat, so ungewöhnlich wird er für sie enden. Aber das weiß unsere Ratte noch nicht. Tapste sie eben noch verschlafen im Spreu herum, sieht die Welt für sie jetzt schon ganz anders aus: Ein dicker Lederhandschuh hat sie gepackt und aus dem Käfig herausgeholt.

Der Handschuh gehört zu Micha, einem festangestellten Mitarbeiter des Physiologischen Institutes der medizinischen Universität in B. Seit vielen Jahren schon bereitet er die praktischen Versuche am lebenden Tier in der «Physiologie» vor, unzählige Tiere gingen seitdem durch seine Hände.

Daß auch unsere Ratte das Schicksal unzähliger anderer Versuchstiere wird teilen müssen, ist nunmehr unabwendbar, als Micha ihr «Nembutal», ein Betäubungsmittel, spritzt. Nun möchte Dr. N., seines Zeichens Neuro-Chirurg, mit dem Versuch beginnen: 15 Medizinstudenten im dritten Semester scharen sich um den Tisch, als Dr. N. das noch zuckende Tier auf der Versuchsplatte ausbreitet, es mit seinen Gliedmaßen an die Platte fesselt – wie ein Fell, das zum Trocknen gespannt in die Erde gepflockt wird. Wissenschaftlich formuliert heißt das dann: «... das Tier wird auf den Rücken gelegt und die Extremitäten werden fixiert. Im mittleren Drittel der Mittellinie des Halses führen wir einen ca. zwei cm langen Hautschnitt durch ... suchen wir die Halsmuskeln. Nachdem wir diese durchtrennt haben, wird die Luftröhre sichtbar. Zwischen den Knorpeln wird diese geöffnet ...»

Die Schere des Uni-Chirurgen durchtrennt die Bauchdecke des Tieres. Der kleine weiße Körper bäumt sich auf, die Injektion hat noch nicht ausreichend gewirkt. So wenig wirkt das Betäubungsmittel, daß das Tier quietscht. Des Doktors Studenten bitten endlich, dem Tier noch eine weitere Injektion zu verabreichen. So geschieht es, doch das Martyrium der Ratte nähert sich ohnehin seinem Ende: Das kleine Herz wird mit Atropin gereizt – bis zum Herzstillstand. Wissenschaftlich hört sich das dann so an: «... den Brustkorb schneiden wir am untersten Rand auseinander ... der Nervus vagus wird mit einer solchen Stärke gereizt, bei der Herzstillstand eintritt ...»

Das EKG-Gerät hält derweil fest, wie der Weg des kleinen Lebewesens in den Tod graphisch ausgesehen hat. Eine Stunde hat das Ganze gedauert. Im Mülleimer endet das Leben des Tieres, aber allein wird es dort nicht bleiben. Jetzt nämlich dürfen die Studenten an den übrigen weißen Ratten ausprobieren, was sie soeben gesehen haben. Daß da schon mal was schiefgeht, ist nur allzu verständlich. Einer schneidet gerade sein zweites Tier auf, denn das erste war zu früh verstorben: Der Jungmediziner kam erst gar nicht dazu, das Tier medikamentös zu töten. Ulrike (20) sieht den Versuch skeptisch: «Die Ratten hätten nicht unbedingt alle sterben müssen. Der Wert des Praktikums wäre auch erhalten geblieben, wenn Dr. N. uns den Versuch vorgeführt hätte.» Ein Rattentag wie jeder andere war dieser Tag sicherlich nicht. Alltag für Versuchstiere? Das schon eher.

Manchmal erleben auch Wissenschaftler einen abrupten Sinneswandel, erkennen plötzlich in der gequälten Ratte ein «kleines Lebewesen», ein fühlendes Geschöpf, das weder für den trostlosen Alltag noch für den Tod im Labor geschaffen wurde. So erging es zum Beispiel dem Biologen Peter Müller, der im Dezember 1985 für Schlagzeilen sorgte, weil er – vom Saulus zum Paulus geworden – aus der Wiener Akademie der Wissenschaft für Hirnforschung Hunde und Kaninchen gestohlen hatte.

Bekehrt wurde er von Ratten: Er bekam während seiner Tätigkeit am gleichen Institut den Auftrag, an 76 Ratten mit Spritzen künstlich epileptische Anfälle hervorzurufen. Alle Tiere starben unter schrecklichen Krämpfen. Und dann erklärte man ihm ganz cool: «Die Ergebnisse können Sie wegwerfen, sie entsprechen nicht der Fachliteratur.» 76 Tiere waren qualvoll für nichts gestorben.

Peter Müller hatte genug. Vom Tierexperimentator wurde er zum Tierbefreier. Er fand einen verständnisvollen Richter und erhielt eine milde Geldstrafe wegen «dauerhafter Sachentziehung». Seither ist er auf der Suche nach einer neuen, einer anderen Berufstätigkeit.

Tierfreunden wurde lange Zeit vorgeworfen, sie hätten nur Mitleid mit sogenannten Streicheltieren im Versuch, insbesondere mit Hunden und Katzen, das Schicksal der Ratten und Mäuse dagegen, die ja den Löwenanteil der Versuchstiere stellen müssen, ließe sie gleichgültig. Nachdem diese Behauptung sich nach zahlreichen Beweisen des Gegenteils nicht mehr aufrechterhalten ließ, kehrten die Propagandisten der Tierversuche den Spieß um. Heute heißt es statt dessen schon, Tierversuchsgegner hätten mit Ratten mehr Mitleid als mit kranken Menschen, hier und da wird auch beschwichtigend verbreitet: «Immer weniger Ratten und Mäuse müssen ihre Köpfe für die Forschung hinhalten.»

Dazu der englische Dramatiker G. B. Shaw (1856–1950): «Wer keine Skrupel hat, Tierversuche zu machen, wird auch keine Skrupel haben, Lügen darüber zu verbreiten.»

Ratten werden in der Regel speziell für Versuche gezüchtet, die Verwendung frisch eingefangener Wanderratten ist seltener. Um Rattenstämme zu erhalten, deren Erbanlagen einheitlich und deren Verhalten und Reaktionen weitgehend vorhersehbar sind, werden die Rattenweibchen vielfach per Kaiserschnitt entbunden. Das ist kein Versuch, muß also von den zuständigen Behörden weder genehmigt noch bei ihnen angemeldet werden, kostet aber die Tiermutter dennoch das Leben, denn die Mühe, sie wieder zusammenzuflicken und gesund zu pflegen, macht sich niemand.

Ratten gibt es genug. Und sie werden sehr schnell geschlechtsreif, schon im Alter von sieben bis neun Wochen, und mit zehn bis zwölf Wochen kann man sie bereits zur Zucht benutzen.

Die Jungen werden steril aufgezogen.

«Um die Tiere frei von jeglichen Krankheitskeimen in die Labors zu be-

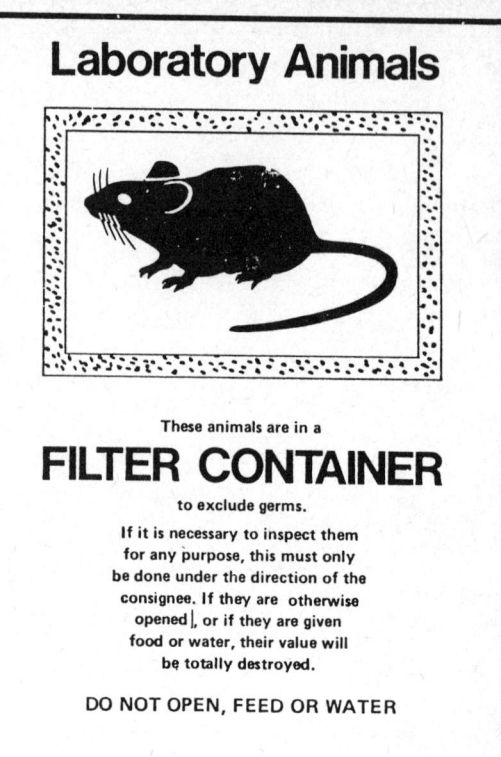

Laboratory Animals

These animals are in a

FILTER CONTAINER

to exclude germs.

If it is necessary to inspect them
for any purpose, this must only
be done under the direction of the
consignee. If they are otherwise
opened, or if they are given
food or water, their value will
be totally destroyed.

DO NOT OPEN, FEED OR WATER

kommen, erfolgt die Aufzucht unter total sterilen Bedingungen. Abge-
schlossen von der Außenluft werden keimfrei gemachtes Futter und
Trinkwasser in Plastiktrommeln gelagert und den Tieren mit Hilfe von
Gummi-Armen verabreicht, in die die Pfleger von außen einschlüpfen. So
keimfrei ist die Innenluft, daß verendete Tiere nicht verwesen, sondern
mumifizieren» (Horst Stern).

Auf diese Weise erhalten die Forscher genetisch einheitliche Versuchstiere, das heißt, Inzuchtlinien mit jeweils unterschiedlichen Eigenschaften. Für die Krebsforschung zum Beispiel züchtet man Ratten (und andere
Tiere), die entweder in ihrer Immunabwehr derartig defekt sind, daß auch
menschliches Tumormaterial auf ihnen wächst, oder bei denen Tumore
durch Gifte oder Strahlungen standardisierbar erzeugt oder Tumore ohne
Abstoßungsreaktionen transplantiert werden können. Mit anderen Wor-

ten, man züchtet Ratten, die auf Krebs sensibilisiert sind. Diese und andere Qualzüchtungen, so der Terminus technicus, sind auch nach dem neuen Tierschutzgesetz ausdrücklich erlaubt.

In dem 1983 erschienenen Buch «Leiden vermeiden – Alternativen zum Tierversuch» des amerikanischen Mediziners Dallas Pratt finden wir unter dem Stichwort «Ratte» nicht weniger als 17 Versuche mit Ratten aufgelistet:

o Aggression, künstlich hervorgerufen
o Asbestversuch zur Erzeugung von Lungenkrebs
o Elektrische Hirnreizung in der Schmerzforschung
o Experimentelle Verbrennungen
o Futter- und Wasserentzug in der Deprivationsforschung
o Heizplattentest bei Analgetikaprüfungen
o Kältestress
o Nervdurchtrennung zum Studium der Nahrungsaufnahme
o Reizmittelinjektion zur Prüfung von Antiphlogistika
o Reizstofftests
o Saccharinfütterung zur Erzeugung von Blasenkrebs
o Schwimmzwang bis zum Ertrinken
o Stromstöße in der Verhaltensforschung
o Teratologische Tests
o Toxizitätstests mit Kosmetika
o Trommeltrauma in der experimentellen Chirurgie
o Zerstörung des Geruchssinns in der Sexualforschung

Dazu einige Beispiele, Versuche, die auch hierzulande besonders aktuell oder umstritten sind:
«Am Hirnforschungsinstitut der Universität Zürich hat man an Katzen und Ratten zu erforschen versucht, wie sich optische Eindrücke sowie Rotationen in Kopf- und Augenbewegungen umsetzen. Zur Vorbereitung wurden in Anästhesie bestimmte Hirnteile zerstümmelt und Elektroden eingepflanzt. Die Ratten wurden durch eine Luftröhrenkanüle künstlich beatmet. Die anschließenden Experimente fanden an wachen, zum Teil mit Curare gelähmten Tieren statt; vor den Versuchen und während längerdauernden ‹Sitzungen› wurden Amphetamine gespritzt, um den vollen Wachzustand der Tiere zu erhalten.
Die Ärzte Balz Widmer, Unterägeri, Fritz Schenk, Biel, und der Veterinär

Christian Wyss, Zürich, haben sich mit der Aussage dieses Experiments auseinandergesetzt. Als Mitglieder der ‹Vereinigung Ärzte gegen Tierversuche›, der zur Zeit 371 Fachleute in der Schweiz angehören, befassen sie sich seit Jahren eingehend mit den Zielsetzungen und dem Nutzen von Tierversuchen.

Das erwähnte Projekt hält einer grundsätzlichen Prüfung nicht stand: Die Ärzte sind sich einig, daß dieses ‹grausame Experiment› das unerläßliche Maß überschreite. Beispielhaft widerspiegle es, so Schenk, die heutige Situation in der Neurologieforschung: ‹Die Vorgänge in den aktiven Hirnzellen – eine x-stellige Zahl an chemischen Umwandlungen pro Sekunde – sind durch die mechanistische Meß-Denkweise nie begreifbar zu machen. Trotzdem ziehen sich diese absurden, quälerischen Versuche, vor allem an Katzen, seit Jahrzehnten dahin, und jedes Projekt findet, allenfalls deklariert als Grundlagenforschung, irgendeine Rechtfertigung – im eingeweihten Kreis.› Mediziner Schenk stellt die Sache in einen konkreten Rahmen: ‹Zwischen dem, was die Humanmedizin nötig hat und dem, was ‚geforscht‘ wird, besteht keine Relevanz. In der Neurologie kann man nämlich bis in die Unendlichkeit weiterforschen – vor allem, wenn es der eigenen Existenz dient ...› Die Beiträge des Nationalfonds an gewisse Institute fließen denn auch ohne Unterbruch.»

Forscher des Basler Pharmagiganten Sandoz AG (mit Niederlassung in Nürnberg) spritzen Mäusen, Ratten und Rhesusaffen Gifte ins Bauchfell, setzen die Tiere auf heiße Herdplatten, versengen die Schwänze und klemmen die Pfoten ein. Zweck: Mit einer Stoppuhr kann man messen, wie schnell die Tiere mit und ohne Schmerzmittel auf die Schmerzen reagieren.

In den zentralen Tierlaboratorien der FU Berlin werden auch Versuche mit den chemischen Kampfstoffen CN und CS an Ratten und Meerschweinchen vorgenommen. Bei diesen Versuchen würden die Substanzen jedoch nicht in der Form von Tränengas oder Kampfstoff verwendet (?), vielmehr sollten Fragen der medizinischen Betreuung von Patienten untersucht werden.

Tierversuche zur Überprüfung der Wirksamkeit von CN als Tränengas und CS als Kampfstoff halte der Senat nicht für sinnvoll.

Im November 1984 wurde dem *Institut für Rechtsmedizin der Universität Hamburg* die Genehmigung zum Ertränken von zwanzig Ratten von der zuständigen Behörde verweigert. Mit den Ertränkungsversuchen sollten gerichtsmedizinische Probleme untersucht werden. Dabei ging es unter anderem um die Frage, wie sich das Wasser im Körper verteilt. Der Bundesverband der Tierversuchsgegner hatte an Bürgermeister von Dohnanyi appelliert, die Experimente zu verhindern. Sie seien nicht nur grausam, sondern auch unnötig, da sich die angestrebten Erkenntnisse auch aus den Untersuchungen ertrunkener Menschen ziehen ließen. Die Verweigerung einer Genehmigung zum Experiment mit lebenden Tieren ist so exzeptionell, daß die Entscheidung von Dohnanyi Schlagzeile machte.

Besonders grausame Verbrennungsversuche mit 467 Rattenmännchen nahm 1982 ein *Tübinger Ärzteteam* unter Leitung von Dr. B. Domres von der Chirurgischen Universitätsklinik vor: Die Tiere wurden mit einem Kupferstempel bei einer Temperatur von 250 Grad Celsius für 30 Sekunden entsprechend einer Körperoberfläche von 20 % (!) drittgradig verbrannt. Nach 12 und 48 Stunden sowie nach 14 Tagen wurden die Gehirne mittels Gefrierstopverfahren entnommen und untersucht. Das Ergebnis: Der Wassergehalt im Gehirn war von der zwölften Stunde bis

Die Übertragung von Bakterien, die Karies oder Paradontose verursachen, wird hier mit einer Tuberkulinspritze ohne Nadel durchgeführt.

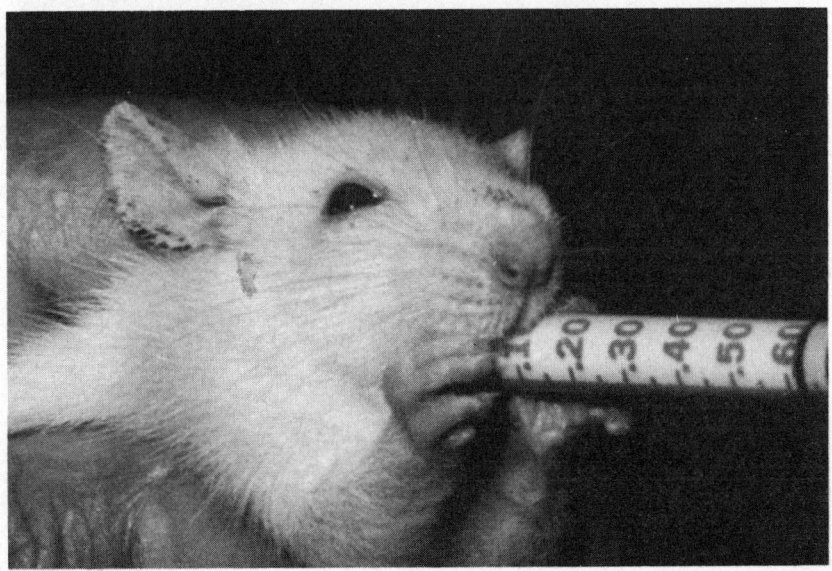

zu vierzehn Tagen signifikant erhöht gegenüber dem Kontrolltier, während die Kaliumkonzentration erniedrigt war.

«Sinn» des Ganzen: Man wollte feststellen, ob im akuten Verbrennungsschock auch im Gehirn ein Ödem auftritt und wieweit der Stoffwechsel im Hirngewebe gestört wird. Aber, das alles war schon vorher bekannt, denn die Experimentatoren geben bei der Zusammenfassung ihrer Ergebnisse mit entwaffnender Offenheit selber zu:

«Auch in Autopsiebefunden von akut verstorbenen Verbrennungsopfern fanden sich des öfteren Zeichen der Hirnschwellung.»

Ein geradezu sensationell neues Mittel zur Sofortbehandlung akuter Verbrennungen empfahl Prof. Dr. Köhnlein aus München im Juli 1985 bei einem Vortrag in Wilhelmshaven. In tierexperimentiellen Studien, so der Professor, sei «eindrucksvoll» nachgewiesen worden, daß die Mortalitätsrate von Ratten mit schweren Verbrennungen nach einer Kaltwasserbehandlung von 20 bis 30 Minuten auf 2,4 % gesenkt werden konnte. Bei den unbehandelten Tieren betrug sie dagegen 65 %. Keine Frage, daß dieses Experiment das Leben und die Qualen einer ungenannten Zahl von Ratten wert war, ersparte es doch den Umweg zur medizinisch unverbildeten Großmutter, die den gleichen Rat hätte geben können.

Der LD$_{50}$-Test ist seit Jahren, wie uns immer wieder versichert wird, «wissenschaftlich vom Fenster», wird aber munter weiter fortgeführt. Oft bekommen die Ratten die Testsubstanz, meistens in einer Höchstdosierung, die kein Mensch je auf einmal aufnehmen würde, in den Schlund gespritzt, 50 % der Tiere müssen nach einer bestimmten Zeit sterben, das ist Vorschrift. Daraus zieht man dann irgendwelche mehr oder weniger dubiosen Schlußfolgerungen, dubios, weil ein Mensch in der Regel nicht wie eine Ratte reagiert. So ist es kein Wunder, daß fast täglich, mindestens aber jede Woche, in der Zeitung zu lesen ist, ein oder auch wesentlich mehr Medikamente seien mal wieder wegen schwerer bis tödlicher Nebenwirkungen aus dem Handel gezogen worden.

Der LD$_{50}$-Test findet aber nicht nur in der Pharmaindustrie Verwendung, auf die gleiche Weise testet man auch Haarspray, Möbelpolitur, Nagellack, Insektenvertilgungsmittel, Farbstoffe und vieles andere mehr. «Jeder Toxizitätstest ist schlimm», räumt selbst Prof. Wilk vom «Mäusebunker» in Berlin ein, «denn dabei muß bestimmungsgemäß ein Schaden eintreten.» Wie wahr. Auch diejenigen Tiere, die die Tests überleben, sterben, zur Kontrolle, unter der Ätherglocke.

Ratte mit einer Krebsgeschwulst in fortgeschrittenem Stadium

Seit im Dezember 1984 bekannt wurde, daß die beiden maßgebenden Registrierbehörden in den USA künftig auf den LD_{50}-Test verzichten wollen, laboriert man, zögernd und sehr zurückhaltend, auch bei uns an dem sogenannten «Limit LD_{50}» herum, der eine weitgehende Reduzierung der pro Testreihe «verbrauchten» Tiere ermöglichen soll.

Tierversuche spielen bei der *Krebsforschung* eine ganz besondere Rolle. Auf tausenderlei Arten hat man versucht, bei Ratten künstlich Krebs zu erzeugen. Sehr häufig mit Erfolg. Man fragt sich nur, wem das nützen soll. Dem Menschen natürlich, sagen die Forscher. Aber der bekommt erstens auf die gleiche Art und Weise häufig gar keinen Krebs, und wenn er ihn doch bekommt, kann aus den Rattenversuchen kaum hergeleitet werden, wie er zu heilen wäre.

Ein paar neuere Informationen aus der Krebsforschung:

Im Kernforschungszentrum Karlsruhe wird an Ratten, Mäusen, Hamstern und Affen die völlige Ungefährlichkeit unserer Atomkraftwerke nachgewiesen: man spritzt den Tieren so viel Plutonium ein, daß sich Knochenkrebs bildet.

Vor allem drei Forschungsinstitute haben in den vergangenen Jahren Langzeitversuche unternommen, bei denen Ratten, Hamster und Mäuse während ihrer natürlichen Lebenszeit von zwei bis drei Jahren täglich 7 bis 19 Stunden mit Dieselabgas angereicherte Luft einatmeten – das Inhalation Toxicology Research Institute (ITRI) in Albuquerque, das Fraunhofer-Institut für Toxikologie und Aerosolforschung in Hannover und, durch dieses veranlaßt, das Battelle-Institut in Genf. Sie kamen bei unterschiedlichen Versuchsbedingungen zu übereinstimmenden Ergebnissen: Zwischen der Dosis des eingeatmeten Dieselabgases und ihrer Wirkung, der Rate der gefundenen Lungentumore, gibt es eine angenähert «lineare» Beziehung. Allerdings lagen die Konzentrationen, denen die Versuchstiere auf Dauer ausgesetzt waren, mit 4 bis 7 Milligramm pro Kubikmeter 100- bis 1000mal höher als jene, denen Stadtmenschen nur gelegentlich ausgesetzt sind. Und auch da entstanden die Karzinome nur bei Tieren mit empfindlichen Lungen wie den untersuchten Ratten.

Das Bundesgesundheitsamt (BGA) überraschte am 24.9.1985 nicht nur die Öffentlichkeit, sondern auch die Fachwelt mit der Anordnung, die Zulassung des Wirkstoffs Molsidomin (Corvaton®) bis zur weiteren Abklärung seines möglichen kanzerogenen Potentials ruhen zu lassen. Was war geschehen?

Bereits vor fünf Jahren war über das Vorkommen von Nasentumoren bei Ratten nach Molsidomin-Gabe berichtet worden, denen aber nach einhelliger Meinung der Gutachter keine Relevanz für den Menschen beigemessen wurde. Eine weitere Hochdosisstudie sollte jedoch zur Klärung der Genese dieser Tumoren beitragen. Das Ergebnis lag am 14.1.1985 vor und stimmte mit der früheren Beobachtung überein, wonach extrem hohe Dosierungen von Molsidomin (umgerechnet auf den Menschen über 5 g/Tag!), während nahezu der gesamten Lebensdauer gegeben, zu benignen und malignen Nasentumoren bei Ratten führen können.

Rund *80 Millionen Mark* ließen sich das *Land Niedersachsen* und das *Bundesforschungsministerium* den Neubau des Fraunhofer Instituts für *Umweltforschung* kosten.

Im Tierversuch werden die Auswirkungen dieser Schadstoffe auf den lebenden Organismus getestet. Mäuse, Hamster und Ratten atmen ein Cadmium-haltiges Gemisch, eine Luftkonzentration, die an so manchem Arbeitsplatz vorkommt und in Verdacht steht, krebserzeugend zu sein. Ergänzt werden diese Versuche durch Tests, in denen die Schadstoffwirkungen von Hausbrand und Autoabgasen gemessen werden. Die Lungenfunktionsprüfung an den Testtieren ist die nächste Station. Erst im Langzeitversuch, der bis zu zwei Jahren dauern kann, lassen sich mehr oder weniger schlüssige Ergebnisse finden.

Einen möglichen Zusammenhang zwischen der Ernährung und dem Krebsrisiko haben die beiden amerikanischen Wissenschaftler Ludwik Gross und Yolande Dreyfuss untersucht.

Wie die amerikanische Akademie der Wissenschaften in ihrem jüngsten Bericht mitteilte, setzten die Tumorforscher zwei Gruppen von Ratten genau derselben Menge Röntgenstrahlen aus. Die erste Gruppe konnte fressen, soviel sie wollte. Dagegen erhielt die zweite Gruppe weniger als die Hälfte der Menge desselben Futters.

Das Ergebnis war verblüffend: Während alle Ratten der ersten Gruppe nach der Bestrahlung an Krebs erkrankten, entwickelten aus der zweiten Gruppe nur neun der 29 Männchen und eines der 15 Weibchen Tumore. Die hungernden Ratten verloren zwar die Hälfte ihres Gewichts, blieben jedoch lebhaft und überlebten ihre Artgenossen aus der Vergleichsgruppe.

Schlechte Nachricht für Jogger: US-Forscher haben bei Tierversuchen entdeckt, daß durch körperliche Anstrengungen Substanzen freigesetzt werden können, die vermutlich die Entstehung von Krebs und das Altern begünstigen.
Ratten und Meerschweinchen, die gezwungen wurden, bis zu zwei Stunden pro Tag auf einem Laufband zu traben, erlitten Zell- und Gewebeschäden. Dies geschah vor allem dann, wenn ihnen nicht genügend Vitamin E zugeführt wurde oder wenn die Tiere zuviel oder zuwenig Vitamin C zu sich nahmen.
Die Forscher entdeckten, daß bei heftiger körperlicher Anstrengung wie dem Joggen große Mengen sogenannter freier Radikale produziert werden – äußerst aggressive Atomgruppen mit einem freien Elektron, die auf Grund ihrer hohen Reaktionsfähigkeit Genmaterial und Proteine angreifen und die Funktion der Zellen stören können. Diese freien Radikale werden mit dem Entstehen von Krebs und dem Alterungsprozeß in Verbindung gebracht.
Außerdem fanden die Wissenschaftler heraus, daß sowohl sehr hohe wie sehr geringe Vitamin C-Gaben die Lauffähigkeit der Tiere herabsetzten und Zellschäden verursachten. Worauf dieser Effekt beruht, ist noch nicht geklärt.

Über zwei Jahre hinweg haben die Berliner Wissenschaftler einer Gruppe von Ratten vier Prozent und einer zweiten 0,4 Prozent Propionsäure ins Futter gemischt. Bei den Tieren, die die hohe Dosis des Konservierungsmittels bekommen hatten, waren danach Wucherungen und andere «ausgeprägte Veränderungen» der Vormagen-Schleimhaut festzustellen. Bei der anderen Versuchsgruppe zeigten sich nicht so gefährliche Veränderungen. «Auf Grund dieser Untersuchungen ist festzustellen, daß nach langfristiger Verabfolgung von hohen Propionsäurekonzentrationen tumoröse Veränderungen an der Vormagenschleimhaut bei Ratten auftreten», heißt es in einem jetzt veröffentlichten Forschungsbericht des Bundesgesundheitsamtes.

Umstritten ist, ob sich die Ergebnisse des Tierexperiments auf die Menschen übertragen lassen.

0,8 Promille, die Autofahrern möglicherweise gefährlich werden, bekommen Ratten im Labor der Medizinischen Universitätsklinik Heidelberg täglich mit dem Futter zu schlucken. Diese Schnaps-Idee soll wissenschaftlichen Zwecken dienen, etwa um Arzneimittelwirkungen in Verbindung mit Alkohol zu testen. An Hand der Tierversuche konnte Privatdozent Dr. med. Helmut K. Seitz von der Uniklinik auch belegen, daß Alkohol krebsfördernd wirken kann, insbesondere im Enddarm. Für diese weiterführende Forschungsarbeit wurde der Heidelberger Wissenschaftler vor kurzem vom Deutschen Krebsforschungszentrum mit dem mit 10 000 Mark dotierten Richtzenhain-Preis 1984 ausgezeichnet. Jetzt interessiert sich auch die Staatsanwaltschaft Heidelberg für diese Untersuchungen. Der Bundesverband der Tierversuchsgegner (mit Geschäftsstelle in Frankfurt) hat gegen Dr. Seitz Strafantrag wegen Verdachts auf Tierquälerei gestellt.

In Langzeitversuchen mit Saccharin – man fütterte die Ratten während ihres ganzen Lebens mit sehr hohen Dosen, die bis zu 6 % der Gesamtfuttermenge ausmachten – gelang der Nachweis, daß viele der solcherart vergifteten Tiere Blasenkrebs bekommen. Da eine entsprechende Überdosierung beim Menschen mit Sicherheit auszuschließen ist, besitzen diese Versuche nicht die geringste Relevanz für uns. Wozu werden diese Versuche denn angestellt?

Es ist unmöglich, im Rahmen dieses Buches einen auch nur die wichtigsten Versuche mit Ratten abdeckenden Überblick zu geben. Einige wenige Beispiele möchte ich immerhin noch anführen:

Zur Routine *in der Ausbildung junger Chirurgen* gehört es, an Ratten das Zusammennähen von Adern zu üben.

Ratten sind auch die liebsten Versuchstiere der umstrittenen *Genmanipulatoren*: Spektakulärstes Beispiel für einen Eingriff in die Keimzellen bei *Tieren* sind die berühmten «Riesenmäuse», denen ein Gen für das Wachstumshormon der Ratte eingepflanzt wurde. Erreicht wurde dieses Ziel, indem man in die Zellkerne von befruchteten Mäuseeizellen mehrere tausend gereinigte Gene für das Rattenhormon injizierte. Bei rund 30 Prozent der Eizellen führt die Prozedur dazu, daß zufällig ein Rattengen in das Erbgut der Maus eingebaut wird.

Doch dies reicht noch nicht aus, denn das Gen muß auch im Gewebe der sich aus dem Ei entwickelnden Maus aktiv sein, und zwar zum richtigen Zeitpunkt der Entwicklung und im richtigen Organ. Das ist bis heute nicht in einem einzigen Fall erreicht worden. So wurde das Rattenhormon unkontrolliert, das heißt fortwährend, in den Leberzellen der Mäuse gebildet und nicht zu bestimmten Zeiten in der Hypophyse (Hirnanhangdrüse), wie es bei normalen Mäusen der Fall ist.

Auch für die *Weltraumforschung* müssen sie herhalten:
Nach nur siebentägigem Aufenthalt im Weltraum war die Biegesteifigkeit des Humerus bei 56 Tage alten Ratten um 28 Prozent reduziert. Die Masse des Humerus hatte um 14 Prozent abgenommen, die des Lendenwirbels um sieben Prozent. Der Tierversuch wurde im Weltraumlabor «Spacelab 3» durchgeführt, gestartet im April 1985 von der Raumfähre «Challenger».
Wie Ian Anderson im *New Scientist* (108, 1478, 1985, 23) berichtet, sei der Tierversuch die umfassendste physiologische Untersuchung über die verschiedenen Auswirkungen der Schwerelosigkeit gewesen, die bisher von den USA durchgeführt worden ist.
Versuchsergebnisse deuteten unter anderem darauf hin, daß für Kinder und Heranwachsende selbst kurze Aufenthalte im Weltraum problematisch sein dürften.
Neben einer Rückbildung der Knochen sei mit Wachstumsstörungen und Gewichtszunahme zu rechnen. Außerdem sei bei jungen, ausgewachsenen Ratten ein Muskelschwund bis zu 40 Prozent aufgetreten.
Die Einbuße eines bestimmten Proteins habe die Fähigkeit zur Muskelkontraktion herabgesetzt. Je jünger die Tiere gewesen seien, desto ausgeprägter sei die Auswirkung der Schwerelosigkeit gewesen.

Beim vorletzten *Weinskandal* im November 1985 mußten wieder mal Ratten als Versuchstiere herhalten. Bei Zusätzen von 1 bis 2 Prozent des Frostschutzmittels im Trinkwasser stellte man lediglich eine gewisse Wachstumshemmung fest. Todesfälle traten nicht auf. Da die Wirkungen des süßen Gifts noch nicht weiter erforscht wurden, träufelte man es Ratten dann in die zur Leber führenden Blutgefäße, ähnliche Versuche an den Nieren sollen folgen. *Daß* Menschen an dem Giftwein starben, ist bekannt. Man kennt auch die tödliche Dosis, sie liegt zwischen 14 und 50 Gramm, je nach Konstitution. Wozu also diese Versuche?

In der *Diabetesforschung* haben Ratten gleichfalls ihren festen Platz. Unter «Zuckerratten» verstehen die Mediziner Ratten, die künstlich zuckerkrank gemacht wurden. Um dann festzustellen – was man längst weiß –, daß Insulin den Blutzucker senkt, oder um nachzuweisen, daß Muskelarbeit (erzwungenes Marathonrennen im Laufrad zum Beispiel) einen langdauernd nützlichen Effekt in der Diabetestherapie zeigt.

Es gibt Autoren, die ganz naiv darauf hinweisen, wie nützlich Ratten doch seien – als Versuchstiere. Und anschließend wird in der Regel beteuert, daß sie dabei vor Leiden und Schmerzen selbstverständlich geschützt werden müssen. So selbstverständlich ist das leider keineswegs.

Horst Friedenberger (28) hat von Oktober 1973 bis Juni 1979 bei Schering, einem Berliner Chemie-Konzern, als Tierpfleger gearbeitet. Er berichtete später, daß die Laborantin beim «Kaiserschnitt» manchmal ohne Narkose arbeite, einfach um Zeit zu sparen: «Das geht einfach schneller, die Ratte nur so aufzuschneiden ... Und wenn zum Beispiel die Föten zerstückelt werden, dann waren die oft nicht unter der Ätherglocke.»

Auch beim Töten der Tiere geht es nicht immer «human» zu:

«Wenn der Versuch dann zu Ende ist, werden sämtliche Tiere getötet, auch die Vergleichsgruppe. Dann sieht man, wie sich die normalen Organe entwickelt haben und wie die bei den behandelten Tieren. Junge Mäuse oder Ratten werden unter die Ätherglocke gesetzt, sonst kann man eine Ratte auch mit Kohlenmonoxid vergasen. Wenn es schnell gehen mußte, haben wir sie auch über die Tischkante geschlagen, das war so üblich, und da spart man auch das Zeugs. Mäuse und Ratten werden auch mal in die Plastiktüte gesteckt und in den Kühlraum gepackt. Man kann ja auch nicht jede einzelne Maus angucken, ob die wirklich tot ist.»

12
Vom Umgang
mit Ratten

Wie lernt man Tiere verstehen? Nie unter extremen Versuchsbedingungen im Labor oder in der Verhaltensforschung (siehe Kapitel 3), sondern nur durch Beobachtung in der freien Natur oder im täglichen, vertrauten Umgang mit ihnen. Gehören schon Beziehungen innerhalb der gleichen Art, insbesondere zwischen Menschen, zu den schwierigsten Dingen überhaupt, so trifft dies in noch höherem Maße zu für interspeziäre Beziehungen, etwa zwischen Mensch und Tier, Elefant und Maus, Affe und Katze.

Am leichtesten wird diese Kluft in Extremsituationen überwunden. So gibt es zahlreiche Berichte von Gefangenen, die sich in strenger Einzelhaft mit einer Ratte anfreundeten, das Tier mit Brotkügelchen zähmten, mit ihm spielten und sprachen. In jüngster Zeit schildert *Renate Kaminski* in ihrem 1982 erschienenen Buch «Wo bist Du, süße Ratte?» einen derartigen Fall. Die Härte und ungeheuere psychische Belastung der Einzelhaft wurde durch die Freundschaft zu einer Ratte oft entscheidend gelindert, so daß es in keinem dieser Fälle zu einer Haftpsychose kam.

Allerdings fehlt es auch nicht an entgegengesetzten Beispielen, der quälenden Angst vor kleinen und großen Mäusen, die nachts durchs Stroh huschen, ohne jemals viel mehr Schaden anzurichten, als daß sie ihren Hunger an Essensresten, am Matratzengras stillen. Die tief eingewurzelte Angst vor Ratten, die zu den Stresstieren vieler Menschen gehören, machten und machen sich inquisitorische Ankläger zunutze, indem sie dem wehrlosen Opfer suggerieren, man würde halb verhungerte Ratten auf sie loslassen, so zum Beispiel George Orwell (1903–1950) in seinem berühmten Roman «1984».

Eine andere, positive Pointe erdachte *E. A. Poe* (1809–1849) in seiner Geschichte: «Grube und Pendel».

Sie spielt in Toledo zur Zeit der Inquisition. Ein Mann liegt gefesselt unter einem hin- und herschwingenden Pendel, dessen unteres Ende von einer Halbmondsichel aus glitzerndem Stahl besteht. Er kann sich ausrechnen, wann das schreckliche Mordinstrument, das sich, unmerklich fast, senkt, ihm die Haut ritzen, ihn, langsam und methodisch, zerfleischen wird.

In dieser verzweifelten Lage werden ihm die Ratten, die überall herumwimmeln, zur Rettung. Es gelingt ihm nämlich, seine Fesseln mit den öligen, nach Fleisch duftenden Nahrungsresten aus seiner Schale einzureiben. Die hungrigen Tiere stürzen sich darauf und zernagen seine Fesseln. Die herabsausende Sichel hat ihm schon das Gewand zerschnitten, dringt ein erstes Mal als scharfer Schmerz in seine Brust – dann ist er frei. Und entrinnt auch der nächsten Teufelei, die seine Schergen sich ausgedacht haben, den glühend heißen, zusammenschiebbaren Wänden der Todeszelle – durch den Einmarsch der Franzosen unter General Lasalle.

In dem spannungsgeladenen Fernsehfilm «Leuchtturmwächter», der 1972 am Roten Meer südlich von Eilat gedreht wurde (Regie: Woijtec Jasny, Drehbuch: Ladislaw Mnacko), spielt eine Ratte eine wichtige Rolle – neben dem Hauptdarsteller Hans Christian Blech.

Einem Strafgefangenen wird eine ungewöhnliche Chance, nämlich Strafnachlaß plus Prämie, geboten. Er muß sich verpflichten, zwei Jahre lang auf einer kleinen einsamen Insel als Leuchtturmwächter zu arbeiten, ein Job, an dem schon zahllose Freiwillige scheiterten. Keiner war der brütenden Hitze und der trostlosen Einsamkeit gewachsen.

Der Gefangene, der nichts zu verlieren hat, schließt Freundschaft mit einer Ratte, dem einzigen Lebewesen weit und breit. Sie hilft ihm, all die Widrigkeiten zu ertragen, an denen seine Vorgänger gescheitert sind. Alle vier Wochen legt ein kleines Boot am Ufer an, Soldaten bringen Verpflegung. Und eines Tages erschießt der Offizier des Wachkommandos die zutrauliche Ratte, ohne zu ahnen, daß es sich um den kleinen Freund des einsamen Leuchtturmwächters handelt.

Ein paar Monate noch muß der Gefangene durchhalten, dann winkt die Freiheit, dazu eine hübsche runde Summe als Startkapital. Und er hält durch, als erster, als einziger. Als er abgelöst wird, kommt eine kleine Delegation auf die Insel, Fotografen, Presse, Honoratioren. Er hat sich sorgfältig vorbereitet, rasiert, ein frisches

Hemd angezogen, einen sauberen Anzug. Mit stoischer Ruhe, ohne eine Miene zu verziehen, läßt er alles über sich ergehen, Gratulationen, wohlgemeinte Ratschläge – bis er den Mann entdeckt, der seine Ratte getötet hat. Er geht auf ihn zu und ersticht den Mörder der Ratte mit einem selbstgefertigten Messer. Einfach so. Und läßt sich gefangennehmen und ins Gefängnis zurückbringen.

Besonders interessant und aufschlußreich sind die Erfahrungen, die Lilian M. Russel, eine langjährige Mitarbeiterin von Albert Schweitzer, in Lambarene mit Ratten machte, denn sie hielt keine zahmen Ratten, sondern ließ ganz normale, freilebende Ratten in ihre Wohnung. Über zwanzig Jahre lang waren Ratten ihre ständigen Gesellschafter. Sie bezeichnet sie als die «interessantesten, reinlichsten, geselligsten und intelligentesten Tiere», die sie je kannte. Alle ihre Ratten hörten auf ihre Namen und kamen herbei, wenn sie gerufen wurden.
Ihre jungen Ratten erwiesen sich als außerordentlich begabt beim Erlernen kleiner Kunststücke. Sie sprangen durch eine Reihe von drei oder vier an einem Stock aufgehängten Reifen, ja, sogar durch Reifen, die mit leicht angefeuchtetem Fließpapier – also ohne Durchsicht zu gewähren – bespannt waren. Zur Belohnung gab Lilian Russel ihnen einige Maiskörner. Dennis, die besonders intelligent war, ließ sich

«mit Wonne drei Meter weit durch das Zimmer auf das Sofa werfen. Zwanzig Mal konnte sie dann immer wieder, so schnell ihre Beine sie nur trugen, zurückkommen, um den Nervenkitzel nochmals zu genießen. Sie liebte es auch, ihre Geschicklichkeit zu zeigen, wenn sie auf der Herdplatte unter einem umgestülpten Papierkorb gefangengehalten wurde. Dann schob sie den Korb an die nächste Ecke der Platte, wo sie den Platz fand, um ihre Nase unter den Rand zu schieben und ihn umzuwerfen.»

In Lambarene freundete Lilian Russel sich mit den «nettesten und hübschesten Ratten an», die sie je gesehen hatte. Sie waren auffallend klein, hatten einen dünnen Schwanz wie Mäuse und seidig glänzendes Fell. Eines dieser freundlichen Tiere hielt sie als Zimmergenossen, es freundete sich in weniger als einer Woche mit ihr an.

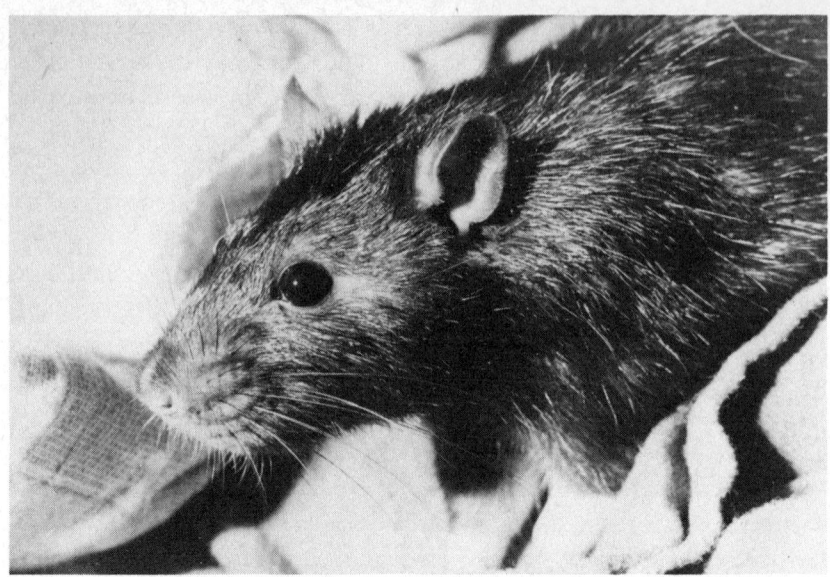

Der beste Freund ihrer Ratten war ihr Hund, ein schottischer Terrier, also ein sogenannter Rattenfänger, der für sein Leben gern mit ihnen spielte. Auch mit einer weißen Maus freundete eine ihrer Ratten, ein zurückgebliebenes, «mickriges» Tier, sich an. Frau Russel setzte die Ratte, als sie etwa vier Wochen alt und schon etwas größer als die Maus war, in den Mäusekäfig. Die beiden wurden dicke Freunde. Später besuchte die Ratte, inzwischen groß und stark geworden, auch ihre eigene Familie, wenn aber irgendeine andere Ratte dem Mäusekäfig zu nahe kam, «stürzte sie kampfbereit herbei und schützte ihre Freundin». Sie erlaubte der Maus sogar, an ihrem Schwanz in den zweiten Stock des Käfigs hinaufzuklettern.

Wie wird man heutzutage Rattenbesitzer? Manche lassen sich, wie Günter Grass zum Beispiel, eine Ratte schenken, andere kaufen eine oder finden sie sogar mitten in der Großstadt unter einem Auto. Und dann tut ihnen die einsame Ratte leid, sie besorgen eine zweite zur Gesellschaft – und im Handumdrehen haben sie zehn Ratten in der Wohnung. Davon, unter vielem anderen mehr, erzählte mir Frau Karin Gruber in dem folgenden Interview.

Frau Gruber (51) lebt in München in einer Drei-Zimmer-Wohnung. Sie ist

Hausfrau und hat drei erwachsene Söhne, von denen nur noch einer zu Hause lebt. Frau Grubers Mann ist Buchhändler.

Frau Gruber, Sie haben sechs zahme weiße Ratten. Wie sind Sie zu diesen Tieren gekommen?

1974 las mein Mann in dem Buch von Eberhard Trumler «Wohnen mit Tieren», daß Ratten ganz reizende Haustiere wären. Daraufhin ließen wir uns durch einen befreundeten Professor vom Zoologischen Institut der Uni eine weiße Ratte (ganz jung) besorgen. Ein paar Monate später noch eine schwarzgraue. Hugo und Freddy. Das war der Anfang unserer Rattenhaltung.

Unsere jetzige Rattenfamilie kam so zustande: Eine Bekannte fand in der Schleißheimer Straße unter einem Auto eine weiße Ratte und übergab sie uns, da sie wußte, daß wir damit schon Erfahrung hatten (Stella). Da wir inzwischen schon mehrere andere Haustiere hatten und nicht mehr so viel Zeit, daß wir uns jedem Tier ausschließlich widmen können, kauften wir noch eine dazu, damit Stella nicht so allein sei. Erst zu Hause merkten wir, daß dies ein Männchen war. So bekamen wir Nachwuchs: sechs Weibchen und zwei Männchen. Die zwei Männchen (Heinrich und Herbert) hielten wir anschließend mit dem Vater Harald von den Weibchen getrennt. Die Männchen sind inzwischen gestorben.

Vertragen sie sich gut miteinander, oder gibt's da schon mal Probleme?

Alle Ratten haben sich bei uns stets gut vertragen und gegenseitig Körperpflege ausgeübt wie lecken und kraulen.

Können Sie Ihre Ratten auseinanderhalten? Haben sie eigene Namen? Hören sie darauf?

Ratten sind nur in Ausnahmefällen an körperlichen Merkmalen zu unterscheiden, sonst aber am etwas unterschiedlichen Verhalten uns gegenüber, z. B., die eine klettert sofort über den Arm auf die Schulter, die andere verkriecht sich unter dem Kragen usw.

Wie sind Ihre Ratten untergebracht? Dürfen sie auch frei herumlaufen? Richten sie dabei manchmal Schaden an?

Unsere ersten beiden Ratten hielten wir vollkommen frei. Sie durften sich ihren Wohnplatz selbst aussuchen und fanden ihn im obersten Fach unserer Bücherregale im Wohn- und Schlafzimmer (hinter den Büchern). An den Metalleitern der Regale turnten sie sehr gewandt und schnell auf und ab. Wenn wir abends ins Bett gingen, marschierten sie hinter uns her ins Schlafzimmer.

Als Haus hatten sie hinter den Büchern eine Schuhschachtel stehen, denn alle Ratten brauchen dringend etwas zum Verkriechen. Im Laufe von ihren ca. zwei Lebensjahren haben sie schon ab und zu mal ein Buch oder Elektrokabel angeknabbert. Besonders gefährdet waren echte Baumwollstoffe bei Bettwäsche oder Hemden.

Wegen unserer Katzen halten wir die Ratten jetzt auf einem mittelhohen Schrank. Dort steht ein Käfig mit drei Stockwerken mit offenem Deckel und offenen Klappen; außerdem einige Schachteln mit ausgeschnittenen Türöffnungen und ein Katzenkorb. Sie werden dort von den Katzen völlig in Ruhe gelassen und verlassen diesen Kleiderschrank von selbst nicht.

Was geben Sie ihnen zu futtern? Was mögen sie besonders gern?

Das «wissenschaftlich erprobte» Hart-Preß-Futter lehnten alle Ratten ab. Ich füttere Körnermischung, harte und gekochte Nudeln, morgens bekommen sie mit uns Quark-Marmelade-Butter-Toastbrot, sehr gern mögen sie Kitekat-Brocken, Salatblätter und Obststückchen. Besonders gern nehmen sie Haselnüsse (geschälte).

Geben Sie ihnen etwas Bestimmtes, woran sie die Nagezähne abschleifen können?

Nüsse in Schalen. Aber wir kontrollieren die Zähne ständig, und bei Bedarf kürzt sie mein Mann mit einem Seitenschneider.

Wie verhindern Sie, daß Ihre Ratten Nachwuchs bekommen?

Durch Trennung der Geschlechter.

Spielen die Tiere gern? Womit?

Uns ist nicht aufgefallen, daß die Tiere mit Gegenständen spielen, aber sie turnen gern und jagen sich gegenseitig dabei.

Sind sie verschmust und zutraulich? Alle?

Wenn man sich genügend mit den Ratten abgibt, sind sie außerordentlich zutraulich und zärtlich, alle.

Lassen Sie Ihre Ratten auch mal baden? Wie geht das vor sich?

Wir haben die Ratten einmal in der Badewanne schwimmen lassen, und sie konnten das sehr gewandt. Sie zeigten dabei aber große Angst und kletterten ziemlich schnell wieder an unseren Armen heraus. Auch beim Baden im Waschbecken zeigten sie keine Freude.

Ist Ihnen aufgefallen, ob und wie Ihre Ratten auf Musik reagieren?

Keinerlei beobachtete Reaktion auf Musik.

Halten Sie noch andere Haustiere? Welche? Wie vertragen sie sich mit den Ratten?

Außer den Ratten besitzen wir zwei Volièren mit Wellensittichen und Ze-
brafinken, zwei Griechische Landschildkröten, zwei Meerschweinchen,
eine Australische Rennmaus und neun Katzen.

Die Meerschweinchen haben Angst vor den Ratten, die Ratten aber nicht
vor den Katzen. Aber auch die Katzen sind an den Ratten nicht interessiert. Sie haben ja freien Zugang auf den Schrank.

*Glauben Sie, daß es intelligente Tiere sind? Woran könnte man das mer-
ken?*

Ratten sind außerordentlich lern- und anpassungsfähig. Besondere Intel-
ligenzanforderungen haben wir an unsere Ratten nicht gestellt.

Seit wann mögen Sie Ratten?

Seit wir sie kennen, 1974.

Waren Ihre Ratten schon einmal krank? Was haben Sie unternommen?

Einmal einen Abzeß am Bauch, Behandlung durch Tierarzt mit Salbe (er-
folgreich). Fast alle unsere Ratten sind an Krebs gestorben. Anfang dieser
Woche (April 1986) wurden drei Rattenweibchen wegen Brustkrebs ope-
riert. Sie überlebten dies nicht. Unser Tierarzt erzählte uns, daß Ratten
auf Krebsneigung hin gezüchtet werden. Dem Rattenbesitzer wird dadurch die Möglichkeit genommen, sich an dem Tier bis zur Vollendung
seiner biologischen Lebenszeit (ca. sieben Jahre) zu erfreuen. Auch aus
diesem Grunde sollten Qualzüchtungen mit vorgeschädigten Tieren endlich verboten werden.

Was sagen Ihre Nachbarn zu der Rattenfamilie?

Reaktion bei Nachbarn und Bekannten unterschiedlich, aber überwiegend ablehnend. Es sind meistens die scheinbar nackten Schwänze, die
abstoßend wirken. Aber dies sollte kein Kriterium für jemanden sein, der
sich Ratten halten will. Bei mehreren Leuten, deren Reaktion mir unsicher schien, habe ich unsere Ratten mit Erfolg als Meerschweinchen aus-
gegeben.

*Können Sie uns irgendwelche besonderen Erlebnisse mit Ihren Ratten
schildern?*

Wenn ich die Wohnung betreten habe, rief ich von der Tür aus: Hugo,
Freddy, ich bin wieder da. Daraufhin turnten beide gewandt im Wohn-
zimmer an den Leitern hinunter, liefen durch das Zimmer zum Gang hinaus, kletterten an den Beinen bis auf meine Schultern und begrüßten mich
durch Ohrknabbern.

Wenn sie mir zeigen wollten, daß sie Hunger hatten, versuchten sie mit ihren kleinen Händen meine Lippen zu öffnen, um zu schauen, ob ich nicht etwas im Mund habe und bereit bin, wie oft geschehen, mit ihnen zu teilen (Intelligenzleistung?).

Wir nahmen Hugo und Freddy immer mit in Urlaub. Aber in fremder Umgebung bzw. ihnen unbekannten Wohnungen zeigten sie größte Angst und bewegten sich nicht von uns fort.

Wir hatten einmal ein Haus in Holland gemietet. Der Rattenkäfig war dabei, und wenn wir Hugo und Freddy nicht bei uns trugen, saßen sie in ihrem offenen Käfig, der stets so gestellt war, daß sie uns sehen konnten. Wir hatten dort Doppelstockbetten. Ich hatte das obere Bett. Mitten in der Nacht hörte ich Geräusche, machte das Licht an und sah, wie Hugo an dem doch ziemlich dicken und glatten Bettpfosten heraufkletterte, was ihm nach einigen Anläufen dann gelang. Er legte sich dann dicht an mich gedrängt auf mein Kopfkissen, und das blieb dann während des ganzen Urlaubs sein Schlafplatz.

Über unseren Balkon entschwand Freddy einmal auf den Nachbarbalkon in die gleichgeschnittene Nebenwohnung (hier in München). Ich konnte noch sehen, daß er in die offene Balkontür des Nachbarn «schlich». Ich wartete ab, ca. ¼ Stunde, dann kam er wieder angeschossen. Hinter ihm der Nachbar. Der erzählte mir: «Ich war in der Küche beim Geschirrspülen, als ich ein dunkles Tier sah. Ich dachte schon, jetzt hätten wir Mäuse im Haus und bin furchtbar erschrocken. Aber dann sah ich, daß es Ihr Meerschweinchen ist.» In diesem Glauben ließen wir ihn auch.

Wir hatten sonst keine besonderen Erlebnisse mit unseren Ratten; da sie außerhalb ihrer gewohnten Umgebung und ohne uns sehr ängstlich sind, haben wir immer sehr auf sie aufgepaßt und setzten sie nicht grundlos irgendwelchen Gefahren aus.

Aufgefallen ist uns noch, daß Ratten uns an der Stimme erkennen. Sobald sie eine fremde Stimme hier in der Wohnung hören, halten sie sich ruhig und versteckt.

Hugo und Freddy bleiben dann lange Zeit unsichtbar hinter ihren Büchern sitzen. Nur wenn der Besuch länger bleibt, sehen wir sie nach einiger Zeit ganz vorsichtig über den Bücherrand lugen. Wenn sich der Besuch über Stunden hinweg hinzieht, wird Hugo ungeduldig und fängt an, Bücher hinunterzuschieben bzw. zu werfen. Er will wohl so auf sich aufmerksam machen, damit wir ihn nicht vergessen. Aber sie kommen nie bei Besuchen heruntergeklettert.

Würden Sie anderen Menschen Ratten als Haustiere empfehlen? Worauf müßte man dabei besonders achten?
Uneingeschränkt, falls man bereit ist, sich mit ihnen zu beschäftigen, und sie nicht nur im Käfig hält. Aber nicht mehr als zwei.
Frau Gruber, sind Ratten Ihre erklärten Lieblingstiere oder haben Sie eigentlich einen anderen Favoriten unter den Haustieren?
Ratten sind die Lieblingstiere meines Mannes. Mir stehen die Katzen fast noch ein bißchen näher.

Ganz gezielt dagegen suchte Susanne Reimers aus Hamburg (20, Fremd-sprachen-Korrespondentin) nach einer schwarzen Ratte, von der sie in dem folgenden Interview erzählt.
Wie kamen Sie auf den Gedanken, sich eine zahme Ratte anzuschaffen?
Eine Ratte wollte ich eigentlich hauptsächlich, weil man in unserem Haus keine Hunde halten darf und ich ein etwas intelligenteres Tier haben wollte, dem man auch etwas beibringen kann. Ich bin daran zwar geschei-tert, Methusalem ist viel zu raffiniert und tut nur, was für ihn am besten ist, fressen und schmusen. Außerdem habe ich in England eine Freundin, die auch eine Ratte hat, und ich fand sie so niedlich, daß ich am liebsten auch eine genommen hätte. Meine Eltern waren zwar im ersten Augen-blick so geschockt und trauten sich nicht einmal an den Käfig heran. Meine Mutter schlich sich als erste in sein Herz, indem sie unseren guten Käse an Methusalem verfütterte, und mein Vater schlich sich mit einem Stück Schokolade an seinen Käfig ran, und nun nimmt er ihn sogar mit in die Stube und spielt mit Methusalem. Meine Eltern haben ihn fast so lieb wie ich.
Woher haben Sie Ihren Methusalem? Wie alt ist er?
Ich habe Methusalem aus einem Zoogeschäft, die ihn extra für mich aus Köln bringen lassen haben, denn in vielen Tiergeschäften ist es verboten, Ratten zu halten, da sie die Kunden verschrecken. Es dauerte sehr lange, ehe ich ihn endlich bekam, da es so kalt war und bei der Kälte war die Überlieferung zu gefährlich, er wäre unterwegs vielleicht eingegangen. Außerdem hatte ich es mir auch in den Kopf gesetzt, eine schwarze Ratte zu bekommen, und die sind nun einmal nicht so leicht zu bekommen wie die gescheckten und weißen. Dann am 6. 2. 1985 habe ich endlich diesen kleinen verschüchterten Wurm bekommen, gerade 100 g schwer und ganz ängstlich. Dazu kam dann auch noch, daß er erkältet war, er hatte

einen großen Schnupfen, und so placierte ich den Käfig gleich neben der Heizung und kümmerte mich so oft ich konnte um ihn, ließ ihn gleich frei umherlaufen und trug ihn so oft wie möglich an meinem Körper.

Jetzt wiegt er fast 500 g, ist kerngesund und ziemlich frech. Wenn ich ihn laufen lasse, geht er nicht mehr als einige Schritte von mir weg, also immer fleißig hinterher.

Haben Sie noch andere Haustiere? Welche?

Ich habe noch ein Meerschweinchen, allerdings ist es etwas scheu, und ich kann es nicht so umherlaufen lassen wie Methusalem, da es nicht stubenrein ist. Obwohl Methusalem fast immer frei umherläuft, geht er selten an Toyahs Käfig, außer wenn ich mich mal um Toyah kümmere, dann wird er richtig eifersüchtig und springt mit einem Satz in den Käfig, ärgert Toyah so lange, bis sie vor Angst fast wahnsinnig wird. Dann bekommt Methusalem zwar einen Klaps auf den Hintern und verzieht sich beleidigt hinter das Sofa oder sucht bei anderen Personen Schutz, doch nach ein oder zwei Stunden kommt er wieder vor und versucht sich wieder einzuschmeicheln, indem er auf das Sofa springt und Küßchen ins Gesicht gibt.

Welches Futter bekommt Methusalem? Was mag er am liebsten?

Methusalem bekommt hauptsächlich Meerschweinchenfutter, und oft gebe ich ihm etwas von meinem Essen ab, denn er ist ganz wild auf Kartoffeln. Einmal im Monat bekommt er ein rohes Ei vermischt mit Corn flakes. Am liebsten ißt er jedoch Schokolade, Süßigkeiten jeder Art, und wenn Freunde zum Tee da sind, dann wird er richtig verwöhnt, er bekommt dann Bisquitkekse in Tee gestippt. Trinken tut er auch so gut wie alles. Er kann es einfach nicht lassen, wenn man ihn einmal aus den Augen läßt, dann geht er auf dem Tisch einfach an die Gläser und trinkt dann, jedoch ist er ziemlich vorsichtig geworden, seit er einmal beschwipst war. Er flippte regelrecht umher, und dann lag er plötzlich schlapp auf dem Kissen und konnte nicht einmal mehr den Kopf heben. So lag er dann einen ganzen Tag im Käfig und sah richtig bemitleidenswert aus, aber selbst schuld … Und er hat auch daraus gelernt, er rührt keinen Sekt mehr an.

Was geben Sie ihm zum Abschleifen seiner Zähne?

Eigentlich gebe ich ihm nichts Spezielles für seine Zähne. Ich gebe ihm Wurzeln und dann noch Nagerkekse für Hamster. Dann schleift er sie durch das Spielen, denn ich kämpfe immer mit ihm, dann greife ich ihn mit einem Bleistift an, und er attackiert ihn dann auch.

Wo schläft er?

Er schläft in seinem Käfig, immer hinten in der linken Ecke. Ich habe seinen Käfig mit Zeitung, Katzenstreu, Sägespänen und etwas Heu ausgelegt. Das Heu legt er sich dann gleich in seine Ecke und baut sich regelrecht ein Nest.

Spielt er gern? Womit?

Er ist entsetzlich verspielt und bezieht alles und jeden mit in sein Spiel hinein. Am schönsten findet er es, wenn man ihn an seinen Bauchseiten kitzelt. Dann wälzt und kugelt er sich auf dem Boden. Meist triezen meine Freunde und ich ihn gemeinsam, bis er endlich einmal erschöpft ist, dann legt er sich auf den erstbesten Schoß, den er finden kann, und ruht sich aus. Meist spielt er aber mit sich selbst Verstecken. Er läuft wild durch die Wohnung, schlägt Haken etc.

Lassen Sie ihn oft frei in der Wohnung herumlaufen?

Er darf fast den ganzen Tag frei durch die Wohnung laufen, mindestens aber eine Stunde pro Tag, am längsten aber, wenn ich Besuch habe, da fast alle meine Freunde vernarrt in ihn sind.

Hat er da schon mal irgendwelchen Schaden angerichtet?

An den Möbeln hat er noch keinen Schaden angerichtet, doch als ich ihn einmal aus Versehen abends vergessen hatte, da blieb er dann in meinem Bett und hat sich am Fußende in das Daunenbett reingefressen und dort geschlafen. Meine Eltern waren nicht gerade begeistert, als sie das mitbekamen. Aber sonst ist noch nie etwas Derartiges vorgekommen.

Ratten baden gern. Hat Methusalem eine eigene Badewanne?

Eine eigene Badewanne hat er nicht, ich bade ihn alle zwei Monate mal im Waschbecken, weil es so kühl ist, doch im Sommer darf er draußen in einer Plastikschüssel planschen.

War er schon mal krank? Was haben Sie unternommen?

Bis jetzt war Methusalem noch nicht krank, nur durch seine Fettleibigkeit wird er immer fauler. Wenn man ihn frei umherlaufen läßt, dann geht er oft einfach an das Obst, das auf dem Tisch steht, und frißt dann einiges davon, oder er klaut sich schon mal einen ganzen Apfel.

Nehmen Sie ihn manchmal mit bei Spaziergängen oder wenn Sie Freunde besuchen?

Im Sommer nehme ich ihn oft mit nach draußen, doch die Reaktion der Leute ist immer ziemlich panisch.

Läßt er sich auch von Fremden anfassen und streicheln?

Er kennt absolut keine Scheu gegenüber anderen Leuten. Egal, wer ihn krault, Hauptsache, er macht es gut und lange und bringt noch etwas zu naschen mit.

Wo bleibt Methusalem, wenn Sie in Urlaub fahren?

Im Urlaub bleibt Methusalem bei meinen Eltern, wenn die zu Hause sind, sonst gibt es viele Freunde, die sich regelrecht darum reißen, auf ihn aufpassen zu dürfen.

Als ich mit meinen Eltern über Weihnachten in Lanzarote war, da hat eine Freundin ihn für zwei Wochen genommen und auch mein Meerschweinchen. Sie hat auch ein Meerschweinchen.

Gibt es in Ihrer Familie oder im Freundeskreis noch mehr zahme Ratten als Haustiere?

Ich kenne viele aus meinem Freundeskreis, die auch gern eine Ratte haben würden, doch die Reaktion der Eltern wäre wohl zu unschön, also müssen sie diesen Wunsch vergessen.

Wie reagieren Ihre Nachbarn auf Methusalem? Gab es seinetwegen schon mal Ärger?

Die Reaktion der Nachbarn ist eigentlich eher gleichgültig, da viele auch Tiere haben oder hatten. Doch eine Nachbarin hat sich einmal unheimlich aufgeregt. Sie stellte mich vor die Wahl, entweder die Ratte kommt noch heute aus dem Haus, oder sie holt den Hausmeister und läßt die Ratte auf gerichtlichem Weg rausholen. Ich hatte gleich unseren Hausmeister angerufen und meine Oma, denn meine Eltern waren gerade im Urlaub und ich ziemlich unglücklich. Meine Oma machte den Vorschlag, daß ich ihr die Ratte gebe und dann einige Wochen später zurückbekomme, doch das wollte ich nicht, wenn die Ratte geht, dann ich auch. Doch so weit kam es Gott sei Dank nicht. Unsere Nachbarin ging noch zu allen anderen und teilte ihnen mit, daß ich ein Ungeheuer (eine Ratte) besitze und sie umherlaufen lasse, doch die Nachbarn reagierten nicht sehr erschrocken, da sie es sonst eigentlich alle wußten und auch nichts dagegen hatten. Also war sie mit ihrer Abscheu ganz allein, und ich finde auch, daß meine Ratte das ganz halbe Jahr, das ich sie da schon hatte, kein Ungeziefer angeschleppt hat, also brauchte sie davor auch keine Angst zu haben.

Haben Sie ein Lieblingstier? Welches?

Mein Lieblingstier ist eigentlich ein Hund (Bobtail). Und danach kommen Schmusetiere wie z. B. Meerschweinchen, Hasen, Hamster und Ratten.

Würden Sie Methusalem hergeben, wenn jemand Ihnen ein gutes Angebot macht?
Auf diese Frage gibt es eine ganz klare und einfache Antwort, Methusalem würde ich für nichts auf der Welt hergeben, wer würde schon seinen besten Freund verkaufen?

Eine ganze Rattenfamilie wohnt im Zimmer von Gabriele Pap (16), einer Schülerin aus Hamm. Im April 1986 waren es insgesamt neun Ratten, die in zwei selbstgebauten Käfigen lebten, nach Geschlechtern getrennt, drei erwachsene Männchen in einem und eine Rattenmutter mit fünf Jungen im anderen.
Gabriele bekam die älteren Männchen, die beiden weißen «Laborratten» Amadeus und Feldmann, vor ca. einem Jahr von einer Freundin geschenkt. Sie kaufte noch ein schwarzweißes Weibchen hinzu, denn anfangs wollte sie züchten. Aber seit das Weibchen, schlicht «Mutter» genannt, schon mehrmals Junge bekam, die mittlerweile im Freundes- und Bekanntenkreis immer schwerer unterzubringen sind, hat sie diesen Gedanken aufgegeben.
Allerdings macht «Mutter» ihr gelegentlich einen Strich durch die Rechnung. Sie kann die Tür ihres Käfigs selber öffnen und provoziert dann die Männchen so lange, bis die auch irgendwie den Weg ins Freie finden. Gabriele erwägt deshalb, die Männchen kastrieren zu lassen. Vielleicht wäre auch ein Vorhängeschloß vor der Käfigtür praktikabel, zumindest als Zwischenlösung.
Bevor die ersten Jungen zur Welt kamen, baute «Mutter», mit eifriger Unterstützung von Gabriele, ein Nest in ihrem Käfig. Das Mädchen hielt ihr Zeitungspapier hin, und «Mutter» verlangte immer mehr davon, bis das Nest ihren Vorstellungen entsprach.
Verschmust sind Gabrieles Ratten mehr untereinander, als ihr gegenüber. Der Familienclan hält fest zusammen. Einmal wurde die jugendliche Besitzerin sogar von «Mutter» leicht in den Finger gebissen, als sie dem Nest mit den Jungen für deren Geschmack zu nahe kam. Einen Biß in die Pfote bekam auch der Mischlingshund ab, der ins Haus gehört, als die Ratten frei in der Wohnung herumliefen und er neugierig dazukam. Seither hat er Angst vor ihnen und macht lieber einen respektvollen Bogen um sie.
Aber Gabriele läßt sie sowieso nicht mehr so oft frei herumlaufen, weil sie

nicht stubenrein sind. (Das dürfte sich mit der Kastration bessern.) Dafür nimmt sie sie im Sommer überallhin mit, früher auch in die Schule, aber das darf sie jetzt nicht mehr. Wenn sie mit ihrer Freundin unterwegs ist, nimmt jede zwei Ratten in die Tasche oder unter die Jacke. Bei einem dieser Ausflüge ist ein Männchen mal fortgelaufen, und sie haben es stundenlang vergeblich gesucht. Als sie schon aufgeben wollten, kam es plötzlich ganz von allein zurück.

Gebadet hat Gabriele ihre Ratten erst einmal, denn «das fanden die gar nicht so toll». Sie hält die Käfige allein sauber und füttert ihre Ratten auch selbst. «Am liebsten mögen sie Garnelen und Kartoffeln», erzählt sie. «Aber sonst essen sie eigentlich alles, sehr gern auch Salat. Nur rohes Fleisch gebe ich ihnen nicht, sonst werden sie bissig.»

Ihre Eltern waren im Anfang gegen die Ratten, haben sich aber inzwischen an sie gewöhnt. Kein gutes Ende nahmen zwei junge Tiere, die Gabriele, auf Empfehlung, an einen Jungen weitergegeben hatte, den sie nicht näher kannte. Die eine Jungratte wurde von der Katze getötet, die andere von dem Waran seines Bruders aufgefressen. Beidesmal handelte es sich um einen Unglücksfall, denn der Junge ist sehr tierlieb. Aber über Ratten und ihre Feinde wußte er halt zu wenig.

Zuerst hatte Gabriele übrigens Angst vor Ratten, da sie als Kind einmal von einer Kanalratte gebissen wurde. Aber dann hat sie doch ihr Herz für die hübschen kleinen Nager entdeckt. Mit ihren eigenen Tieren machte sie nur gute Erfahrungen.

Arbeitende Ratten, mit denen man sogar Geld verdienen kann, gibt es inzwischen auch schon. Ingeborg Junior aus Halstenbek hat eine Tieragentur gegründet «Ingeborg's Animals». Sie vermietet für Werbefotos und -spots Hunde, Katzen, Papageien, einen Affen, einen Uhu und – eine Ratte. Bis vor kurzem war der weiße Ratterich Igor der Star, er wurde sogar bei einer Fotomontage des *Stern* auf der Schulter von Bundeskanzler Kohl abgebildet. Leider lief er seiner Besitzerin, einer Punkerin aus Wedel, eines Tages davon und verschwand auf Nimmerwiedersehen.

Igors Nachfolgerin ist die rotbraune Rattendame «Mischka» (zu bewundern auf dem Schutzumschlag dieses Buches). Sie ist eineinhalb Jahre alt und lebt bei einer Familie in Pinneberg. Besitzerin ist deren 17jährige Tochter. Mischka darf meistens frei im ganzen Haus herumlaufen. Ihre beste Freundin ist die zwei Jahre alte Dobermannhündin Jessie. Die beiden spielen oft zusammen, und Jessie leckt Mischka liebevoll ab. Mischka bekommt eine Tagesgage von rund hundert Mark, als Belohnung gibt es außerdem Mehlwürmer, ihre Lieblingsspeise.

Auch Laborratten, für qualvolle Versuche gezüchtet und für den frühen Tod vorprogrammiert, haben manchmal eine Chance. So zum Beispiel acht Ratten, die das Glück hatten, an ein junges Münchener Tierarzt- und Tierschützer-Ehepaar zu geraten. Im Juli 1982 erhielt der Münchener Doktorand der Veterinärmedizin Wolfgang Ellinger von seinem Professor den Auftrag, die Methode des Kaltbrennens zur Kennzeichnung an Ratten zu testen, ein im Grunde völlig überflüssiges Experiment, da das Kaltbrennen bei Pferden und Rindern schon tausendfach erprobt wurde. Aber dem Wunsch des Professors hat der Student Folge zu leisten. Wolfgang Ellinger konnte immerhin den Ankauf von Ratten für diesen Zweck verhindern und sich sechs weiße, männliche Ratten aus dem Physiologischen Institut der Universität besorgen, die – nach unbekannten Versuchen – getötet werden sollten.

Die sechs Ratten wurden unter Narkose gesetzt. Nach dem Scheren des Fells in begrenzten Bereichen wurden diese Stellen gefroren, mit Alkohol befeuchtet und mittels eines Kupferstempels mit einer Buchstabenfolge versehen (Buchstabengefrierbrand). Das Pigment in den Haarbälgen geht in den gefrorenen Bereichen kaputt, so daß der Fellnachwuchs hier weiß kommt.

Soweit gut. Aber da weiß auf weiß keine besonders gut leserliche Signatur ergibt, forderte der Professor die Wiederholung des Verfahrens an zwei wildfarbenen Rattenmännchen, die aus einem Versuchslabor in Martinsried geholt wurden. Hier funktionierte der Test zu seiner Zufriedenheit. Alle acht Ratten verhielten sich, als sie aus der Narkose erwachten, normal. An den betroffenen Stellen zeigten sich leichte Entzündungen, die rasch abklangen. Es kam zu einer Krustenbildung, die nach einiger Zeit von selbst abfiel.

Wolfgang Ellinger unternahm auch einen Selbstversuch am linken Unterarm, der weniger harmlos verlief. Die Entzündungserscheinungen hielten über vier Wochen an, heute sieht man allerdings nicht mehr viel von der Signatur.

Die Ratten wurden paarweise in den für Versuchsinstituten typischen Käfigen gehalten (ca. 23 × 38 cm groß, bei einer Höhe von ca. 17 cm). Vorn befindet sich eine tiefe Mulde, die viel des ohnehin engen Raumes beansprucht. Als Einstreu dienten Sägespäne. Wasser stand ihnen ständig über eine Tränkflasche zur Verfügung. Als Futter wurde ausschließlich ein Trockenpräparat verabreicht, das in 14 × 14 cm großen Strängen oben aufs Gitter gelegt wird, zum Durchnagen. Es erhält die Versuchstiere am Leben, schmeckt ihnen aber offensichtlich nicht besonders. Jedenfalls nehmen sie nie so viel davon auf, daß sie Fett ansetzen könnten.

Nach ca. einem halben Jahr ordnete der Professor an, die Ratten zu töten, unter der Ätherglocke, da keine Verwendung mehr für sie bestand. Wolfgang Ellinger, der damals einen Schlüssel zum Institut besaß, schmuggelte die Tiere heraus und nahm sie mit nach Hause. Dort wurden sie in einen rasch umfunktionierten Igelkäfig gesetzt, alle acht zusammen. Mit Herzklopfen standen Wolfgang und Ingrid Ellinger daneben. Was würde passieren? Würden die einander fremden Ratten übereinander herfallen?

Nichts dergleichen. Sie interessierten sich zunächst überhaupt nicht für ihre Artgenossen, sondern waren stundenlang vollauf damit beschäftigt, die «paradiesische» Größe ihrer neuen «Welt» zu erkunden, den 60 × 120 cm großen und 50 cm hohen Igelkäfig, in dem sie fasziniert hin- und herliefen. Auch nach der Gewöhnung an die neue Umgebung blieben sie friedlich und verträglich. Allerdings wurden die beiden wildfarbenen, auch körperlich kleineren und schwächeren Tiere etwas an den Rand gedrängt, aber zu Beißereien mit Verletzungen kam es nie.

Schrittweise erfolgte die Futterumstellung. Zuerst bekamen die acht geretteten Ratten Fertignahrung für Nager und Meerschweinchen. Zuletzt aßen sie mit Begeisterung alles, was im Haushalt so anfällt. Besonders beliebt waren gekochte Kartoffeln, Mohrrüben, Äpfel, Salat, aber auch Fleisch- und Fischreste. Orangen gehörten nicht zu ihrer Lieblingsspeise. Für die Zähne gab es trockenes Brot.

Im Sommer 1983 entdeckte Ingrid Ellinger am frühen Morgen eines der wildfarbenen Tiere tot im Käfig. Es lag steif auf der Seite und war leicht blaugefärbt. Irgendwelche vorhergehenden Anzeichen einer Krankheit waren nicht zu beobachten gewesen. Bis August 1983 starben auf die gleiche Weise insgesamt drei Ratten, darunter nur eine weiße. Die Überlebenden zeigten kein auffälliges Verhalten, wenn eine von ihnen gestorben war.

Ende August 1983 wurden fünf Ratten zu Ingrid Ellingers Mutter nach Weißenburg gebracht, wo sie im luftigen, trockenen und hellen Heizungskeller ein noch größeres Quartier bezogen. Die letzte von ihnen starb im Frühjahr 1984. Zuvor wurde noch ein weiteres Rattenmännchen problemlos eingegliedert: Dominik, ein dicker, gescheckter Ratterich, der aus einer Zoohandlung stammte. Die Leute, die ihn dort gekauft hatten, wollten ihn in der inzwischen eröffneten Praxis von Ellingers einschläfern lassen. Dominik war ein Brocken, aber gutmütig und verträglich. Er starb erst im Frühjahr 1985. Zuletzt hatte er sogar noch ein Rattenmädchen zur Gesellschaft.

Rosalinde, gescheckt wie Dominik, gehörte der Tochter eines Professors der Ornithologie. Sie hatte die Ratte erworben, um ihre Eltern damit zu schockieren, und ließ sich nach einiger Zeit überreden, sie wieder herzugeben. Rosalinde lebte eine Zeitlang allein in der Münchener Wohnung von Ellingers, denn zu den vielen Rattenmännchen in Weißenburg konnte man sie nicht bringen. Schließlich wollten die jungen Tierärzte keine Rattenzucht aufmachen. Rosalinde sorgte unfreiwillig dafür, daß Wolfgang Ellinger einen neuen Computerdrucker bekam: Sie nagte in seinem Arbeitszimmer ein Kabelbündel einfach durch. Jetzt trat man doch dem Gedanken näher, sie nach Weißenburg zu bringen, nur, zuvor mußte sie sterilisiert werden. Und das war gar nicht so einfach. Die kleine Gescheckte brauchte hinterher Intensivbehandlung, erholte sich aber schließlich gut.

In Weißenburg war nur noch Dominik übrig, als Rosalinde eintraf. Er schaute sie kurz an, stürzte sich dann sofort – nein, nicht etwa auf Rosalinde – sondern auf seine gesamten Futtervorräte und schleppte sie eifrig in sein Häuschen, wo er sich auf den ganzen Schatz draufsetzte. Aber später haben die beiden dann doch Freundschaft geschlossen, bis Rosalinde im Herbst 1985 starb. Im Schnitt wurden alle Tiere nach bestmöglichen Schätzungen (ihr Alter beim Eintreffen war ja nicht bekannt) etwa zwei Jahre alt.

Ratzky, eine kleine weiße Laborratte, erteilte dem englischen Arzt Neal Barnard eine Lektion, die seine Einstellung zu Ratten, Versuchen und Menschen grundlegend beeinflußte und änderte:

Ratzky nannte ich die kleine weiße Ratte, die ich vor zehn Jahren aus dem Psychologie-Labor der Universität mit nach Hause nahm. Dieses kleine Geschöpf erteilte mir meine erste Lektion im Umgang mit Tieren.

Im Einleitungslehrgang meiner Hochschule wurden Ratten zu Versuchen benutzt. – Nachdem sie drei Tage kein Wasser bekommen hatten, wurden sie in eine Skinner-Box gesetzt (ein von Dr. Skinner entwickelter Käfig, der ein paar Tropfen Wasser freigibt, wenn das durstige Tier darin eine Sperrvorrichtung löst).

Damit wollte man ihre Lernfähigkeit demonstrieren. Wenn ein Tier für eine Leistung, wie z. B. das Lösen einer Sperre, belohnt wird, wird es diese Leistung immer wieder erbringen.

Nach Beendigung dieses Experiments wurden alle Ratten in eine Mülltonne gesteckt, mit Chloroform übergossen und bei geschlossenem Deckel dem Erstickungstod ausgesetzt.

Ein weiteres Experiment, für das sich die Studenten einschreiben konnten, war das Einpflanzen von Elektroden in den Schädel einer Ratte. Während des Implantierungsvorgangs wurde der Kopf der Ratte mit einem stereotaxischen Gerät festgehalten, dessen Metallstäbe beide Gehörgänge durchstoßen und das Trommelfell zerreißen. Meine Bedenken, daß diese Versuche für die Ratten schmerzhaft sind, wischte der Professor mit der Bemerkung weg: «Nun, ich vermute, Ihre Stereoanlage werden die morgen früh nicht mehr hören.» Obwohl ich durch diese gefühllose Äußerung betroffen war, führte ich das Experiment aus. Auch ich war bereits abgestumpft und machte mir keine weiteren Gedanken.

Eines Tages nahm ich eine Laborratte mit nach Hause. Das kleine Tier lebte einige Monate in einem Käfig. Es schien desinteressiert und ängstlich zu sein, genauso wie ich es von einer Ratte erwartet hatte. Doch als ich eines Tages die Käfigtür offen ließ, war ich über ihre unerwartete Verhaltensweise erstaunt.

Nachdem Ratzky einige Tage die Käfigtür eingehend beschnuppert hatte, entschloß sie sich, die Umgebung außerhalb ihres Gefängnisses genauer zu erkunden. Ich überwachte ihre Ausflüge aufmerksam. Sehr bald interessierte sie sich für mich und meine Freunde.

Sie wurde zutraulicher. Wenn ich auf dem Rücken lag, kam sie her und richtete sich auf meiner Brust auf. Sie wollte gestreichelt werden. Sobald ich ihr nicht mehr genügend Aufmerksamkeit widmete, zwickte sie mich in die Nase und rannte weg. Es war mir klar, daß ihre scharfen Zähne ohne weiteres meine Haut hätten durchdringen können, doch sie schien bewußt vorsichtig zu sein. Sie wollte einfach mit mir spielen.

Ratzky benahm sich vorbildlich, war zutraulich, amüsant und peinlich sauber. Ratten passen sich ihrer Umgebung sehr schnell an. Sie sind für jede Zuneigung dankbar.

Wenn ihnen die Möglichkeit gegeben wird, in sauberer Umgebung zu leben, strömt ihr Fell einen parfümartigen Geruch aus. Haben sie genügend Futter, Wasser und ein warmes Plätzchen, ist von der den Ratten nachgesagten Aggressivität nichts zu spüren. Ratzky war meistens mit irgend etwas beschäftigt. Wenn ich ein Glas Eiswasser auf dem Fußboden für sie stehen ließ, nahm sie jeden Eiswürfel sorgfältig heraus und schleppte ihn zentimeterweise vom Glas weg, bis das ganze Eis herausgeholt war. Eines Tages mühte sie sich stundenlang damit ab, all meine schmutzige Wäsche aus einem Beutel herauszuziehen. Dann wiederum verbrachte sie Stunden damit, sich mit aller Sorgfalt zu putzen.

Ganz plötzlich bemerkte ich unter ihrer Haut eine Schwellung. Es war schwierig, einen Arzt zu finden, der Ratten untersuchte. Nur wenig Tierärzte kennen sich mit diesen Tieren aus. Der erste stellte fest, daß Ratzky ein Männchen sei. Er hielt die Schwellung für den Hodensack. Der nächste diagnostizierte einen Fettbeutel. Endlich fand ich einen Arzt, der sich auf Labortiere spezialisiert hatte. Ich konnte ihn überreden, die Schwellung zu operieren. Es war ein Tumor. Die Operation war nach Aussage des Arztes gelungen.

Weil Ratten mit ihrem Körper so penibel sind und unermüdlich daran arbeiten, jegliches Schmutzteilchen zu entfernen, müssen sie nach einem operativen Eingriff mit dem ganzen Körper in einen Gipsverband gelegt werden, um sie davon abzuhalten, die Fäden zu entfernen. Als ich sie von dem Gipsverband befreit hatte, taumelte sie mühselig zitternd ein paar Schritte. Ich bemerkte mit Schrecken, daß der Tierarzt nicht nur den Tumor, sondern versehentlich auch ihre Harnröhre entfernt hatte. Der Urin aus ihrer Blase floß in die Bauchhöhle und rief unter der Haut eine ätzende Reizung hervor. Der Tierarzt versuchte seinen Fehler mit einer weiteren Operation zu korrigieren. Jedoch war er äußerst unsicher, ob dies gelingen würde.

Außenstehende hatten wenig Verständnis für meine Sorgen um dieses kleine Tier. Ist es doch außergewöhnlich, eine Ratte als Haustier zu halten. Sie konnten nicht verstehen, daß dieses kleine Tier genauso leidet wie ihre großen Haustiere.

Nachts hielt ich Ratzky in der hohlen Hand, damit ich aufwachte, wenn er versuchte, die Fäden herauszuziehen.

Doch Ratzky war nicht mehr zu retten. Sein Zustand verschlechterte sich zusehends. Die neu eingesetzte Harnröhre war blockiert und bereitete ihm große Qualen.

Ich ließ Ratzky einschläfern.

Als praktizierender Arzt weiß ich, daß Grausamkeit gegenüber Tieren als psychiatrisches Symptom diagnostiziert wird, welches auf eine unsoziale Persönlichkeit hinweist.

Vor nicht allzu langer Zeit schickte mir meine Universität eine Umfrage. Unter anderem sollte ich sagen, welchen Lehrer ich am meisten geschätzt habe.

Ich bin nicht sicher, ob man meine Antwort verstanden hat.

Gotthold Ephraim Lessing erzählte einmal, wie *Friedrich Hebbel* überlieferte, wie zwei Ratten eine dritte zu einem Stück Kuchen «mit Zärtlichkeit» herbeiholten. Als Lessing die beiden anderen verscheuchte, sah er, daß die dritte die Mutter der beiden und – blind war. Woran er erkannte, daß die blinde Ratte die Mutter der anderen war, mag dahingestellt bleiben. Die rührende Fürsorge aber, mit der gesunde Ratten blinde betreuen, wurde mir durch ein Gespräch mit dem Münchener Stadtpfarrer Fritz Betzwieser bestätigt.

Auf einem Münchener Schulhof sah der Hausmeister kürzlich zwei Ratten. Er erschlug das eine Tier mit einer Schaufel. Zu seiner Überraschung machte das andere keine Anstalten zu fliehen. Als er es, neugierig geworden, genauer anschaute, stellte er fest, daß es blind war (weiße Augäpfel) und einen Strohhalm im Mund hielt. Daran hatte die gesunde Ratte es, wie ein braver Blindenhund, über den Schulhof geführt.

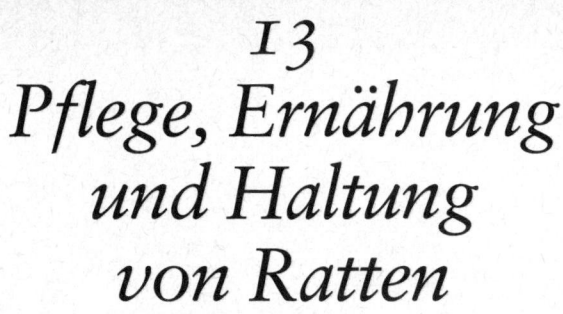

13
Pflege, Ernährung
und Haltung
von Ratten

(...)
Die Ratte schrecklich viel verbraucht;
Ein Glück, daß sie nicht auch noch raucht!
Es künden der Statistik Barden:
Der Schaden geht in die Milliarden!
Wo grau ein Rattenschatten huscht,
Ist halb das Leben schon verpfuscht.
Dem Kaiser selbst, Napoleon,
Ein Ratz das Frühstück trug davon,
So daß man in Sankt Helena
Den großen Korsen hungern sah.

Erwähnt sei auch die nimmersatte,
Meist nachts erst muntre Leseratte.
Wenn sie auch manchmal nicht die Spur
Versteht von Kunst und Litratur,
Fritzt sie doch, ohne viel Gekrittel
Papier als geistiges Nahrungsmittel.
Sie wäre höchstens zu vergiften
Mit militärischen Dienstvorschriften.
Die Ratte, wenn sonst nichts zu kriegen,
Macht sich aus Wiegendrucken Wiegen
Und legt ganz sorglos ihre Kleinen
Auch in ein Nest von Reichsmarkscheinen.
Doch tut das keineswegs die nette
Sündteure Ratte vom Ballette!
(...)

Aus: Eugen Roths Tierleben
für jung und alt.
München 1973

W*ie füttert man Ratten?*
Die große Maus benötigt vorwiegend kohlenhydratreiche Nahrung. Sie ist zwar außerordentlich anpassungsfähig, auch in bezug auf ihre Ernährung, aber im Gegensatz zu einem weitverbreiteten Irrtum keineswegs im gleichen Sinn wie Mensch und Schwein ein Allesfresser. Bei freier Futterwahl nimmt sie in der Regel höchstens 10 % tierischer Nahrung, also Fleisch oder Fisch, zu sich.
Die Tiere benötigen Eiweiß, Kohlenhydrate und Fett, Mineralstoffe, Vitamine und Spurenelemente. Die Nahrung muß abwechslungsreich sein, mit Abfällen allein kann man die Tiere nicht gesund erhalten.

Eiweiß: Zur Deckung des Eiweißbedarfes gibt man Ratten Getreidekörner und, abwechselnd, Fischflockenfutter, Mehlwürmer und Sojamehl. Hefe enthält nicht nur wertvolles Eiweiß, sondern auch sämtliche B-Vitamine und sollte deshalb täglich ins Futter gemischt werden. Optimal ist ein fünfprozentiger Hefeanteil bezogen auf die Gesamtfuttermenge.
Eine Überfütterung mit Fischresten führt wegen des darin enthaltenen sogenannten Antivitamin zu einem Mangel an Vitamin B_1. Auch die ausschließliche Fütterung mit Getreidekörnern ist gefährlich: Die Ratten können auf Grund des hohen Gehaltes an Phytinsäure an Rachitis erkranken.
Fett: Wenn Ratten zu fettarm ernährt werden, treten leicht Mangelerscheinungen auf. Die für ihren Organismus lebensnotwendigen hochungesättigten Fettsäuren sind in Sonnenblumenkernen, Leinsaat und Nüssen enthalten.
Kohlenhydrate: Ratten lieben Gemüse, auch Kartoffelstückchen, Salat und Früchte. Selbstverständlich sind Kohlenhydrate auch in dem Eiweißlieferanten Getreide reichlich vorhanden.
Mineralstoffe: Eine abwechslungsreiche, hochwertig zusammengesetzte Nahrung enthält Mineralstoffe in ausreichender Menge.
Vitamine: Das fettlösliche Vitamin A ist für Ratten außerordentlich wichtig. Es ist in Mohrrüben, Leber, Lebertran (sehr, sehr sparsam dosieren)

und Spinat enthalten. Leider führt aber Spinat bei Ratten häufig zu Verdauungsstörungen, sprich Durchfall. Machen Sie einen vorsichtigen Versuch mit einem kleinen Stückchen frischen Spinats.

Vitamin B-Mangel ist bei Ratten nicht zu befürchten, wenn sie täglich Körnerfutter und Hefe erhalten.

Eine Zufütterung von Vitamin C ist bei Ratten ebenso wie bei ihren Gegenspielern, den Katzen, überflüssig.

Vitamin D, das Anti-Rachitis-Vitamin, ist vorwiegend in Lebertran enthalten. Sonnenstrahlen aktivieren Vitamin D. Deshalb gönnen Sie Ihrer Ratte so oft wie möglich ein «Sonnenbad». Aber bitte nie den Käfig in die Sonne stellen! Das Tier muß selbst entscheiden können, ob und wie lange es sich in der Sonne aufhalten will.

Vitamin E ist in frischen Getreidekeimen enthalten, die von Ratten sehr gern angenommen werden. Man läßt die Körner in flachen, zugedeckten Ton- oder Glasschalen auf dem Fensterbrett auskeimen. Täglich ein wenig frisches Wasser nachgießen. Die frischen Keime sind – über Salat gestreut – auch für uns sehr empfehlenswert, besonders in der kalten Jahreszeit. Vitamin E-Mangel kann bei Ratten bedenklich werden.

Kein zusätzlicher Bedarf besteht bei Ratten an Vitamin K. Bei gesunden Tieren wird es ausreichend durch die Darmflora synthetisiert.

Auch an Vitamin P tritt so gut wie nie ein Mangel auf, da es im ausgewogenen Futter stets in genügendem Maße vorhanden ist.

Allgemein ist empfehlenswert, Ratten gelegentlich Vitamintropfen (nach Vorschrift) ins Trinkwasser oder mit einer Pipette direkt ins Mäulchen zu geben. Man erhält sie beim Tierarzt und im Zoohandel.

Etwas zum Knabbern: Ratten müssen stets zusätzlich harte Nahrungsmittel angeboten bekommen, an denen sie ihre unaufhaltsam wachsenden Nagezähne abschleifen können. Geeignet dafür sind steinhartes, aber selbstverständlich schimmelfreies Brot (auf die Sorte kommt es dabei nicht an). Lassen Sie die Brotreste, am besten in einem Netz, an der Luft, aber nicht an der Sonne, trocknen. Nüsse und Hundekuchen sowie frische Zweige von Laubhölzern sind gleichfalls sehr sinnvoll.

Gewürze: Was uns Menschen zum Schmackhaftmachen der Speisen dient, wird von Ratten wie von allen anderen Haustieren meist schlecht vertragen. Deshalb darf man Ratten von unserem Essen nur schwach gewürzte Reste geben, etwa gekochten Reis, gekochte Kartoffeln, Gemüse, Fleisch oder Fisch in kleinen Mengen.

Hamsterfutter, in der Regel eine Mischung aus Weizen- und Maiskörnern, Erdnußbruch und kernigen Haferflocken, ist auch für Ratten geeignet, muß aber ergänzt werden durch Gemüse, Obst, Hefe.

Wasser: Ratten löschen, wie die meisten Tiere, ihren Durst ausschließlich mit Wasser. Das gilt übrigens auch für tragende Rattenweibchen oder stillende Rattenmütter. Der Bedarf an Flüssigkeit ist bei Ratten sehr hoch, jedenfalls bei Wanderratten, und von ihnen stammen unsere zahmen Ratten ja ab. Man stellt ihnen das Wasser nicht in offenen Schälchen hin, da die Gefahr der Verunreinigung des Trinkwassers durch die Tiere selber groß ist. Die Folge sind Infektionskrankheiten. Tränkflaschen oder -röhren aus Plexiglas lösen das Problem auf hygienische Weise. Sie werden oberhalb des Käfigs so angebracht, daß die Ratte sich jederzeit «bedienen» kann. Das Wasser muß selbstverständlich täglich erneuert werden. Einmal in der Woche sterilisiert man die Tränkflasche in heißem Wasserdampf. Tränkflaschen sind im Zoohandel erhältlich.

Die richtige Nahrungsmenge: Erwachsene Ratten benötigen, je nach Größe, zwischen 15 und 25 g Nahrung pro Tag. Bei tragenden und stillenden Rattenweibchen ist der Nahrungsbedarf stark erhöht; sie brauchen nahezu die doppelte Menge. Jungen Tieren, bis zu etwa vier Monaten, sollte man so viel Futter geben, wie sie verlangen, sonst kommt es leicht zu Mangelerscheinungen. Die dann einsetzende Reduzierung auf den «Normalverbrauch» sollte langsam und schrittweise erfolgen.

Futterzeiten: Ob man ein- oder zweimal täglich füttert, ist jedem selbst überlassen. Da Ratten dämmerungsaktive Tiere sind, liegen die besten Zeiten für die Fütterung am frühen Morgen und am Abend. Einige kleine Bissen zwischendurch schaden nicht und erhalten die Freundschaft, besonders wenn die Tiere nur einmal täglich gefüttert werden.

Eine gutgemeinte Warnung zum Schluß: Ratten stopfen so viel Futter in sich hinein, wie nur irgend möglich. Und dann werden sie, wie wir, dick, was nicht unbedingt ihr Temperament, bestimmt aber ihre Lebenserwartung beeinträchtigt. Deshalb tut man den kleinen Tieren keinen Gefallen, wenn man sie allzusehr verwöhnt. Ewig «Hungrige» werden am besten mit ein paar Obststückchen zwischendurch beschwichtigt, das schadet der schlanken Linie noch am wenigsten.

Viele Ratten sind auf *Süßigkeiten* erpicht, ganz besonders auf Schokolade. Wer seine Ratte einmal daran gewöhnt hat, hat kaum eine Chance, den Prozeß wieder rückgängig zu machen. Plötzlicher «Entzug» des begehrten Leckerbissens führt zur Frustration und einer Belastung der freundschaftlichen, interspeziären Beziehungen. Immerhin sollte man wenigstens den Versuch machen, von Schokolade auf Obst oder Nüsse (in der Schale) überzuwechseln.

Übrigens, manchmal betteln anscheinend unersättliche Ratten auch nur, weil sie unbedingt etwas brauchen, um ihre Zähne daran zu schleifen. Haben sie einen steinharten Brotrest oder ein Stück Hundekuchen oder auch nur ein Stück Holz zur Verfügung, beschäftigen sie sich oft so ausgiebig damit, daß sie wenigstens eine Zeitlang ganz vergessen, zusätzliche Futterwünsche anzumelden.

Selbstverständlich darf man Ratten auch keinen *Alkohol* geben. Neugierig, wie sie sind, stecken sie ihr Schnäuzchen auch ins Bier-, Wein- oder Likörglas, wenn man nicht aufpaßt. Bei dem kleinen Organismus kann rasch eine schwere Alkoholvergiftung auftreten. Methusalem (Seite 195) hat seinen Sektrausch zwar überlebt und daraus gelernt, aber man sollte sich lieber nicht darauf verlassen, daß es immer so glimpflich abgeht.

Das Heim erster Ordnung

Auch eine glückliche Ratte, die tagsüber oft oder ständig frei in der Wohnung herumlaufen darf, braucht eine Behausung, in die sie sich zurückziehen kann, die ihr ganz allein gehört. Ratten suchen Deckung und wollen ungestört im Dunkeln schlafen. Außerdem lieben sie jederzeit zugängliche Spielmöglichkeiten. Und sie richten sich, ganz von selbst, eine bestimmte Ecke des Käfigs als «Toilette» ein.

Man kann den Tieren einen geräumigen Vogelkäfig (nicht aus Holz!), ein Aquarium oder ein Terrarium wohnlich einrichten, man kann ihnen auch selbst mit einigem Geschick ein Häuschen zimmern. Wichtig ist, daß stets ein größerer Wohn- und Spielraum sowie ein kleinerer, geschützter Schlafraum vorhanden sind. Als Schlafraum eignet sich zum Beispiel ein Hamsterhäuschen aus Plastik, erhältlich im Zoohandel, das man einfach in der größeren Behausung verankert. Und da Ratten sich zum Schlafen kleine Nester bauen und außerdem Wärme brauchen, polstert man es mit Heu aus oder mit Hamsterwatte. Vielleicht macht es Ihrer Ratte auch Spaß, das Nest zusätzlich mit Papierresten oder ähnlichem auszustatten. Dagegen ist nichts einzuwenden, Hauptsache, sie fühlt sich geborgen.

Für den *größeren Wohnraum* empfiehlt sich eine Einrichtung, die dem Spiel- und Klettertrieb der Tiere entgegenkommt. Sollten Sie sich für einen großen (aber wirklich großen!) Vogelkäfig entscheiden, so lassen Sie die Stangen ruhig darin; wenn die Ratte sie durchnagt, müssen sie ersetzt werden. Hängen Sie ein oder auch zwei Spiegelchen an die Wände und stellen Sie, statt eines Schaukelstuhls, ein Laufrad in die gute Stube. Da unterirdische Rattenbauten in der Natur stets aus mehreren Räumen und Gängen bestehen, darunter ein Vorratsraum, sollte das Heim erster Ordnung wenigstens daran erinnern, damit das Tier sich wirklich heimisch fühlen kann.

Das erreicht man am besten mit einem untergliederten Einbau, der über kleine Treppen, durch Türöffnungen und Löcher gekennzeichnet ist. Eine gute Anregung dafür bietet die folgende Abbildung, die wir mit freundlicher Genehmigung der Zeitschrift *Ein Herz für Tiere* veröffentlichen. Den Käfigboden bedeckt man mit Heu oder Holzspänen (Kiefernspäne sind optimal), Stroh oder Kleintierstreu aus dem Zoogeschäft. Stroh und Heu muß trocken und ungespritzt sein, da Ratten bekanntlich an allem nagen. Sägemehl sollte man nicht verwenden, es kann bei den Tieren Augenentzündungen hervorrufen.

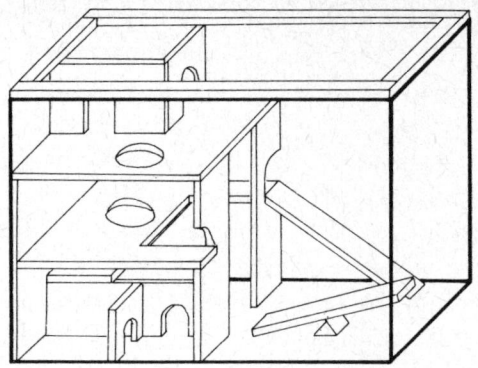

Die Reinigung des Käfigs – Einstreu wechseln, auswischen – findet alle drei Tage statt. Nicht öfter, sonst gewöhnen die Ratten sich nicht an einen festen Platz für kleine und große Bedürfnisse. Einmal im Monat wird die Rattenwohnung mit heißem Wasser desinfiziert; ist ein Tier krank gewesen oder gestorben, so desinfiziert man ihr Wohnhaus mit Inzidin aus der Apotheke oder dem Zoofachgeschäft.

Zugluft ist für Ratten sehr schädlich. Bitte unbedingt bei der Aufstellung des Käfigs, der seinen festen Platz in der Wohnung haben sollte, darauf achten. Auch darf nie die pralle Sonne auf die Behausung fallen. Andererseits sind Ratten sehr wärmebedürftig. Sollte die Temperatur in dem Raum, in dem die Ratte lebt, manchmal bis auf 7 °C absinken, so muß der Käfig unbedingt zusätzlich isoliert werden.

Ein sehr wichtiger Punkt ist auch die *Absicherung der Rattenbehausung*. Jeder zweibeinige Ausbrecherkönig würde erblassen vor Neid bei der Vorstellung, was so eine Ratte auf diesem Gebiet alles zu leisten vermag. Ratten, auch wohlgenährte, sind in der Lage, sich durch Öffnungen von der Größe eines Fünf-Mark-Stückes zu zwängen. Und natürlich begreifen sie blitzschnell, wie man das Türchen eines Vogelkäfigs öffnet.

Aquarien sichert man am besten ab, indem man einen Deckel aus festem Fliegendraht mit Klammern darüber befestigt. Bei Vogelkäfigen muß man die Türchen gleichfalls zusätzlich mit festen Klammern abschließen.

Und nun zu der *Größe* des Heims erster Ordnung:

45 × 25 × 25 Zentimeter ist die Mindestgröße für eine Ratte. Alles was darüber liegt, ist besser.

Wasserratten gibt es nicht … Ratten sind aber *ausgezeichnete Schwimmer*. Sie sind sehr saubere Tiere, und viele baden ausgesprochen gern. Eine große Freude machen Sie Ihrer Ratte, wenn Sie ihr, so oft es Ihre Zeit erlaubt, eine Plastikwanne mit lauwarmem Wasser zur Verfügung stellen. Aber da bekanntlich immer gerade dann das Telefon klingelt, wenn es uns am wenigsten paßt, bauen Sie vorsichtshalber ein «Rettungsfloß» für das Tierchen: Sechs oder acht große Korken mit Plastikfäden fest aneinandernähen und auf dem Wasser schwimmen lassen.

Man kann auch eine kleine Leiter, aus der Zoohandlung, ins Wasser hängen lassen, auf der die Ratte hinausklettern kann, wenn sie genug hat von den Badefreuden. Die Leiter muß aber außen so befestigt sein, daß die Ratte sie nicht versehentlich ins Wasser ziehen kann.

Im Sommer trocknet die Ratte hinterher am besten an einem sonnigen Plätzchen. Im Winter sollte man sie vorsichtig trockenreiben und ihr dann ein warmes, vor Zugluft geschütztes Plätzchen an der Heizung anbieten.

Spielplan nach Tageszeit

Ratten sind von Haus aus dämmerungsaktive Tiere, das heißt, sie werden so richtig munter, bevor die Sonne aufgeht und wenn sie gerade untergegangen ist. In der Natur gehen sie vorwiegend dann auf Nahrungssuche. In der Gefangenschaft möchten sie zu diesen Zeiten am liebsten herumtoben und spielen.

Da die wenigsten Menschen vor Sonnenaufgang Zeit und Lust haben, auf diese Wünsche einzugehen, ist es wichtig, daß sich im Rattenhaus selbst Spielgelegenheiten befinden, mit denen die Ratte sich auch allein beschäftigen kann. Ein Laufrad sollte ihr auf jeden Fall immer zur Verfügung stehen, ebenso Holz und hartes Brot zum Abschleifen der Nagezähne, denn auch damit kann sie sich für einen längeren Zeitraum beschäftigen.

In der Abenddämmerung sollte man das kleine Tier auf jeden Fall frei herumlaufen lassen. Das ist auch die beste Zeit, um mit ihm zu spielen und zu schmusen und ihm eventuell kleine Kunststücke beizubringen. Aber dabei muß man sehr behutsam vorgehen und darf die Ratte auf keinen Fall überfordern. Ratten lernen nur, wenn sie Spaß an der Sache haben und mit Eifer dabei sind. Ein kleiner Leckerbissen zur Belohnung, wenn etwas gut geklappt hat, wird mit Begeisterung angenommen. Auf Strafen sollte man grundsätzlich und von vorneherein verzichten, sie verschrek-

ken das Tier nur. Sobald die Ratte müde wird und sich schlafen legt – mit Vorliebe in den Schoß des Besitzers –, sollte man ihr Ruhe gönnen und sie nicht weiter stören.

Zwei Ratten sind besser als eine
Aber auch abgesehen von den Hauptaktivitäts- und natürlich von den Schlafenszeiten liebt die intelligente, bewegliche Ratte Anregungen aller Art und vor allem Gesellschaft. Bei Stressversuchen, wie sie in unseren Labors leider zum Alltag gehören, hat man immer wieder festgestellt, daß Ratten, wenn sie zusammen mit wenigstens einem Artgenossen in einem Käfig gehalten werden, viel weniger anfällig auf Stress reagieren als Tiere, die Einzelhaft über sich ergehen lassen müssen.
Nun wird wohl niemand Ratten, die er freiwillig als Haustiere hält, besonderen Stressituationen aussetzen, aber selbst im ganz normalen Alltagsleben sind die Tiere allen möglichen ungewöhnlichen und erschreckenden Geräuschen ausgesetzt, die sie unter Umständen ängstigen können. Auch die Hektik, in der wir zu leben gezwungen sind, überträgt

sich selbstverständlich auf unsere vierbeinigen Hausgefährten und irritiert sie oft ganz erheblich. Das gleiche gilt für Unregelmäßigkeiten in der Versorgung, vor allem aber für fehlende Zuwendung, wie sie aus Zeitmangel überall einmal vorkommen können.

Zwei Ratten – es können auch mehr sein –, die gemeinsam ein entsprechend geräumiges Rattenhaus bewohnen, werden mit alldem sehr viel leichter fertig als ein Einzeltier. Nehmen Sie aber bitte *nur* Weibchen oder *nur* Männchen, damit es keine Sorgen mit dem Nachwuchs gibt. Den nimmt Ihnen nämlich niemand ab, allenfalls als Schlangenfutter, und das wäre doch gewiß nicht in Ihrem Sinne.

Wenn Sie zwei Ratten in einer Zoohandlung erstehen, fragen Sie am besten unverzüglich einen Tierarzt, ob es sich auch wirklich um zwei gleichgeschlechtliche Tiere handelt. Sonst erleben Sie möglicherweise schon bald eine böse Überraschung, allen Beteuerungen des Händlers zum Trotz. Man kann Ratten, sowohl Männchen als auch Weibchen, auch kastrieren lassen. Aber viele Tierärzte sind noch nicht dazu in der Lage ...

Weiße Ratten sind oft nur schwer voneinander zu unterscheiden, deshalb ist es empfehlenswert, zwei Tiere von verschiedener Farbe zu nehmen. Das ist nicht nur sehr viel angenehmer auch in normalen Zeiten, sondern kann, wenn mal eine der beiden krank werden sollte, sogar von entscheidender Bedeutung werden. Bei zwei Tieren, die einander zum Verwechseln ähnlich sehen, merkt man es mit hoher Wahrscheinlichkeit erst zu spät, wenn eine apathisch herumliegt und das Futter verweigert, weil man einfach annimmt, daß mal die eine und mal die andere gerade ihr Schläfchen hält. Und außerdem möchte man ja auch gern wissen, ob es wirklich Cora ist, die auf Zuruf angelaufen kommt, oder nicht vielleicht doch Lorchen, der es ganz egal ist, wen Sie rufen, wenn's nur Apfelstückchen gibt. Besonders hübsch sind übrigens die weißgescheckten großen Mäuse, aber das ist natürlich Geschmackssache.

Daß sich eine Ratte enger an ihren Menschen anschließt als zwei, stimmt nur bedingt. Wenn man sich um beide viel kümmert, oft mit ihnen spielt und schmust, so werden beide genauso anhänglich wie ein Einzeltier. Und außerdem sollte man nicht nur daran denken, wie man selber am meisten Freude an dem Tier hat, sondern in erster Linie daran, unter welchen Umständen das Tier sich am wohlsten fühlt.

Wann ist eine Ratte krank?

Ratten sind relativ wenig anfällig für Krankheiten, wenn sie gut und regelmäßig versorgt werden, ganz im Gegensatz zu Mäusen. Alarmzeichen sind: glanzloses Fell, Futterverweigerung, Lauf mit gewölbtem Rücken, kauernde Haltung, Flankenatmung, Schnaufen, Abmagerung, Augenschäden, Schwellungen an den Füßen und am Schwanz, hervortretende Schwanzwirbel, Durchfall, Rotieren, Borkenbildung auf der Rückenhaut, Haarausfall, Nasenausfluß, braune Krusten an Nase oder Ohren und rötliche Ausscheidungen:

Warten Sie bei diesen Anzeichen nicht lange und versuchen Sie auf keinen Fall, selber herumzudoktern. Erkundigen Sie sich besser schon in gesunden Zeiten nach einem guten Tierarzt, der auch Ratten behandelt, und suchen Sie ihn im Ernstfall unverzüglich mit dem erkrankten Tier auf.

Der liebste Platz, den ich auf Erden hab ...

Zahme Ratten leben am liebsten *auf* ihren Menschen. Das Rudeltier Ratte ist nur glücklich, wenn es Körperkontakt, Körperwärme spürt. Die Punks und andere Jugendliche, die sie im Pullover oder im Ärmel überallhin mitnehmen, machen es ganz richtig. Bei ihnen findet die große Maus beides, Liebe und Geborgenheit. Denn dunkle, warme Plätzchen sind unseren Ratten die liebsten; sie neigen, im Gegensatz zu kleinen Katzen, gar nicht dazu, plötzlich auszubrechen, die Umgebung in Augenschein zu nehmen.

Manche Tiere lassen sich auch von ihren Besitzern, seelenruhig auf deren Schulter sitzend, herumtragen, und das sogar im dicksten Verkehrsgewühl. Es ist erstaunlich und spricht einmal mehr für die Anpassungsfähigkeit der intelligenten Nager, daß sie – gerade erst als Streicheltier entdeckt – schon ein derartiges Vertrauensverhältnis zu einer menschlichen Bezugsperson entwickeln können.

Es sind im Grunde nur wenige Regeln, die man beachten muß, um eine Ratte an sich zu gewöhnen und zum Freund zu machen. Regel Nummer 1: Man darf sie niemals am Schwanz festhalten, hochnehmen oder gar ziehen. Der Schwanz ist sehr empfindlich, es kommt leicht zu Brüchen. Daran muß man auch beim Öffnen und Schließen von Türen, auch Schranktüren, denken, wenn die Ratte in der Wohnung frei herumläuft. Ein Unglück ist schnell geschehen, und ein Tierarzt, der bereit und in der Lage ist, dem kleinen Patienten zu helfen, ist meist nicht so rasch zu finden. Natürlich muß man auch vorsichtig gehen und schauen, wohin man tritt. Wer sehr temperamentvoll ist und jedesmal wenn das Telefon läutet, automatisch in Laufschritt verfällt, sollte sich wenigstens die Schuhe ausziehen, bevor er die kleine Ratte aus dem Käfig läßt.

Und dann bedenken Sie, daß Ratten sehr viel Zärtlichkeit brauchen – und geben. Um die eigene Gesundheit braucht man dabei keine Sorge zu haben. Alle gefürchteten Krankheiten, bei deren Übertragung Ratten eine Rolle spielen können, werden ja nicht von der Ratte direkt auf den Menschen übertragen, sondern nur auf dem Umweg über Rattenflöhe und -läuse. Woher aber sollten Ratten, die unter hygienischen Bedingungen in einer Wohnung gehalten werden, Flöhe und Läuse bekommen?

Auch sollte man berücksichtigen, daß Ratten sehr intelligent sind und sich leicht langweilen. Wenn Sie zum Beispiel feststellen sollten, daß Ihre große Maus gern *fernsieht*, rücken Sie den Käfig so hin, daß sie an der Abendunterhaltung teilnehmen kann. Wenn es ihr zu bunt wird, verkriecht sie sich einfach in ihr Schlafhäuschen. Bringen Sie ihr ab und zu kleine Geschenke mit, mit denen sie sich beschäftigen kann, zum Beispiel reife Eicheln oder Kastanien, ein paar kleine Äste oder eine Tüte Erdnüsse in der Schale. Erlauben Sie ihr, mit Karton und Verpackungsmaterial zu spielen, wenn ein Paket angekommen ist. Legen Sie ihr knisterndes Papier hin, das sie zerrupfen darf, um vielleicht ihr Lager damit zu polstern. Lassen Sie sie an heißen Tagen nach Herzenslust im Wasser planschen.

Und bedenken Sie bitte, *bevor* Sie sich der Gilde der aktiven Rattenfreunde anschließen, daß die großen Mäuse ein bis drei, gelegentlich sogar sieben Jahre alt werden. Solange die Tiere leben, ist der Halter voll verantwortlich für ihr Wohlergehen. Ratten weiterzureichen, wie es leider nur allzuoft mit Katzen und Hunden geschieht, wenn man keine Lust mehr hat, für sie zu sorgen, ist fast ein Ding der Unmöglichkeit. Sie wieder «abzuschaffen» kommt deshalb in aller Regel einem Todesurteil gleich.

Man braucht jemanden, der zuverlässig für die Tiere sorgt, wenn man in Urlaub fährt oder ins Krankenhaus muß. Häufig garantieren Zoohandlungen in solchen Fällen die Unterbringung von bei ihnen gekauften Tieren. Aber welche an «ihren» Menschen gewöhnte Schmuseratte fühlt sich dort schon wohl? Und die Zoogeschäfte bieten diesen Service auch eher halbherzig an, denn es kommt leider immer wieder vor, daß für ein paar Wochen abgegebene Urlaubstiere nicht wieder abgeholt werden. In keinem Fall aber werden die Tiere dort so versorgt, wie sie es von zu Hause gewöhnt sind. Das Futter ist eintönig, sie dürfen ihren Käfig nie verlassen, Spielen, Schmusen, Zuneigung und alle Extras entfallen. Eine trostlose Zeit für die kleine Ratte, während «ihre» Menschen sich am Meer oder im Gebirge erholen.

Auch Kindern, die sich brennend eine Ratte zum Liebhaben wünschen, sollte man diesen Wunsch nur dann erfüllen, wenn man wirklich bereit ist, das kleine Tier sein Leben lang gut zu versorgen – wozu Kinder, trotz aller guten Vorsätze, nicht in der Lage sind. Außerdem sollte man sicher sein, daß man sich an die Ratte trotz ihres langen Schwanzes gewöhnen kann und sie liebgewinnen wird. Tiere sind nun einmal kein Spielzeug und keine Wegwerfware, das gilt auch für Ratten, die sogenannten Ekeltiere.

Seit Jahrhunderten verfolgt und gejagt, vergiftet, erschlagen, ausgeräuchert, in «Lebens»räume abgedrängt, die keinem anderen Säugetier eine Überlebenschance gäben, oft gezwungen, sich von grausigen Abfällen zu ernähren, mit dem miesesten Abschaum identifiziert, in sämtlichen Labors der Welt gequält, gefoltert und ermordet, ist die erstaunliche Ratte jetzt auf dem besten Wege, Karriere als Schmusetier zu machen. Sie hat es vorwiegend den Kindern zu verdanken, daß sie, wenigstens pars pro toto, einem trostlosen Dasein und einem qualvollen Tod entrissen wird, Kindern, die das Glück haben, unsere Doppelzüngigkeit noch nicht zu durchschauen, es noch für bare Münze zu nehmen, wenn ihnen in der Schule und im Elternhaus Tierliebe als Tugend gepriesen wird.

Vielleicht gelingt es ihnen, einen kleinen Teil unserer Kollektivschuld abzutragen, die wir in unserer Überheblichkeit, unserer Ignoranz und unseren verderblichen Artegoismus einem kleinen, unscheinbaren und nicht mit besonderer Schönheit ausgestattetem Tier gegenüber auf uns geladen haben, das immerhin mit bewundernswerten Fähigkeiten und beachtlicher Intelligenz ausgestattet ist. Man darf gespannt sein auf die weitere Entwicklung. Wird es der kleinen Ratte gelingen, sich als «große Maus» doch noch wenigstens einen bescheidenen Freiraum zu erobern?

«Ich bin Leben inmitten von Leben, das leben will», sagte Albert Schweitzer. Diese Worte gelten auch für die Ratte, sie ist Leben inmitten von Leben, das leben will – nicht weniger, nicht mehr. Human, wenn es denn kein Schimpfwort sein soll, kann nur eine Welt sein, in der jedem Lebewesen das Recht auf Leben, in vernünftigen Grenzen, garantiert wird. Für das natürliche Gleichgewicht sorgt die Natur selbst – Blattläuse werden von Marienkäfern in Schach gehalten, große und kleine Mäuse von Raubvögeln, Schlangen und Katzentieren.

Untiere und Schädlinge gibt es nicht im Plan der Schöpfung. Jedes Tier hat seinen Platz, seine Aufgabe, seine Funktion – ob wir es nun begreifen oder nicht. Eine Welt, in der auch Ratten leben dürfen, ist auf jeden Fall lebenswerter als eine, in der alles Leben, bis auf unser «hochwertiges», von Geburt an zum Tode verurteilt ist; denn der Erdball ist nur so lange bewohnbar, auch für uns, solange er belebt ist.

Literatur

Fachbücher:

Apfelbach, Raimund, und Jürgen Döhl, Verhaltensforschung, Stuttgart 1980[3]

Boessneck, Joachim, und M. Kokabi, Tierbestimmungen, Tierknochenfunde, in: Isin-Išān Bahrīyāt II, Die Ergebnisse der Ausgrabungen 1975–78, München 1981

Boessneck, Joachim, und Angela von den Driesch, Studien an subfossilen Tierknochen aus Ägypten, München 1982

Boessneck, Joachim, und Angela von den Driesch, Ein Katzenskelett der Römerzeit aus Quseir (Kosēr) am Roten Meer, München 1983

Buchholtz, Christiane, Das Lernen bei Tieren, Stuttgart 1973

Cassani, Maria, und Laura Rinetti, Die Welt der Nagetiere, Freiburg 1978

Deckert, Gisela und Kurt, Verhaltensformen der Tiere, Leipzig/Jena/Berlin 1974

Dobbertin, Hans, Beiträge zur Hameler Kinderausfahrt (1284), Selbstverlag 1978

Driesch, Angela von den, und Joachim Boessneck, Die Tierknochenfunde aus der neolithischen Siedlung von Merimde-Benisalâme am westlichen Nildelta, München 1985

Dröscher, Vitus B.
 – Die freundliche Bestie, Oldenburg/Hamburg 1968
 – Überlebensformel, Düsseldorf 1979
 – Nestwärme, Düsseldorf/Wien 1982

Eibl-Eibesfeldt, Irenäus, Grundriß der vergleichenden Verhaltensforschung, München/Zürich 1967[6]

Fantur, Werner, Wunder am Wege, Zürich/Stuttgart/Wien 1979

Gemmeke, H., und J. Niethammer, Zur Taxonomie der Gattung Rattus (Rodentia, Muridae), Sonderdruck München 1983

Gray, Jeffrey, Angst und Streß, München 1971

Grzimeks Tierleben, Zürich 1968

Hacker, Friedrich, Aggression, Wien/München/Zürich 1971

Hediger, Heini, Tiere verstehen, München 1980

Hendrickson, Robert, More cunning than man, New York 1983

Hess, Jörg, Heimliche Untermieter, Solothurn 1980

Hutchison, J. B., Biological Determinants of Sexual Behaviour, Chichester (USA) 1978

Illies, Joachim, Anthropologie des Tieres, München 1977

Köstler, Gisela, Orakel, Geister und Dämonen, Graz 1975

Kübler, Klaus (Hg.), Der Tierversuch in der Arzneimittelforschung, in: bga, Berichte, Bundesgesundheitsamt 1/1980

Lorenz, Konrad, Das sogenannte Böse, München 1974

– Über tierisches und menschliches Verhalten, Neuausgabe München 1984

Mohr, Erna, Die freilebenden Nagetiere Deutschlands und der Nachbarländer, Jena 1950

Niethammer, Jochen, Zur Taxonomie und Ausbreitungsgeschichte der Hausratte, Sonderdruck München 1974

Niethammer, Jochen, und Franz Krapp (Hg.), Handbuch der Säugetiere Europas, Bd. 1, Nagetiere I, Wiesbaden 1978

Olsen, Lars-Hendrik, und Ludgera Riehl, Ratten in der Stadt, Heidelberg 1983

Pratt, Dallas, Leiden vermeiden: Alternativen zum Tierversuch, Bietigheim 1983

Riem, Johannes, Die Sintflut in Sage und Wissenschaft, Hamburg 1925

Ronner, Peter M., Zu wahr um schön zu sein – Tierversuche in der Heilmittelforschung, Düsseldorf/Wien 1981

Russel, Lilian M., Mit Ratten auf du und du, in: Meine Freunde die Affen, Stuttgart

Schmidt, Günter, Mäuse, Ratten und Streifenhamster, München o.J.

Schmidt, Horst, Nagetiere, Minden 1979

Schneider, Walter, Die Arche Noah vor der Tür, München 1968

Schwertner, Peter, Ungeliebte Tiere und wie sie wirklich sind, Hannover 1981

Starikowitsch, Stanislaw, Warum hat der Pudel eine schwarze Nase, Köln 1980

Steiniger, Fritz, Revier und Aktionsraum bei der Wanderratte, Berlin 1951

ders. Rattenbiologie und Rattenbekämpfung, Stuttgart 1952

Stern, Horst, Tierversuche, München 1979

Thews, Klaus H., Verhaltensforschung die uns angeht, Gütersloh 1975

Thüry, Günther E., Zur Infektkette der Pest in hellenistisch-römischer Zeit, Festschrift 75 Jahre Anthrop. Staatssammlung, München 1977

Tinbergen, Nikolaas, Tiere und ihr Verhalten, Reinbek 1976

Uexküll, Jakob von, und Georg Kreszat, Streifzüge durch die Umwelten von Tieren und Menschen, Frankfurt a.M. 1970

Ullrich, Wolfgang, Tiere recht verstanden, Leipzig/Jena/Berlin 1968

Weiss, Ilja (Hg.), Kritik der Tierversuche, Lampertheim 1980

Zinsser, Hans, Ratten, Läuse und die Weltgeschichte, Stuttgart und Calw 1953

Zimmer, Heinrich, Indische Mythen und Symbole, Düsseldorf/Köln, Neuausgabe 1982

Arnim, Bettina und Gisela von, Das Leben der Hochgräfin Gritta von Rattenzuhausbeiuns, Olten 1980

Braun, Reinhold, AHIMSA – Ein indisches Tagebuch, München 1984

Camus, Albert, Die Pest, Düsseldorf 1949

Grahame, Kenneth, Der Wind in den Weiden, Köln 1973

Grass, Günter, Die Rättin, Darmstadt und Neuwied 1986

Highsmith, Patricia, Die tapferste Ratte von Venedig, in: Kleine Mordgeschichten
für Tierfreunde, Zürich 1976

Hollatz, Rainer, Die große Wanderung, Recklinghausen 1980

Kaminski, Renate, Wo bist du, süße Ratte?, Frankfurt a. M. 1982

Kapp, Otto, Des Rattenfängers Botschaft, Hameln o. J.

Kotzwinkle, William, Dr. Ratte, München 1979

La Fontaine, Die Fabeln (Gesamtausgabe), Düsseldorf / Köln 1964

Lem, Stanislaw, Die Ratte im Labyrinth, Frankfurt a. M. 1982

Moser, Erwin, Der Mond hinter den Scheunen, Weinheim und Basel 1982

O'Brien, Robert C., Frau Frisby und die Ratten von Nimh, Wien / München
1972

Poe, E. A., Grube und Pendel, in: E. A. Poe, das Gesamtwerk in 10 Bänden, Bd. 4,
Olten 1966

Pynchon, Thomas, V., Reinbek 1976

Zuckmayer, Carl, Der Rattenfänger, Frankfurt a. M. 1975

Zwerenz, Gerhard, Die Tierschutzlady, Rastatt 1984

Nachweise

S. 7: Georg Britting: Die Ratten. In: Gesamtausgabe. Gedichte Bd. 1 u. 2, München o. J.

S. 10: Horst Schleich/Süddeutscher Verlag

S. 12: Aus: rororo Tierwelt, Band 1, Seite 46, Reinbek bei Hamburg 1974

S. 13/33/37/157/161/190/210/216/221: Fotos: Wolfgang Ellinger, München

S. 16: dpa, Düsseldorf

S. 19: Rattenzeichnung aus dem Jahre 1553

S. 35: © Stephen Dalton/NHPA, Ardingly/Sussex

S. 39: Rasenlabyrinth aus Wing/Rutland, in der Nähe eines alten Hügelgrabes (Durchmesser 12 m)

S. 48: © Society for the Experimental Analysis of Behavior, 1976

S. 57: Aus: Yaak Karsunke, dazwischen, 35 Gedichte & ein Stück, Rotbuch Verlag, Berlin 1979

S. 69: Aus: Das Einmaleins in Reimen und Bildern (Münchener Bilderbogen)

S. 73: © SIPA-PRESS, Paris

S. 86/89: Aus: Hans Dobbertin, Beiträge zur Hamelner Kinderausfahrt (1284). Selbstverlag 1978

S. 103/106/114/115: Grandville, Das gesamte Werk in 2 Bdn., Pawlak, Herrsching o. J.

S. 107/113/119: Gustave Doré, Das graphische Werk in 2 Bdn., Rogner & Bernhard, München 1975

S. 117: Aus: Rainer Specht, Descartes. Reinbek bei Hamburg 1966; aus: Pierre Clarac, La Fontaine. Paris o. J.

S. 137: Jaroslav Durych: Die Ratte. In: Linde und Mohn, Nürnberg 1964

S. 146: Foto: Seeliger/© Stern, Hamburg

S. 175: Foto: B. Guggenheim, Zahnärztliches Institut der Universität Zürich

S. 177: Foto: pv/Hospelt

S. 185: Foto: Jochen Mönch, Bremen

S. 195: Foto: Susanne Reimers, Hamburg

S. 207: Aus: Eugen Roths Tierleben für jung und alt. München 1973

S. 214: In: Ratten als Haustiere. Aus: «Ein Herz für Tiere», München